U0360003

| 文 治 堂 |

国家社科基金重大课题：当代中国文化国际影响力的生成研究（16ZDA219）前期成果
上海市社科规划办在研国家社科基金重大项目宣传推介资助项目

# 传播 中国文化 全球视野下的

许正林 主编

上海交通大学 出版社
SHANGHAI JIAO TONG UNIVERSITY PRESS

**内容提要**

    本书在全球化视域下展开对中华文化传播的研究,汇集了众多知名学者的理论成果。全书共分为五编:"中华文明的自信力和传播力""全球视野下的中国文化传播""国学的现代化和文化转型""跨文化传播与比较哲学""当代中国的文学和艺术精神",其多学科多角度的探讨,使本书在建设文化强国的当下具有重要价值。

    本书可作为文化研究及相关领域研究人员的参考用书。

**图书在版编目(CIP)数据**

    全球视野下的中国文化传播/ 许正林主编. —上海:
上海交通大学出版社,2023.8
    ISBN 978‐7‐313‐22538‐2

    Ⅰ.①全… Ⅱ.①许… Ⅲ.①中华文化−文化传播
Ⅳ.①G125

    中国版本图书馆 CIP 数据核字(2019)第 280937 号

**全球视野下的中国文化传播**
QUANQIU SHIYE XIA DE ZHONGGUO WENHUA CHUANBO

| | | | |
|---|---|---|---|
| 主　　编:许正林 | | | |
| 出版发行:上海交通大学出版社 | 地　　址:上海市番禺路 951 号 | | |
| 邮政编码:200030 | 电　　话:021‐64071208 | | |
| 印　　制:上海颛辉印刷厂有限公司 | 经　　销:全国新华书店 | | |
| 开　　本:710 mm×1000 mm　1/16 | 印　　张:18 | | |
| 字　　数:285 千字 | | | |
| 版　　次:2023 年 8 月第 1 版 | 印　　次:2023 年 8 月第 1 次印刷 | | |
| 书　　号:ISBN 978‐7‐313‐22538‐2 | | | |
| 定　　价:78.00 元 | | | |

总顾问　牛喜平　梁燕城

主　　编　许正林

副主编　张志业

总校对　李焕梅　宋　成

# 出版说明

第一，本书是 2018 年 8 月于加拿大温哥华举行的"中华文明的自信力和传播力"国际论坛的论文结集。主办这次会议的单位（组织）包括国际儒学联合会、加拿大文化更新研究中心、上海大学国家哲学社会科学重大项目"当代中国文化国际影响力的生成研究"课题组和陕西师范大学高等人文研究院等。

第二，全部论文均为按会议主题所提交的报告，其中包括部分作者所承担的国家科研项目的阶段性成果的内容。

第三，本书所收论文，不论排名，均按主题内容分类。为使内容与体例相符，部分论文的题目在收入本书时做了调整。

第四，部分作者的论文原文是英文，本书出版时已译成中文。

第五，本书所收论文，除少量文字的技术处理外，均以作者提供的论文定稿本为准。文责自负。

第六，本书内容如需转载或另用，请与本书编辑和出版人员联络，并注明出处。

第七，本书出版过程中，得到了会议各合作方的积极配合。上海大学国家哲学社会科学重大项目"当代中国文化国际影响力的生成研究"课题组提供了相关的出版资金，在此表示感谢。

# 序
Preface

现在呈现在大家面前的是 2018 年 8 月底在加拿大温哥华举办的国际儒学论坛"中华文明的自信力与传播力"的论文集。出席论坛的有来自中国、加拿大、美国、韩国、印度尼西亚、秘鲁、摩洛哥等国家和地区的 50 多位学者。

国际儒联是一个以研究与传播儒学文化、促进人类和平发展为宗旨的国际学术组织，成员来自 60 多个国家和地区。近年来，国际儒联把建设开放包容的文明对话平台和建设高质量高水平的学术研究平台作为工作重点，从思想文化的角度，积极响应习近平总书记提出的构建人类命运共同体和"一带一路"建设的倡议，在世界各大洲举办国际学术会议，温哥华国际论坛就是其中一个重要的组成部分。

中华文明是具有独立起源，并保持了连续性的悠久文明，它蕴含着指导人类生存发展的核心价值理念和思维方式及超越时空的思维方式。它在动态发展变化中形成的传统文化、社会主义先进文化和各民族多元一体文化的格局，对人类的和平发展产生了重要影响，这是我们文化自信的基础。当前，在全球化背景下，不同文明不同文化的接触碰撞、交流融合的趋势加快；人类面对的危机挑战越来越多。世界文明的转型、文化的繁荣、全球治理的探索，无不呼唤着中华文明的复兴。中华文明能够为人类和平发展提供什么样的智慧和启示，已成为当代国际社会关注的焦点。中华文化的国际传播变得从来没有像现在这样迫切。温哥华国际论坛的一个初衷，就是想通过邀请国际学者来讨论，充分认识中华文明在世界多元文明中的地位和作用，从而对自身的文明保持高度的自觉和自信。

研究中华文明的基本特征和传播规律，吸取它与外来文明融合发展的历史经验，加强中华文化的国际传播力，是我们这次国际论坛的基本目的。研究这么一个大问题，涉及很多领域。在此，我想从儒联工作的角度，也从文化传播的角度，探讨一下中华文明与其他文明传播融合的机制特征，以及如何加强中华思想文化在国际传播中的作用。

第一，不同文化的传播与融合，起初发生在知识阶层和精英阶层。这是因为不同文化的融合必须是思想文化产生共鸣，选择、吸收、创新的过程。历史上这个过程首先发生在各国、各个民族及知识阶层和精英阶层之间。汤因比在总结中华文明为什么具有连续性时，认为正是中国文人阶层在中国官僚体制中的延续性，以及科举制度的作用，从而保持了中华文明史的连续性。这是对知识阶层在文明传播中所起作用的非常重要的评价。这一点也是我这么多年来从事儒学工作和在与大量学者接触中的感悟。

第二，实现文化融合是文明传播融合的核心机制。历史上中华文化无论是在诸子百家之间，还是对外域文化的吸收借鉴，其创新发展实践，都说明了这一点。如中华文化对印度佛学的吸收，形成本土化的中国的佛学；欧洲启蒙运动对中华文化人文精神的吸收借鉴；宋明理学以儒学为基础，对佛学、道学的吸收整合；还有马克思主义的中国化；等等。这些都是中华文明与不同文明，以思想文化为内核，通过互相选择吸收，求同存异，哲学诠释，形成新的学术形态和文化形态的过程。思想文化的结合，就是文明。广义的文明包括物质文化、思想文化、制度文化融会贯通的核心机制。这里面思想、文化、哲学起了非常重要的作用。

第三，经典的翻译传递是重点工程。文明的隔阂首先是语言的隔阂，其次是文化的隔阂。文化经典是不同国家民族文化在生存发展中形成的思想结晶，承载了不同文明的核心思想。所以文化经典的翻译传递是打通语言文化隔阂的关键。不同文化的融会贯通，无论是"东学西渐"还是"西学东渐"都无不以经典的翻译传递为先导和桥梁。历史上中国对印度佛经的翻译，欧洲传教士对中国文化经典的吸收，朝鲜、日本等国对中国经典的诠释、传递、整理，都可称作是巨大的文化工程。简而言之，总结这些历史的经验，对我们研究当代经典的内外因阐释都具有借鉴意义。

第四，中华文化的国际传播的内向特征。中华文明在长期的发展中显示出稳定、连续、凝聚等特点。但是从文化传播的角度看，这就显示出内向的特征。历史上我们可以看到这样的现象，中国对外语文化的学习是非常积极主动的，而向外面传播自己的文化，则有一些被动的倾向，大多是依靠外国传教士和所在国的学者。近代儒学在朝鲜半岛和日本的传播，前期当然是一种附属关系，但后期是通过派遣大量的留学生和"遣唐使"到中国。特别是刚开始，中华文化向欧洲的传播，主要由传教士承担。

比较西方文明，中华文明的对外传播显示出一种内向的特征，但是它的凝聚力是非常强大的。当前，面对道德危机、安全危机、生态危机、霸权主义和单边主义等挑战。人类正经历着一个文明重建的过程，首先要克服国家族群的偏狭，树立整体的文明观，站在全人类角度来引导文明的发展趋势。其次是反思以西方文明为代表，注重科技驱动，单纯地追求个人利益最大化这一模式。如何从不同文明中寻找共同的价值理念，建立人类可持续发展的新模式和文化新秩序。再次，各文明形态在平等、尊重、包容的基础上开展文明对话，促进互相了解，这是一条必经之道路，没有了解和理解就谈不上升华。所以这次我们论坛讨论的核心问题是中华文明的自信力与传播力。我认为，构建人类命运共同体这一理念的提出，就是一种整体的文明观，并且代表人类发展到现在，对全人类的一种高度的自觉和反思。随着中国国力的不断增强，中华文化的国际传播方面也出现了一些新的局面。我们好多学者无论在中国还是在国际上都做了许多的工作。特别是海外华人，以他们熟悉语言和当地环境的优势发挥了重要的作用。

加拿大文化更新中心，和许许多多在海外的文化机构和华人华侨一起，做了大量的中国文化传播工作，且潜力还很大。当然，在当前中华文化对外传播中也存在一些亟待解决的问题，我觉得其中比较突出的问题是对外传播的意识淡薄，学术影响力和国际话语权不强，体现不出中华文明整体的精神风貌。

上述对历史上中华文化传播机制特点的分析，或许可以为我们研究和开展中华文化的国际传播提供经验和启示。中华文明与不同文明交流互鉴，融会贯通，只有深入思想文化层面，才能触及文明内部的神经，引起文明内核的化学反应，实现它在世界文明格局当中的创造性转化和创新性发展。因此，我觉得在中华文化国际传播实践中，我们现在要做的就是强化传播意识，转变传播的观念，由被动转为主动，紧紧抓住思想文化传播的主要矛盾。在这个方面应该尽快地赶上去，这是我个人的想法。我们这个话题的讨论今后还会继续，希望有更多的海内外学者参与。

是为序。

牛喜平

国际儒学联合会秘书长

# 目 录
Contents

### 第一编　中华文明的自信力和传播力

3　多元文明反复汇聚与辐射：中华文明的生成与传播特点

16　当代中国的文化价值：从自信力到传播力的时代转换

### 第二编　全球视野下的中国文化传播

31　价值观念的跨文化理解：以"谦虚"为例

59　走出焦虑，走向融通：新世界主义视域下中国故事的讲述与传播

68　当代中华文化如何增强国际影响力

76　共情的文明与人类命运共同体

## 第三编　国学的现代化和
## 文化转型

97　论当代中华文化发展的趋势和特征

103　建立"史记学",促进中华优秀经典传承

115　社会转型期国学现代化的特点及其发展趋势

124　中国传统民俗文化的现代转化:以中秋节为例

## 第四编　跨文化传播与
## 比较哲学

135　当代中国社会多态文化的博弈格局及其传播战略
　　选择

149　关于中国对外文化传播现状与未来的思考——以
　　中国影视产品"走出去"为例

158　儒家的制作图式及其与道家的分判——以中国早
　　期哲学为中心

172　儒家义的观念与西方古典正义观念之异同

190　孔子与苏格拉底揭示超越性道德的不同进路

## 第五编　当代中国的文学
## 和艺术精神

203　当代中国社会审美文化特征及新时代更新与重建

215　网络文学的繁荣与当代中国的文化生产

224　陈忠实:关中文化的书写者

233　略论中国现代悲剧观念的起源

252 传统文学继承中的"道"与"器"

263 中国新时代人文传统的逻辑构成

266 把握中国文化的价值构成，提升国际传播力——
国际儒学温哥华论坛综述

273 参考文献

# 第一编
## 中华文明的自信
## 力和传播力

良渚玉琮

# 多元文明反复汇聚与辐射：
# 中华文明的生成与传播特点

张　践①

由于当今世界全球化的进程，各国人民的交往空前增多，相互之间的理解与信任不断提升。但是由于文明发展方式的差异，彼此之间存在相当程度的隔阂，也引发了一些矛盾。解决这类问题，一个重要的方法就是增加各种文化之间的沟通与理解。为此习近平总书记在十八届中央政治局第十二次集体学习时指出："要努力展示中华文化独特魅力。在5 000多年文明发展进程中，中华民族创造了博大精深的灿烂文化，要使中华民族最基本的文化基因与当代文化相适应、与现代社会相协调，以人们喜闻乐见、具有广泛参与性的方式推广开来，把跨越时空、超越国度、富有永恒魅力、具有当代价值的文化精神弘扬起来，把继承传统优秀文化又弘扬时代精神、立足本国又面向世界的当代中国文化创新成果传播出去。"为了完成时代赋予我们促进中外文化交流的使命，研究中华文明形成与传播的历史具有非常重要的意义。

## 一、中华文明生成的地理环境

世界上任何文明的生成与发展，都离不开一定的物质条件，其中地理环境具有重大的影响作用。中华文明属于人类历史上最早产生的文明之一，中国与古埃及、古印度、古巴比伦并列为四大文明古国。中国位于地

---

①　张践：中国人民大学教授，国际儒学联合会教育传播普及委员会主任。

球上最辽阔的大陆——欧亚大陆的东侧,俗称东亚大陆。中国东南濒临最浩瀚的大洋——太平洋,北部、西北部则深居欧亚大陆的中心,可谓陆海兼备,是一个大陆—海岸型国度。与其他三大文明相比,中华文明产生和延续得有天独厚的内部环境。同埃及文明囿于尼罗河流域,巴比伦文明囿于两河流域,周边则是不适合人类生存的沙漠相异,中华文化滋生地不是依托一个江河流域,而是拥有黄河流域和长江流域两个大区段的广袤的平原地区,因此有更为广大的发展空间。中华民族生活的东亚大陆,远离世界其他文明中心,周边多有地理屏障:东濒茫茫无际的太平洋,北临漫漫戈壁和浩瀚的原始针叶林,西部则万里黄沙与高山雪峰相间,西南壁立着世界上最庞大而高峻的青藏高原。中华文明一面朝着古人难以跨越的太平洋,其他三面为陆上障壁所阻,不容易受到其他文明的冲击和干扰,造成一种相对安全的状态,这对中华民族及其文化独立发展的影响是久远而深刻的。

在远古时代,中国境内就有分布广泛的人类活动。从考古发掘看,从旧石器时代的元谋猿人遗址、蓝田猿人遗址、北京人遗址、山顶洞人遗址等,到新石器时代的良渚遗址、仰韶遗址、河姆渡遗址、龙山遗址、红山遗址等,充分说明了中国先民在这片丰腴的土地上茁壮成长。根据考古学家的研究,中华文明不是由一个中心向外传播,更不是由西方传来的。一元说的论点已被半个多世纪以来的考古发现所推倒,中华文明不是从黄河中下游单源扩散至四方,而是呈现多元区域性不平衡发展,又互相渗透,反复汇聚与辐射,最终形成中华文明。[①] 星罗棋布分布在中华大地上的各个文明区域又是如何相互联系的呢?中华文明形成之后又是与其他域外文明如何相互交流的呢?笔者认为陈连开关于文明传播经过"反复汇聚与辐射"的路径研究,具有重要的指导意义。这种传播方式的研究不仅可以说明古代中华文明的生成,而且可以指导今天中华文明在全球化时代的进一步发展。

## 二、几次大的汇聚与辐射过程

中华文明不仅有悠久的历史,而且具有"其命维新"的源源动力,像

---

① 陈连开. 中华民族研究初探 [M]. 北京: 知识出版社,1994: 93 - 96.

是一条源远流长的江河，永不停歇。仅此中华文明不论是在域内还是域外，其汇聚与辐射都不是一次完成的。

1. 新石器时代至西周时期，华夏民族开始形成

中国新石器文化的开端至少要在距今 10 000 年前，一直延续到公元前 2000 年左右。公元前 21 世纪，中国开始进入文明时代夏王朝。公元前 17 世纪至前 11 世纪，是中国历史上第二个王朝商。公元前约 1046 年武王伐纣，以周代商，历史进入了西周时代，直到公元前 770 年周平王东迁，中国进入了春秋战国时代。这一历史时期是汉民族的前身华夏民族形成的时期。

近代以来中国的考古发掘取得很大收获，已发现 7 000 处以上新石器时代的文化遗存。这些文化遗存分布在中华大地上，既具有独自的文化特点，又有密切的联系。以遗址距离较大的东北红山文化、黄河中下游商周文化和江浙良渚文化为例，"红山文化的动物群玉雕有龙、鸟、虎……均与商代玉器的主要题材相同，而与良渚文化的玉器群如玉璧、玉琮……显系两个系统。但良渚文化的玉器群，同样在商周得到继承和发展，比如前面已到玉璧和玉琮等成为商周祭天地的礼器……这些因素都可以说明：中华文明首先在黄河中下游发达，出现了中华最早的国家制度、青铜文化和文字制度，主要是黄河中下游两大系统新石器，同时也是其他诸多新石器文化内向汇聚熔铸的结晶"①。辽宁、内蒙古的红山文化遗址，黄河中下游的龙山文化遗址，浙江的良渚文化遗址远隔千里，但是在远古交通十分不发达的时代，其出土文物之间具有明显的类同性，说明它们有着密切的关系。既有中原对四方的辐射，也有四方对中原的汇聚。正是在这种文化的交流中，在黄河中下游逐渐形成了华夏文明的雏形。2018 年 5 月 28 日，国务院新闻办公室举行"中华文明起源与早期发展综合研究"成果发布会，用丰富的考古资料证明了中华文明拥有 5 000 多年的历史，并最终在河南二里头汇聚成成熟的三代文明。

根据考古与文献的综合研究，华夏民族主体是由中国西部炎黄部落和东部的太皞、少皞部落组成。在"三皇五帝"时期，已经有了大量氏族之间征伐与联盟的历史记忆，并通过文明的交融开始形成第一个大的族群

---

① 费孝通等. 中华民族多元一体格局 [M]. 北京：中央民族学院出版社，1989：135.

"华夏"。华夏民族恰恰是与中国历史上第一个王朝——夏朝同步形成的，华夏民族之"夏"字因此而得。《尔雅·释诂》曰："夏，大也。"《尚书正义》注云："冕服采章曰华，大国曰夏。"在当时五大民族集团之中，夏族文明程度最高，服饰光华，国家强大，由此又有华夏之称。在人类文明发展的历史上，经常会出现这样的现象，文化程度最高的民族或地区，自然就会成为众多民族向往、汇聚的中心，所以"华夏，谓中国也"（同上书）。与华夏民族相对应的，则是周边的夷狄蛮戎诸民族。

进入夏商周三代，中原与四方的汇聚与辐射继续进行。代夏而兴的商王朝情况则比较复杂，按照他们自己的说法，其始祖名契，"殷契，母曰简狄，有娀氏之女，为帝喾次妃。三人行浴，见玄鸟堕其卵，简狄取吞之，因孕生契。契长而佐禹治水有功……封于商。"（《史记·殷本纪》）商朝祖先契的父亲是"五帝"之一的帝喾，属于华夏民族的主轴，但是其母简狄，则是"有娀氏之女"，其名称中"狄""娥"等字眼，表明她的非华夏身份。其吞鸟卵而孕的故事，与东方太皞部落崇拜鸟图腾有关。近代以来考古发掘发现，殷人的活动范围偏于东方，与传说中东方太皞、少皞部落活动领地相同，说明他们是华夏另一源头东夷集团的后人。以商代夏，是东方民族文化向中原汇聚的过程。

武王伐纣，以周代商，则是一次西部民族向中原汇聚的过程。在商朝，西周只是一个属国，从近代以来出土的岐山周原文化遗址中，可以明显看到中原文化对其的影响。周人接受商人的龟甲占卜，祭祀商王的祖先。不过到了公刘之后，经过太王、季历、文王的经营，小小的西周实力超过了大国殷，并最终在武王时代取而代之。周朝建立后，他们为自己编写族谱说自己原本是华夏正统出身，但是由于犯了错误"自窜于戎狄之间"。可是孟子却说："文王生于岐周，卒于毕郢，西夷之人也。"（《孟子·离娄下》）文王取胜原因在于："地之相去也，千有余里，世之相后也，千有余岁，得志行乎中国，若合符节，先圣后圣，其揆一也。"（同上）儒家学者认为，只要符合圣人的道统，都可以"得志行乎中国"。西周建国之后，经过周公"制礼作乐"，华夏民族的文化制度化、系统化，被牢牢地固定下来。

2. 春秋至秦汉华夏与夷狄交融时期，汉族形成

春秋以后，中原大地上由于铁器和牛耕的运用，开始了由从宗法血缘

制度到地缘政治制度的过渡。生产力的发展，商品交换的发达，人员的流通，特别是大规模的兼并战争，迅速打破了华夏与夷、狄、蛮、戎之间的壁垒。一方面，从春秋到战国，由不同民族组成的国家急剧减少，而华夏民族的人口却直线上升，这是中国历史上第一次民族大融合的时期。另一方面，融合的过程又充满了民族间的激烈复杂的矛盾。正如后人所说："周室既衰，四夷并侵……及至幽王，犬戎来伐，杀幽王，取宗器。自是之后，南夷与北夷交侵，中国不绝如线。"（《汉书·韦贤传》）

激烈的民族冲突也促进了华夏民族民族观的形成，孔子的民族观具有代表性。孔子的民族观主要包括"夷夏之辨""尊王攘夷""修文德以来之"三个方面，有力地促进了华夏民族与周边民族的文化交往。孔子将当时人们区分民族界限的心理、语言、礼俗、服饰等标志，概括为一个统一的文化标准：行周礼者为华夏，拒斥周礼者为夷狄。唐朝韩愈在《原道》中概括说："孔子作《春秋》，诸侯用夷礼则夷之；夷之进于中国者，则中国之。"这种以文化而不是以血缘划分民族的理论，决定了华夏民族的开放性。春秋时期华夏民族正面临着北方游牧民族夷狄的不断侵扰，孔子提出的"尊王攘夷"包含了伸张民族大义、保卫文明成果的积极内容，是后代千百年来中华民族抗击外来侵略的宝贵文化资源。而在和平时期，儒家主张"用夏变夷"。孔子认为民族之间虽然有文明程度的差异，但是不同民族的人性是相通的、平等的，可以和平地交流。"性相近也，习相远也"（《论语·阳货》），"忠恕"的原则也可以适用于民族关系上。"樊迟问仁，子曰：'居处恭，执事敬，与人忠，虽之夷狄，不可弃也。'"（《论语·子路》）"用夏变夷"的方法不是强硬的文化输出，而是做好自己的事情，吸引周边民族前来学习。"上好礼，则民莫敢不敬；上好义，则民莫敢不服；上好信，则民莫敢不用情。夫如是，则四方之民襁负其子而至矣。"（《论语·子路》）"四方之民"无疑是指华夏之外的夷狄之民，暴力镇压不会使他们心服，只能使他们远走他乡。"远人不服而不能来也，邦分崩离析而不能守也"（《论语·季氏》），是非常危险的。合理的方法是"故远人不服，则修文德以来之"（同上书），修明政治，宣教文德，用较高的物质生活水平和昌盛的文化礼仪感染、吸附少数民族，促进民族间的自然同化。

在孔子及轴心时代其他思想家的共同影响下，春秋战国时代虽然充斥着激烈的民族冲突与战争，但是民族之间文化的辐射和汇聚仍然没有停止。其中一个代表是成都金沙遗址，其出土的金器、玉器、铜器、石器与中原文化遗址十分近似。例如祭天使用的"苍璧"与祭地使用的"玉琮"，与中原出土的文物完全相同。尽管在金沙遗址中没有发现文字，但是这些礼器所含有的文化基因，与中原三代古代宗教的联系显而易见。自古以来就有"蜀道难，难于上青天"之说，但是在金沙遗址中出土的文物既保留了古蜀国的文化特点，又受到商周时期青铜文化的影响，显然是中原文化辐射的结果。战国时期赵武灵王的"胡服骑射"，则是夷狄文化对中原文化汇聚的结果。赵武灵王看到胡人在军事、服饰方面有一些长处：穿窄袖短袄对生活起居和狩猎作战都比较方便；作战时用的骑兵、弓箭，与中原的兵车、长矛相比，具有更大的灵活机动性。《史记》卷四十三《赵世家》记载："十九年正月……遂下令易胡服，改兵制，习骑射。"从此，赵国成为战国时期的军事强国，并引起了其他国家的效法，说明华夏民族是一个善于学习的民族。

正是在华夏民族文化内部儒、道、墨、法诸家文化充分交流辩论，以及华夏民族与周边夷狄蛮戎诸民族充分的交流中，中国历史上出现了强大的秦王朝和汉王朝，华夏民族也开始变成了"秦人"或"汉族"。秦始皇"废封建，立郡县"，奠定了中华大帝国的政治基础。汉朝经过汉初的"与民休息"，七十年间积累了强大的国力，终于在汉武帝时代实行了"罢黜百家，独尊儒术"，确立了中华文化的主体结构。经过几十年抗击匈奴的战争，汉王朝消除了北方的军事威胁，也奠定了中国的基本版图。在抗击匈奴的战争中，为了联络西域诸国共同抗战，汉武帝派遣张骞出使西域。张骞的"凿空之旅"打通了中原与西域的交通，从此开拓了古代的丝绸之路。汉王朝在西域设立"安西都护府"，沿途设置驿站，为中西客商提供了交通的方便，从此中外商旅不绝。丝绸之路不仅是一条经济之路，更是一条联系中外的文化之路。西域的核桃、葡萄、石榴、蚕豆、苜蓿等十几种植物，逐渐在中原栽培。龟兹的乐曲和胡琴等乐器，丰富了汉族人民的文化生活。汉军在鄯善、车师等地屯田时使用的地下相通的穿井术，习称"坎儿井"，在当地逐渐推广。此外，大宛的汗血马在汉代非常著名，名曰"天马"，"使者相望于道以求之"。那时大宛以西到安息国都不产丝，也不懂得铸铁器，后来汉代使臣和散兵把这些技术传了过去。中国蚕丝和冶铁术的西进，对促进当地文明的发展贡献甚大。可以说丝绸之路是一条辐射和汇聚双向交流的文化之路。

特别是在日后对中华文明产生重大影响的佛教，也是沿着丝绸之路陆续进入中国的。经过一千多年的文化冲突与融合，佛教完成在中国的当地化进程，这是域外文化第一次大规模地汇聚于中原并影响中华文化性质的过程。

### 3. 魏晋至隋唐胡汉融合时期，汉民族发展壮大

魏晋至隋唐，是中国历史上第二次大规模的民族冲突与融合时期。东汉末年政治腐败、民不聊生，爆发了大规模的农民起义，王朝失去了对社会的控制能力，整个社会陷入了军阀割据混战的局势中。晋武帝取代曹魏，建立短暂的统一政权，西晋政权又陷入了贵族政权的混乱之中。当中原政局动荡不定的时候，西北草原的少数民族匈奴、羯、氐、羌、鲜卑纷纷逐鹿中原，在北方先后建立了 16 个地方政权，史称"五胡乱华"。汉人和胡人剧烈的民族冲突导致人民生活遭受巨大苦难，时人哀叹：宁为太平犬，不为乱世人。但是中国的历史独特之处在于，中国并没有像罗马帝国一样在"蛮族入侵"的打击下彻底瓦解，分化成很多民族，而是在一轮新的民族冲突之后却实现了更大范围的民族融合。这一特点完全是由中华文化开放性、包容性的特点决定的。而这一特点又是由孔子重文化、轻血缘的民族观造成的。正如陈寅恪先生所说："汉人与胡人之分别，在北朝时期文化较血统尤为重要，凡汉化之人即目为汉人，胡化之人即目为胡人，其血统如何，在所不论。"（《唐代政治史论述稿》上篇）

北方少数民族入主中原，是落后的草原游牧文明对先进的河流农耕文明的征服，为了巩固军事征服的成果，对政治、经济相对先进的民族实行统治，少数民族更需要用华夏传统宗教的礼仪来向臣民们表示自己政权的合法性。敬天、法祖、重社稷是华夏传统的灵魂，每一个胡人政权成立后，都是忙于建郊坛、立宗庙、修社稷。匈奴人刘渊第一个在北方建立后汉王朝，"永兴元年（公元 304），元海乃为坛于南郊，僭即汉王位……年号元熙，追尊刘禅为孝怀皇帝，立汉高祖以下三祖、五宗神主而祭之"（《晋书·载记·刘元海》）。不仅祭祀华夏传统中的昊天大帝，而且少数民族统治者大多还为自己编造一个与华夏圣王有关的族谱，以便从血缘上证明自己属于正统。如刘渊，"新兴匈奴人，冒顿之后也……初。汉

高祖以宗女为公主，以妻冒顿，约为兄弟，故其子孙遂冒姓刘氏"（同上书）。羯人建立的后赵，氏人建立的前秦、后秦，匈奴人建立的大夏，鲜卑人建立的北魏等，都是采用这样一种文化认同战略。民族划分的标准有一条，就是对共同祖先的认同。这种祖先不一定是血缘的，但一定是文化的。少数民族入主中原是一种域外文化的汇聚，他们立足之后采用的文化认同战略则又是一种辐射。在这种文化的双向交流互动中，少数民族吸收了中原的礼乐文明，提升了自己的文化水平，汉族则吸收了少数民族的开拓进取精神，从而使两种文化凝聚成新的文明力量。

隋、唐王朝的再度崛起，可以说就是魏晋南北朝农耕文化与游牧文化辐射与汇聚的结晶。隋、唐两个王室本身都有鲜卑的血统，他们都是汉族与鲜卑贵族通婚的后代。匈奴、鲜卑、羯、氏、羌等少数民族自觉融入汉族之中，为汉民族注入了孔武有力的生命活力。隋、唐王朝抗击突厥、远征高丽，使中国获得了北方的边境安全。唐太宗"贞观之治"时期，首都长安成为世界首屈一指的国际大都市，沿着陆上丝绸之路和海上丝绸之路，大秦（欧洲）、大食（阿拉伯）、新罗……世界的客商带来的不仅是物质文明的成果，更有祆教、景教、摩尼教等世界各国的文化。在儒家"敬鬼神而远之"的宗教观指导下，隋、唐政府对各种外国教徒给予了高度的礼遇，使这些外国宗教得以在中国落地生根。

隋、唐时期不仅有外来文化对中原的汇聚，还有中原文化对外的辐射。隋、唐高度发达的文明，吸引世界各国派遣使节来华学习。儒家文化和中国佛教在这一时期传入了新罗等亚洲国家，形成日后所谓的"儒家文化圈"和"大乘佛教圈"，这是一轮大规模的文化辐射运动。唐代曾经与大食帝国发生了一次怛罗斯战争，一批工匠被俘虏，中国的造纸、印刷、指南针技术也就这样被动地传播到中东，并经过中东传入欧洲，成为促进西方近代资本主义发生的催化剂。

唐代文化对外辐射，在吐蕃产生了重大的历史影响。吐蕃第33任赞普松赞干布是一位具有卓越才能的政治家，在统一了吐蕃诸部之后，开始接触唐王朝。据史书记载，他早就对中原的礼义文化心向往之，多次遣使携重金求婚。经过一番曲折，唐太宗决定将宗室女文成公主嫁给他。文成公主入藏时携带了大量经书、历法、医药书籍，以及工匠、侍女，从而将儒学、酿酒、纸墨、纺织技术传到了边疆。松赞干布亲自迎娶于河源，"执子婿之礼甚恭，既而叹大国服饰礼仪之美，俯仰有愧沮之色"（《旧唐书·吐蕃传上》）。归国后，他"自亦释毡裘，袭纨绮，渐慕华风。仍遣酋豪子弟，请入国学以习《诗》《书》"（同上书）。在学习汉文化的同时，吐蕃境内也出现了弘化佛教的运动，宗教史上一般把松赞干布迎娶文成公主定为佛教前弘期的开始。有趣的是，汉、藏两地关于唐蕃和婚的记载有不少差异。汉文史籍如《旧唐书》《新唐书》《资治通鉴》《唐会要》等，多讲带去了礼乐诗书，很少提及佛经、佛像。而藏文史籍如《布顿佛教史》《青史》《西藏王臣记》等，则更多地记载了公主带去的佛教。很显然，在文化交流的过程中，输出一方和输入一方对信息的理解并不完全一样。唐蕃和婚为汉藏两个民族构造了共同的文化基础。

4. 宋元明清时期的民族大融合

宋元明清的近一千年，中国又进入了新一轮的民族冲突与融合时期。中国内部各民族之间，中国与外国文化之间，继续进行着文化的辐射与汇聚。宋代建国，始终没有收复被契丹人占领的"燕云十六州"。契丹人建立的辽朝、西部党项人建立的西夏始终与汉人建立的宋朝相对立。北宋末年，女真人建立金朝占据了北方半壁江山，将汉人的南宋政权压缩到江南、湖广的狭小区域。其间，汉文化与各少数民族文化进行了深刻的交流，最终促女真、党项基本融入汉族之中。随后，蒙古高原又兴起了一个强大的蒙古帝国，扫荡了欧亚大陆，建立大一统王朝元。元王朝依靠游牧民族的冲击性，开疆拓土，奠定了近代中华民族版图的大部分。由于元朝统治经验不足，民族歧视政策过于明显，因此统治时间不长。明朝恢复了汉族对中央王权的控制，并提出了"中华"的概念。不过明朝后期统治僵化腐败，内部阶级矛盾尖锐，外部民族矛盾激烈，终于在农民起义和外族入侵的双重打击下而灭亡。关外的满族建立了中国最后一个封建政权——清朝。作为一个入主中原的少数民族，满族认真学习汉族的统治经验，重用各民族的人才，使其统治成为历代王朝中比较成功的一个。

对汉文化有深入了解的清王朝，在中国各民族文化深度融合的基础上，民族观超越了古代的"华夷之辨"，开始为统一的中华民族进行了初步的论证。为了论证清王朝统治的合理性，雍正皇帝写下了《大义觉迷录》。他认为："唯有德者可以为天下君"，这是"自古迄今，万世不易之常经"。历史上一再出现这样的情况，"舜为东夷之人，文王为西夷之人，何曾有损圣德?" 中国古代儒家的民族观是华夏与夷狄之分在于文化而不在于出身。没有文化、尚未接受中原礼仪者就是夷狄,而进入中原文化圈的夷狄之人也就是在文化上成为华夏。"本朝之为满洲,犹中国之有籍贯",并非文化落后的夷狄。用今天的眼光看,雍正皇帝的民族观,具有从传统的"夷夏观"向近代"中华民族观"过渡的性质。

宋元明清时期中国与域外各个国家的交往也在增加。元朝建立横跨欧亚大陆的庞大帝国,从中国到欧洲陆路交通方便,罗马教廷派遣使臣孟高维诺到达元大都,希望联合元朝攻打阿拉伯帝国,同时也在蒙古贵族中传教,是为基督教第二次进入中国,被称为"也里可温教"。欧洲的商人、使臣沿着蒙古驿站往返于中欧之间,一些人写了一些著名的游记,最著名者当属《马可·波罗游记》,向西方介绍了中国这个古老的东方国家,产生了很大影响。明代之后海上交通逐渐发达,一些外国传教士第三次登上了中国的土地,基督教真正进入中国社会。罗明坚、利玛窦等耶稣会传教士通过深入了解中国文化,采用中国化的传教方法传教,尽量用儒教的思想解释基督教的观念,使中国社会各阶层民众逐渐接受了基督教。特别是他们利用科学技术吸引中国士大夫阶层的注意,也就将西方先进的天文学、物理学、数学、地理学等介绍到了中国,这成为第一次大规模的"西学东渐"。同时他们又把中国的《论语》《易经》《老子》等文化经典翻译成西文传回欧洲,向欧洲人介绍了中国。根据现有的史料,莱布尼茨、伏尔泰、魁奈等西方的思想家深受中国儒家文化的影响,成为近代反对基督教黑暗统治的启蒙思想家。这场中外文化的大交流,对双方都具有深远的影响。

5. 近现代中西文化大交流与全球化时代的民族复兴

1840 年鸦片战争,西方列强的坚船利炮打开了古老中国封闭的大门,大量西方文化随着西方的商品、资本流入中国。"师夷之长技以制夷"得到了大多数国人的认同,一大批留学生主动走出国门到日本、欧洲、美国去学习先进的科学技术和文化。近代以来,出现了中国历史上一次大规模的文化汇聚。不仅西方先进的科学技术大量传入中国,西方的启蒙思想、人文主义、达尔文主义、无政府主义、马克思主义等观念也都传入中国。这次文化的汇聚有西方对中国的文化输出,但是更主要的则是进步的中国人主动学习西方的过程。

近代中国人不仅学习西方的理论,而且将西方的理论在不同程度上进行了社会实践。洋务运动、戊戌变法、辛亥革命、新民主主义革命最终证明马克思主义的中国化，即马克思主义的理论与中国实际相结合是解决中国民族独立和国家统一的唯一正确道路。特别是改革开放40多年来的伟大成就，使中国人民走上了从站起来到富起来再到强起来的道路，中国人民从来没有离实现民族复兴的伟大目标如此之近。随着"一带一路""构建人类命运共同体"的提出，中国文化也开始大步走向世界。世界需要了解中国，中国也需要得到世界的理解。

### 三、中华文明的特质与文化传播特色

中华文明在形成过程中反复的汇聚与辐射，故而形成了中华文明兼容并包、荟萃精华的特色。开放性、多元性、融合性的特色决定中华民族"多元一体"的政治结构和"多元通和"的文化结构。中华民族是一个复合型民族，相应地，各个单元民族文化之间存在着"多元通和"的关系。牟钟鉴教授指出，多元通和表现为多源性的综合，多样性的交渗，和谐共生，因中有革，开放包容，在多元发展中不断整合成轴心的系统，而轴心的系统对多元文化都有接纳、吸收和消化。这种多元通和的文化结构决定了中国文化的传播有这样一些特点。

1. 既具有相对独立的主体性，又具有广大开放的包容性

从华夏文化形成时开始，中华文化就具有自己的主体性。中国古代社会是建立在小农经济基础上的宗法家族社会，反映宗法伦理的儒家文化成为中国古代社会的主体文化。儒家主张"夫孝，德之本也，教之所由生也"，将孝道放在文化的核心位置，同时主张"家国一体""移孝作忠"，并将儒家与法家的"王权主义"相结合，形成了"三纲五常"的社会核心价值。不过我们也要指出，汉武帝实行的"罢黜百家，独尊儒术"并不是秦始皇的"焚书坑儒"，"罢黜"仅指在政府的官学中只设立"五经博士"，其他诸家不再设立博士，儒家代表国家意识形态。但是在民间，法家、道家、墨家、阴阳家仍然可以传播，政府编辑大型文化类书的时候仍旧将它们收录在册。

但是中国的文化又是有主体性的，在古代社会，宗法文化是政治文化的底色，任何外来文化都必须与之相适应，否则在中国无法立足。各种外来宗教初传时引发的文化冲突，大多是宗法文化对于外来文化的排

斥性反应。例如魏晋南北朝时期发生的"三教之争"，儒、道两家指责佛教"不忠不孝"；明末清初基督教禁止中国教徒在家祭祀祖先，在官场祭祀孔子，最终导致康熙皇帝下令禁教等。而在当时实现了中国化的宗教，本质上都是与"三纲五常"的社会核心价值相适应。如佛教自称"舍小孝，尽大孝""不依国主，则法事难立""夫不杀，仁也；不盗，义也；不邪淫，礼也；不饮酒，智也；不妄言，信也""五戒等于五常"。基督教在利玛窦掌教时期，采取与中国文化相适应的策略，直接将儒家的"仁"与基督教的"爱"等同起来。另外，还将中国传统宗教天神崇拜中的"昊天上帝"与基督教的"天主"等同。利玛窦附会儒家的孝道说：孝道要尽三方面的义务，即向至高无上的天父——上帝尽孝；向一国之父——君主尽孝；向生身之父尽孝。

2. 中国自古及今文化传播输入大于输出

中国古代社会是一个农耕社会，中国先民对于不适宜农耕的土地没有多少兴趣，因此从本质上看中国属于一种内生性的文化，缺乏对外传播的动力。孔子说："故远人不服，则修文德以来之。"（《论语·季氏》）《礼记·曲礼》说："礼闻来学，不闻往教。"故历史上大量中国人出国取经、留学，却很少有人出国传教。儒学、佛教经典的传出，大多是域外少数民族来求取，而不是中国主动推送的。在丝绸之路上往返贩运的，大多也是西域的客商。从文化上看，中国在丝绸之路上也是处于"逆差"状态。佛教是丝绸之路的最大赢家，无论沿着丝绸之路来华传教的僧侣，还是出国取经的中国僧人，他们的目的都是要在中国弘宣佛法。基督教前两次到达中国，也是沿着陆上丝绸之路实现的，第三次则是走海上丝绸之路。伊斯兰教进入中国的路线，大致也是如此。与中国的儒学相比，世界三大宗教都有一种对外传播的冲动。如佛教要"普度众生"，基督教要"传播上帝的福音"，因此以这些宗教为国教的地区，内在都具有对外传播的动力。

近代以来，中国的文化领域基本上是一边倒的文化输入，无论是在自然科学还是在社会科学领域。政治上的"全盘西化"被否定了，但是在学术领域，"全盘西化""去中国化"仍然占据主导地位。因此习近平总书记在哲学社会科学工作座谈会上要求我们的学者，要建立自己的学术话语体系，形成具有中国特色、中国气派的哲学社会科学体系。

3. 当今的文化交流不是要输出文化而是要文明互鉴

当今的时代是全球化时代，随着商品、资本在全世界的流动，文化必然也要相互流动。但是，文化领域仍然处于"西强东弱"的局面。当今中国与西方世界的种种矛盾，有些是由于物质利益、意识形态，但还有很多是文化差异造成的。为了化解这些文化差异，中国文化需要走出去。依据中国的传统文化心理和当代社会文明交往规则，中国决不会有用中国文化战胜、替代西方文化的心理，而只是希望在世界上发出中国的声音，讲好中国故事，让世界了解中国。儒家文化一向主张"万物并育而不相害，道并行而不相悖"，习近平主席于 2014 年 3 月 27 日在巴黎联合国教科文组织总部发表重要演讲时指出："文明是多彩的，人类文明因多样才有交流互鉴的价值。"世界各国都应真诚地学习其他民族的优点，在文明的交流互鉴中推动人类文明的进步。

# 当代中国的文化价值：从自信力到传播力的时代转换

许正林[①]

　　当前，随着以互联网为中心的新媒体传播的崛起，全球性文化、信息跨国家跨民族的流动成为一种趋势，文化的交流、互动、冲突已经成为常态。文化是一个国家核心竞争力的重要组成部分，在综合国力竞争中的地位和作用越来越突出。随着以价值理念、发展道路、民族精神、国家形象等为核心内容的软实力竞争越来越激烈，世界各主要大国均将提高文化软实力作为重要发展战略，千方百计地壮大本国文化的整体实力，力求占据国际文化发展和竞争的制高点。

## 一、认识当代中国的文化价值是一个时代命题

　　现代中国的国家转型，具有两大政治目标：一是基于中国多民族经济、文化与历史背景的融合而不断增强民族意识和国家认同，二是不断构建中国与世界其他国家合作、共同发展的关系，积极参与或主动建构区域整合和全球治理机制，依靠自身的文化吸引力、知识创造力、政治活力和对全人类福祉的承诺，打造国际软实力。中国的经济总量已经居世界第二位，但对中国日益增长的经济实力的看法，并没有自动转化成对中国形象的正面评判。而对中国的负面评价大多是针对"当代中国""中国人"，而并不是"中国文化"。相反，对中国悠久的文化充满了

---

　　① 许正林：上海大学教授，博士生导师。

崇敬。

在目前世界文化的大格局中，资本主义文化是主流文化，西方价值观居于主导地位，并积极向世界拓展，增强控制权。在国际舞台上中国没有形成自己的话语体系。

改革开放后，中国开展全方位的对外文化交流，主动融入西方主导的世界体系之中，学习和引进发达国家的现代观念和文化成果。中国再次大规模引进和学习西方文化，一方面丰富了中华文化的养料，有力地推动了中国当代文化的发展；另一方面，在西方的话语垄断下，中国经典被遮蔽，中华文化被忽视。不少人在学习西方时，迷信"西学"，对中华民族自身的优秀传统文化渐渐生疏。

中国当代通行的文化理论大多从西方"拿来"，照搬西方的话语框架和研究方法，缺乏本民族的东西，缺乏自主创新，流行用西方的概念和理论解读中国，理不直气不壮，找不到文化自信；更有甚者，一些人"挟洋自重"，将西方的价值观视为决定中华民族前途命运的"治世良方"而大肆渲染。而运用马克思主义的思想、观点和方法又在一定程度上存在简单化、概念化和公式化的倾向。结果一是至今尚未更深入有效地将西方现有的文化价值体系中所包含的合理成分为我所用，展开我们的文化价值解释；二是我们所说的一套文化价值大都仍不被西方接受。

在国家文化利益的博弈中，决定国家文化安全状况的因素主要有三个：一是国际文化环境，二是国家文化实力，三是国家文化战略。① 在以美国为主的西方消费主义、物质主义为代表的大众文化和强势的资本主义价值体系的威胁下，中国的民族精神、社会主义核心价值观及社会舆论和信息传播受到影响，我国的文化安全也遭受挑战，"文化不安全感"增强。

放眼世界，不管是文化上处于强势还是弱势的国家，都存在"文化不安全感"。日本处于亚洲文化的"边缘"，但是成功发展出了风靡世界的动漫文化；韩国对文化有极度渴求，因此热衷于申报联合国文化遗产名录，同时也产生了在亚洲乃至全球受欢迎的娱乐文化和韩剧文化；甚至是处于文化顶端的美国，在经历了"9•11"之后，也意识到文化的相

---

① 韩源. 中国国家文化安全形势评析 ［J］. 当代世界与社会主义，2004（4）：103.

对没落和威胁，从而展开文化复兴计划；德国、法国等西方大国同样重视本国文化的保护。"不单在于要造就一种安全的现状，更要造就一种安全的心态。"①

在中国发展社会主义市场经济时，社会生活出现了一系列的矛盾与问题。如在发展中也同样出现了普遍重视技术经济而忽略人文精神的现象，生活中神圣的东西被消解。人文关怀的缺失和物质享受欲的泛滥，又进一步衍生出诸多生态环境问题、社会问题，如大众层面的道德滑坡、诚信危机问题，一些领导干部中的享乐主义和奢靡之风等。这些不良现象影响国家形象。文化传播追求的是一种价值、理念的认同，好的作品应当给人以信仰的力量。

## 二、当代中国文化价值与传统文化的关联性

一个国家、一个民族的强盛，总是以文化兴盛为支撑的。文化包括两个层面和两种形态：一个是内隐的观念层面，它包括价值观念、思维方式、思想理念、精神或原则等形态，可称之为观念性文化；另一个是外显的制度层面，该层面属于一种社会性的文化约定，或者说是文化的社会化实现，它表现为战略、政策或规范、规则等形态，可称之为制度性文化。软实力在很大程度上就是文化软实力。文化软实力是指该国传统文化、价值观念、意识形态等文化因素对内发挥的凝聚力、动员力、精神动力和对外产生的渗透力、吸引力和说服力。②

中华传统文化奠基于先秦。中国文化的核心价值取向主要集中于政治思想，如"王道""治国之道"，也成形于春秋战国。诸子学说中的"政治"，分"政"与"治"，"政"与"治"虽与今天的"政治"内涵有所不同，但就"社会关系或身份"这一本质而言，并未超越今天的概念范畴。

先秦诸子之"政"，仍是人的一种社会关系或身份。而"治"，却有两层含义：一是指"理想之政"，即理想的社会关系状态；二是指追求这

---

① 王逸舟. 全球化时代的国家安全 [M]. 上海：上海人民出版社，1999：45.
② 魏恩政，张锦. 关于文化软实力的几点认识和思考 [J]. 理论学刊，2009 (3)：13.

种理想状态的"过程"。诸子中最早论及政治内容的，是老子，所谓"知常容，容乃公，公乃全，全乃天，天乃道，道乃久，没身不殆。"① 老子认为，王之因在公，公之因在知恒常之道，知道的方式则是观察万物之反复以归纳其规律；基于公之王则能循天合道，身死而政不殆。本质上，老子视政治为追求永恒的一环。

孔子的"政"更着重于现实。他说："政者，正也。君为正，则百姓从政矣。"② 他的意思是，政由"君"或"上"（即当权者，如季康子）、"百姓"两端构成，政治的规范是"正"，政治的内容是"正"人，执政者应先自正，然后以身作则去正人，执政者自身不正则百姓不从，百姓不从则政亡。因此孔子主张"帅以正"，认为当权者行为躲不过百姓耳目，百姓亦会从而效之，或者说百姓必会从而效正，"子帅以正，孰敢不正""先之劳之。"③ 他认为当权者的行为规范具有率先垂范、勤政之意，政的主要内容就是执政者的作为，执政就应积极作为。

荀子认为，君乃圣人所立，即政乃是圣人所创；圣人立君并"执"君，即君仅是明圣人之礼义以致治的工具；立君是为致治，其因在其世不治，其不治之因在人性恶。"故古者圣人以人之性恶，以为偏险而不正，悖乱而不治，故为之立君上之执以临之，明礼义以化之。"④ 在他看来，治与人性善恶并无必然关系，性恶可致乱，但通过立君以明圣人之礼义乃可达治，"政"是致治的手段，其意义在于明礼义以化恶性。"少而理曰治，多而乱曰耗。"⑤ "礼义之谓治，非礼义之谓乱也。"⑥ "故为之立君上之执以临之，明礼义以化之，起法正以治之，重刑罚以禁之，使天下皆出于治，合于善也。是圣王之治，而礼义之化也。"⑦ 荀子将"治"视为一种美好的、和睦的状态，即有序又合于善、合于礼义之道的状态；"治"同时也是行政动作，近于今天之治理。

墨子也同荀子一样，认为政是达治的一种方式，所谓"义者，政

　　① 朱谦之. 老子校释 [M]. 北京：中华书局，2000：64 - 66.
　　② 程树德. 论语集释 [M]. 程俊英，蒋见元，点校. 北京：中华书局，1990：864.
　　③ 程树德. 论语集释 [M]. 程俊英，蒋见元，点校. 北京：中华书局，1990：880.
　　④ 王先谦. 荀子集解 [M]. 沈啸寰，王星贤，点校. 北京：中华书局，1988：435.
　　⑤ 王先谦. 荀子集解 [M]. 沈啸寰，王星贤，点校. 北京：中华书局，1988：24.
　　⑥ 王先谦. 荀子集解 [M]. 沈啸寰，王星贤，点校. 北京：中华书局，1988：44.
　　⑦ 王先谦. 荀子集解 [M]. 沈啸寰，王星贤，点校. 北京：中华书局，1988：435.

也。"① 其具体方式是"兴利除害、富贫众寡、安危治乱"。墨子之"治",其实为"序",序于一义。

"政者,正也。正也者,所以正定万物之命也。是故圣人精德立中以生正,明正以治国,故正者所以止过而逮不及也。"② 管子亦同孔子一样认为"政者,正也",然而管子之正却比孔子之正具体,同时又未因其具体而减缩其所指。管子之"正"是"正定万物"之具,其源于"圣人精德立中"之修行;是"正定万物"之使,是达德合道必举之术;正之本在"止过而逮不及",其义合于老子之"王",其使近于孔子之"正"。

孟子则提出只有仁政才能治天下。"尧舜之道,不以仁政,不能平治天下"③;但是,若仅有个人之仁,而没有以政教方式施行于民,也是徒有其名,其实是名实不符,"今有仁心仁闻,而民不被其泽,不可法于后世者,不行先王之道也。故曰:徒善不足以为政,徒法不能以自行。"④。个人的仁义思想,只有通过政教施行开来,才是仁之实至名归。孟子在此提出借位、借力以施仁政的政教观念,即有所假,本质是借势之力。孟子认为达天下之尊,关键是生民;民力强则国力强,国力强则处尊位。"今夫天下之人牧,未有不嗜杀人者也。如有不嗜杀人者,则天下之民皆引领而望之矣。诚如是也,民归之,由水之就下,沛然谁能御之"⑤,"保民而王,莫之能御也"⑥,富民必王,孟子认为人力已代替天力成为政治之势的决定力量。"黎民不饥不寒,然而不王者,未之有也。"⑦ 而富王又取决于王之政,王之政决定国力,国力决定政治之势。"王如施仁政于民,省刑罚,薄税敛,深耕易耨,壮者以暇日修其孝弟忠信,入以事其父兄,出以事其长上,可使制梃以挞秦楚之坚甲利兵矣。"⑧ "今王发政施仁,使天下仕者皆欲立于王之朝,耕者皆欲耕于王之野,商贾皆欲藏于王之市,行旅皆欲出于王之涂,天下之欲疾其君者,皆欲赴诉于王,其若是,孰能御

① 吴毓江. 墨子校注 [M]. 孙启治,点校. 北京:中华书局,1993:294.
② 黎翔凤. 管子校注 [M]. 梁运华,整理. 北京:中华书局,2004:307.
③ 焦循. 孟子正义 [M]. 沈文倬,点校. 北京:中华书局,1987:483.
④ 焦循. 孟子正义 [M]. 沈文倬,点校. 北京:中华书局,1987:484.
⑤ 焦循. 孟子正义 [M]. 沈文倬,点校. 北京:中华书局,1987:73.
⑥ 焦循. 孟子正义 [M]. 沈文倬,点校. 北京:中华书局,1987:79.
⑦ 焦循. 孟子正义 [M]. 沈文倬,点校. 北京:中华书局,1987:58.
⑧ 焦循. 孟子正义 [M]. 沈文倬,点校. 北京:中华书局,1987:66-67.

之?"① 在孟子眼中，王施仁政则万民齐聚，是基于对当时人心思欲的洞察，将仕农商旅并列，作为国力的四大支柱，可见当时对人力的关注。

而庄子之"治"观，则充分体现了诸子对"治"之认知的理论水准：明确提出了依道而治的理论依据、具体方法；明确提出达道之治为"治之至"。"夫天地至神，而有尊卑先后之序，而况人道乎！宗庙尚亲，朝廷尚尊，乡党尚齿，行事尚贤，大道之序也。语道而非其序者，非其道也；语道而非其道者，安取道！是故古之明大道者，先明天而道德次之，道德已明而仁义次之，仁义已明而分守次之，分守已明而形名次之，形名已明而因任次之，因任已明而原省次之，原省已明而是非次之，是非已明而赏罚次之。赏罚已明而愚知处宜，贵贱履位，仁贤不肖袭情，必分其能，必由其名。以此事上，以此畜下，以此治物，以此修身，知谋不用，必归其天，此之谓太平，治之至也。"②

先秦诸子政治思想中的价值取向涵盖了中国传统文化的精华思想。老子、吕子、关尹子、鬼谷子、孟子、荀子对天道有专门论说，孔子、庄子则是以承认天道价值取向为前提而提出各自的主体规范。而关于天的主体性，则仅有墨子提出"天鬼"之说，韩非与荀子虽也论及天力，但并没有涉及其主体性，仅是作为人力的映衬。就先秦诸子政治传播观念中的社会诉求而言，孔子、孟子、荀子、墨子、管子、吕子、韩非子提出了具体的政治诉求，其余诸子则极少专门论及，多是泛泛言之。其中，孔子、孟子对主体行为规范关注尤其多，管子与韩非子则侧重于法规建设。就先秦诸子政治传播观念中的引导观而言，关注心理因素的主要是荀子与吕子，关注主体行为因素的主要是孔子、孟子、荀子、墨子和老子，关注政治环境因素的主要是孔子、孟子和管子。就先秦诸子政治传播观念中的宣传观而言，关注语言学、符号学层面上的名实之辩的，主要是老子、孔子、孟子、荀子、庄子和管子，论述书籍媒介的主要是孔子、孟子和墨子。就先秦诸子政治传播观念中的传播致效观而言，荀子、管子、鬼谷子侧重于把握信息与内容的本质联系，管子和韩非子侧重于良好政治环境的建设。就政治传播的社会化功能而言，孔子的政治教化观与孟子、老子的区别就很

---

① 焦循. 孟子正义 [M]. 沈文倬，点校. 北京：中华书局，1987：92.
② 王先谦. 庄子集解 [M]. 北京：中华书局，1987：116.

明显。从现代政治传播学视角看，老子仅关注了政治环境与人的主体行为关系，孔子除这一关系之外，还特别关注了政治传播的政治社会化问题，尽管先秦诸子的论说多建立在对人性的洞悉之上，然而如孟子、荀子对人性的那种寻根问底的哲学关注，却再无他人。

先秦诸子为后代积累的丰富的资源，又各自成体系，但后来历代政体大多选择独尊儒术，其实独尊儒术也大多是有选择性的。当代中国文化取向对传统文化有继承，更多的是批判，尤其五四时期和"文化大革命"时期，都是"砸烂孔家店"，其中间与之后又恢复对儒家文化的提倡与推崇，但不成系统。

没有文明的继承和发展，没有文化的弘扬和繁荣，就没有中国梦的实现。中华民族创造了源远流长的中华文化，这是民族的荣耀与资源。但中国文化的自信与尊严，除了继承和弘扬灿烂的古代文化，当代中国人更应该创造出中华文化新的辉煌。古今的完美结合才能真正构成中国文化软实力。

### 三、中西文化对立中的中国文化的独特性

中西文化的根本差异是文化基因的差异，或者说是文化传统的差异。沈苏儒先生曾就这一点发表论见：这里的文化指最广泛意义的文化，包括政治、社会、心理、伦理、生活等各个领域中文化素质和价值观念的差异。英文中有 Culture Gap（文化鸿沟）和 Culture Shock（文化震撼）这样两个词，前者表示两种不同文化间的差距之深，后者指在接触到另一种不同文化时在心理上产生的冲击和震动。我们必须充分估计文化差异对促进相互了解的巨大阻碍作用。"因文化传统不同而造成的观念、风尚上的差别，很是普遍。"

基于地缘、资源和历史等多重因素，中西方文化和传统差异明显。西方文化是一种竞争文化、掠夺文化，崇尚个人价值的理念，肯定自由与信仰；中华文化是一种共享文化、维系文化，推崇"和合"思想，重视求同、中庸、仁义、和谐等整体性诉求，强调个人对整体的义务、责任与担当，以儒家精神为代表，其核心是解决社会集体的维系。

近代西方世界霸权体系的建立是基于 3 个基础：武力、宗教和思想理

性。其中，武力是基于近代科技的发明与工业和贸易的兴起，宗教的意义在于建立起信仰体系，思想理性表现为思想的超越、制度的设计及西方中心主义理念的宣扬。

正如萨义德所说，欧洲文化的核心正是那种使这一文化在欧洲内和欧洲外都获得霸权地位的东西——认为欧洲民族和文化优越于所有非欧洲的民族和文化。① 按照基督教的价值观，某个民族或帝国的胜利是上帝希望得到的促使人类同意的福音。在西方文化中，价值与信仰是融为一体的，他们从"上帝面前人人平等"中延展出了"自由、平等、博爱"的西方近代社会价值观。中国的儒家文化始终没有上升到信仰层面，因此其价值召唤力就相对有限。维科认为，宗教对每个民族都是必需的，并是构成每一种整体的真正基础。②

文艺复兴运动揭开了欧洲近代史的序幕，从文学艺术领域开始，逐步向哲学理论、政治学说、宗教信仰、科学理论扩展，为近现代欧洲国家的崛起提供了全面的理论支撑。正是在文艺复兴运动的核心，即人文精神的指引下，欧洲新兴资产阶级开始摆脱中世纪宗教思想的束缚，从新的视角观察外部世界，设定新的价值取向。现代天文学、数学、物理学、生物学、医学纷纷突破中世纪思想理论的束缚，如哥白尼的天体运行论、韦达的代数论、伽利略的力学定律、笛卡尔的能量守恒定律等研究成果，为欧洲工业革命奠定了重要的科学基础。在人文精神的影响下，政治思想领域产生了自然权利学说、社会契约论、人民主权理论和三权分立学说，为现代民族国家摆脱宗教权威、建立世俗政权提供了合法性基础。更为重要的是，人文精神在宗教内部引发宗教改革，新教伦理将资产阶级追逐个人利益最大化的行为包容到对神的宗教信仰中来，为资本主义政治、经济、社会秩序的建立和扩张提供了道德依据。显然，正是以人文精神为核心的欧洲文化奠定了现代西方社会的世界中心地位与文化霸权。

中国文化是一个稳定的体系，历经5 000年，其基本的"天人合一""道法自然"的核心价值观没有变化。但中国文化又是开放的，从早在先

---

① 萨义德. 东方学 [M]. 王宇根，译. 北京：生活·读书·新知三联书店，1999：10.
② 维柯. 新科学 [M]. 朱光潜，译. 北京：人民文学出版社，1986：915.

秦时代的"胡服骑射",到两汉时代的张骞出使西域和佛教的传入,唐代的玄奘出使西域和景教来朝,再到明末清初的"西学东渐",一直到 20 世纪,西方推崇的价值观诸如"自由""平等""民主"等现代概念。整个 20 世纪,中国人民一方面在民族独立、人民解放、国家现代化等方面进行了艰苦卓绝的斗争;另一方面又在不断探索融入世界文化之林的民族文化价值取向,以凸显当代中国的文化内涵。

其一是作为文化基因的中华优秀传统文化。中华民族有着深厚的文化传统,形成了富有特色的思想体系,体现了中国人几千年来积累的知识智慧和理性思辨。这是我国的独特优势。中华优秀传统文化的文化基因博大精深,诸如"天人合一"的哲学境界,"民惟邦本"的政治理念,"天下大同"的人类情怀,"家国同构"的民族意识等,是中华民族生生不息的文化血脉。

其二是近代以来中国人民探索民族发展道路的进取精神。从洋务运动到戊戌变法,从辛亥革命到五四运动,从红军长征到抗日战争等,无不表现出近代以来在民族危亡、国家危难之际,"坚忍不拔、自强不息、勇往直前"和"自力更生、艰苦奋斗"的现代民族精神。

其三是当代建设社会主义文化强国和实现中国梦的强国精神。改革开放以来,中国的经济持续、快速、健康发展。在亚洲金融风暴中,中国的成功应对,更让世界认识到中国经济的强大生命力。中国的社会主义改革正处在不断地发展深化中,全方位、有序的改革将为中国注入新鲜力量。中国人民通过积极寻求社会稳定、人心安定的社会局面,探索走向民主化、法治化、人性化的有效路径;继续扩大开放,积极加入全球化发展行列、融入国际社会,全面参与新国际秩序建构,向世界还原一个真实的中国,传递一个不断进步、发展中的中国形象。

## 四、当代中国文化价值的基本框架

所谓当代中国的文化价值框架问题,是指中国人自己在追求与认同的价值体系是什么,也是指西方发达国家和亚非拉发展中国家对中国的认识是什么?中国人自我呈现的价值体系应该体现在两个方面:一是中国的平民大众日常生活中呈现的文化价值取向,从目前的国际舆论与国内知识精英的反映看，中国的市民社会阶层正面临文化危机，"一切向钱看"、拜金主义盛行，实用主义、利己主义猖獗，文化内涵走向片面化和空虚化。文化危机是所有危机中最危险的，因为它不是一下子能治理与解决的。文化的危机将会毁掉我们已经获得的一切。文化是一切政治成就与经济成就的基础，失去文化的支撑，会让所有的物质财富成为沙漠之域。二是知识精英与执政党所提倡的价值导向，起主导作用的显然是后者。严格来讲，精英倡导与市民社会的价值取向一致，才会使社会良性发展，但目前这一体系面临挑战。

2013 年 12 月 30 日，习近平总书记在中共中央政治局第十二次集体学习时强调建设社会主义文化强国，着力提高国家文化软实力，关系"两个一百年"奋斗目标和中华民族伟大复兴中国梦的实现。提高国家文化软实力，要努力传播当代中国价值观念。当代中国价值观念，就是中国特色社会主义价值观念，代表了中国先进文化的前进方向。2014 年 2 月 24 日，习近平总书记在中共中央政治局第十三次集体学习时的讲话又强调核心价值观是文化软实力的灵魂、文化软实力建设的重点。核心价值观是决定文化性质和方向的最深层次要素。一个国家的文化软实力，从根本上说，取决于其核心价值观的生命力、凝聚力、感召力。培育和弘扬社会主义核心价值观必须立足于中华优秀传统文化。牢固的核心价值观，都有其固有的根本。2016 年 5 月 17 日，习近平总书记主持召开哲学社会科学工作座谈会并发表重要讲话，深刻阐述"文化自信"，并且首次用"三个更"形容文化自信："坚定中国特色社会主义道路自信、理论自信、制度自信，说到底是要坚定文化自信，文化自信是更基本、更深沉、更持久的力量。"这充分说明文化自信在国家、民族的发展道路上具有十分重要的意义。

通过梳理习近平总书记的一系列论述，可以勾勒出当代中国文化价值的基本框架，主要包括"一条道路""一项改革""四个自信""四种形象""树立四观"。"一条道路"就是"要坚持走中国特色社会主义文化发展道路"等；"一项改革"就是"深化文化体制改革"；"四个自信"，就是"我们要坚定理论自信、道路自信、制度自信，最根本的还要加一个文化自信"；"四种形象"，就是文明大国形象、东方大国形象、负责任大国形象、社会主义大国形象；"树立四观"，就是树立和坚持正确的历史观、民族观、国家观、文化观。到党的十九大，形成了两大基本思想，即"人类命运共同体"和"中国特色社会主义"。党的二十大强调弘扬中华优秀传统文化。这些重要指示精神成为当代中国文化价值的最基本取向。

### 五、中国文化的国际影响力生成

文化影响力是一个国家增强国际社会对本国的理解、信任和尊重的重要方面。当前,中国已经认识到文化影响力的重要作用,并且在扩大文化影响力方面也取得了一定效果。但是仍存在不少挑战,主要表现在:文化霸权对文化价值观的消解和多元文化的冲突。面临这样的挑战,笔者认为,扩大中国文化影响力既要确保传统民族文化在当今时代的理性成长,又要努力全面展现当代中国国家形象。

中国文化的国际影响力生成,在本质上绝不是迎合西方,成为西方价值的合格仆人,或者让中国成为西方普世价值的翻版和实验平台;更不是宣传大国沙文主义文化,去傲视发展中国家进而建立文化霸权。中国文化的国际影响力生成应该是将中华文化的核心价值发扬光大,彰显中华民族的品格力量,全方位地创造与传播中国的当代文化,使其参与到世界人类文化之林,促进人类文化共同良性发展。

马林诺夫斯基、布朗等文化人类学家对文化的阐述表明,从浅层次看,文化是人类生存需求的一种延伸,就像人类需要吃饭睡觉一样,语言的交流可以帮助人们共同抵御敌人,共同处理问题;而从更深层次看,文化本身有其发展轨迹和自洽性,建立在自我诉求的基础上的文化能够帮助人们完成更高级的任务,包括反思、阐释及自我解放,而这些都是人作为高级动物才能拥有的能力。可以看出,文化的对外传播必须建立在一种对自我文化的自觉性和自信的基础上。

"文化自觉"这一概念,最早是由费孝通先生于1997年在北京大学社会学人类学研究所开办的第二届社会文化人类学高级研讨班上首次提出的,是指生活在一定文化历史圈子的人对其文化要有自知之明,并对文化发展历程和未来有充分的认识,要进行文化的自我觉醒、自我反省、自我创建,目的是应对全球一体化的形势发展。文化自觉不是文化保守主义,也不是奉行文化对垒或文化冲突,更不是奉行文化独尊,而是提倡文化交流、文化共处、文化促进等。费老用16字"各美其美,美人之美,美美与共，天下大同"来高度概括"文化自觉"历程。① 不同于费老文化社会学的角度，学者云杉将文化自觉视为国家、民族，乃至一个政党在文化层面上的觉悟和觉醒，包括对于文化在历史进步中的地位作用的深刻认识，对于特定的文化进化和发展的普遍规律的把握，对于文化的历史责任主体的正确阐释，显然其视角来自唯物史观。② 提升文化自觉应该着眼于两个方面：对本民族的文化发展历史、作用及其对人民生活、民族进步的影响的深入认识；对文化发展的方向及文化建设主体的正确把握，此外还有文化自信的树立。只有建立在文化自觉基础上的对外文化传播，才不至于迷失文化本真。

文化自信，是一个国家、一个民族、一个政党对自身文化价值的充分肯定，对自身文化生命力的坚定信念。③ 文化自信必须建立在文化自觉的基础上，建立在文化自觉基础上的文化自信，既有助于克服文化独尊和盲目文化自傲，也有助于克服文化自卑和文化盲从。纵观西方文化大国，没有哪个国家不是在文化自信的基础上进行对外文化传播，换句话说，文化自信提供了对外文化传播的原动力。

构建文化自信需要妥善处理传统文化与现代文化、本土文化与外来文化的关系，这关系到文化自信的方向和前途。在传统文化与当代文化的关系处理中，首先，要引导人民熟知传统文化的由来，明晰传统文化的发展过程、发展水平、发展特色，认识传统文化的价值和地位，进而实现对传统文化的认同与敬畏。④ 同时必须认识中国传统文化是一个多元共生的复杂整体，既有精华，也有糟粕，对精华要继承，对糟粕要剔除，还必须善于继承，勇于创新，敢于肯定应当肯定的东西，敢于否定应当否定的东西。⑤ 其次，只有从当代文化中能感知到中华文化的价值和魅力，使人民的精神文化需求得到满足，才有生成文化自信的可能；如果人民对当代文

---

① 邱柏生. 论文化自觉、文化自信需要对待的若干问题［J］. 思想理论教育，2012（1）：14-15.
② 云杉. 文化自觉文化自信文化自强：对繁荣发展中国特色社会主义文化的思考（上）［J］. 红旗文稿，2010（15）：4-8.
③ 云杉. 文化自觉文化自信文化自强：对繁荣发展中国特色社会主义文化的思考（中）［J］. 红旗文稿，2010（16）：4-8.
④ 黄晓波. 论文化自信的生成机制［J］. 科学社会主义，2012（3）：74-77.
⑤ 周正刚. 谈培养高度的文化自觉和文化自信［J］. 党建研究，2012（8）：29-30.

化发展现状失望，对当代文化缺乏认同感，也就难有文化自信的发生。①

　　而在本土文化和外来文化的关系处理中，首先，要有对世界历史文化、异域民族文化、各国文明成果的包容借鉴。纵观中华民族五千年的发展历史，吸收和借鉴各民族、世界各国的优秀文化是绝对的主流。其次，要有辩证取舍的态度。开放包容不是盲目崇外，学习借鉴也不是照抄照搬。再次，要有转化再造的能力。吸收借鉴外来文化，并不是单纯的"拿来"，而是要结合中国自身国情、文化本身的发展规律及人民的接受程度，有机地结合和学习。最后，在平等交流中提升文化水平。文化交流是促进文化发展的力量，也是生成文化自信的条件。建立在平等基础上的文化交流，有利于扩大中华文化的国际影响，也有利于消除狭隘的文化心理。从这点上看，文化自信与对外文化传播是相辅相成的，前者是后者的基础，后者是前者的推动力量。

---

① 黄晓波. 论文化自信的生成机制 [J]. 科学社会主义，2012 (3)：74 - 77.

# 第二编

## 全球视野下的
## 中国文化传播

商代妇好墓出土玉凤

# 价值观念的跨文化理解：
# 以"谦虚"为例

单波①　张露黎②

## 一、问题的缘起

价值体系是文化深层结构中的核心组成部分，一方面内化于个体心灵，另一方面影响着文化群体的态度和行为，甚至对文明的社会建制和发展方向起着重要的影响作用。由于每种价值观念体系都是不同文明在应对自然、社会和人性的挑战时发展出的不同解决方案③，其间存在差异和分歧是必然的。全球化时代的到来使不同文化价值体系之间的冲突成为人类面临的主要困境之一。价值观的冲突不仅是舆论交锋、政治博弈的焦点，甚至成为恐怖袭击、军事冲突的导火索。要真正求得人类社会的共同、和平、和谐发展，持不同价值观念的文化群体之间不仅要能喊话、争论，而且要能交谈、倾听；不仅要能相互倾听，还要能相互听见。在解决价值体系冲突的问题上，意义的播撒不是关键，意义的分享才是关键。要不同文化群体不是互相喊话，而是真正地听见对方，就需要价值观念的跨文化理解。本文将"跨文化理解"界定为"不同文化间意义的相互认知与解释，并在对话之中产生意义分享"。价值观念的跨文化理解正是人类社会要解决的紧迫而重要的核心问题。

在学术界，文化中心主义一直在阻碍价值观的跨文化理解。仅以"谦

---

① 单波：教授，武汉大学媒体发展研究中心主任。
② 张露黎：武汉大学新闻与传播学院博士后。
③ Schwartz, S. H. (2005a). Basic human values: Their content and structure across cultures. In A. Tamayo&J. B. Porto (Eds.). *Valorese Comportamento nas Organizacões* (*Values and Behaviour in Organizations*) *Valores e trabalho* (*Values and work*), pp. 21 - 55.

虚"为例，20 世纪 80 年代进入西方心理学的价值观考察时，就被理解为东亚人有贬抑自我的心理需要，在此后曲折的理解过程中，自始至终没有人回到"谦虚"的本义上去理解。

在汉语中流传着一系列表达"谦虚"观念的词汇，如"谦虚""虚心""谦逊""谦让""谦恭""谦卑""谦和""谦德""自谦""谦受益""谦谦君子""谦虚谨慎""虚怀若谷""虚己受人""不骄""不矜""不自满""不自夸""不自傲""不矜不伐""不自高自大""不自以为是"等，可称为谦虚语族。中国的"谦虚"价值观念有如下两层内涵。

首先是个体的修身之道，体现为"虚心"的心理状态：谦虚的人不"自是"，忌"满溢"，要"谦以自牧"。"谦虚"的人并非不自信，而是能不断正视自身的不足，敞开胸怀接纳新的思想，谦而又谦地自我完善。

其次是人际的和谐之道，谦虚观念要求行为主体谦恭有礼，卑己尊人，不自高自大，不骄不矜。不仅如此，还要立功而不居功，在利益分配上有谦让之心。无论是个体还是群体，如能谦恭待人、功成不居，则有助于保持个体与他人、个体与群体、群体与群体之间关系的和谐。

随着儒家学说在东亚各国的流布，"谦虚"价值观念也广布于东亚受儒家文化影响的国家，如日本、韩国等地。在下文中，为了论述方便，我们将使用东亚的"谦虚"价值观念这样的表述。

相对于西方文化价值体系而言，中国的"谦虚"观念是原生的，而且是独特的。在西方文化的希腊传统中，无论是希腊神话还是希腊哲学中，都鲜见对"谦"的观念的褒扬。"智慧""公正""勇敢""节制"构成了希腊文化价值体系的主要面向。在"两希文明"的另一个传统，即希伯来文明中，存在着"谦卑"的价值观念。但是，这种"谦卑"价值观与中国的"谦虚"价值观虽有接近的地方，但也有鲜明的不同之处。如果我们将中华文化元典中的"谦虚"观与希伯来文化元典中的"谦卑"观相对照①，

---

① 冯天瑜先生曾将形成于中华文明轴心期的"六经"及《论语》《孟子》《老子》《庄子》等典籍称为"元典"，他认为"（文化）元典的某些基本精神又能观照久远的岁月，反复地被后人所重新刻勒，对该民族的价值取向、行为方式、审美情趣、思维定式造成深远而又常新的影响。"诚如冯先生所言，轴心期及其之前的"文化元典"是先民们实践经验的集中总结，因而，一个民族的"文化元典"中表述的观念往往形塑着这个民族对世界的认知和解释模式。自上古流传而来的"谦虚"价值观念在"元典"中获得了集中、系统地表述，因而影响了后世中国人的价值观念，成为中华民族价值体系中的一个重要方面。

则不难发现，"谦虚"观与"谦卑"观有着鲜明的不同之处。

第一，内涵上"自觉卑微渺小"与"不自满、不自大、不居功"的区别。希伯来的"谦卑"观在《圣经》中的原意是就"人与神的关系"而言的；中国的"谦虚"观在先秦元典中的原意是就"人与人的关系"而言的。"谦卑"观的行为主体是相对于上帝而言卑微、渺小、无知的人；"谦虚"观的行为主体却是德才兼备、能与人同、众物归附，即将建功立业的领导人物或"君子"。从人内心的认知方面来讲，"谦卑"观指人认识到自我相对于上帝的渺小；"谦虚"观指人不自满，认识到自身的局限与不足。从对个体的行为要求上讲，"谦卑"观指人要顺从上帝的安排；"谦虚"观指"待人不自大，有功不居功"。在后世的传承演进中，"谦虚"的行为主体也是积极向上、不断完善自己的人，而绝非自觉渺小、无知，从而俯首顺从上帝的人。西方的"谦卑"观让人认识到自己的渺小卑微，中国的"谦虚"观却让人认识到自己的无限可能。两者的不同分别开启了不同的心理过程，从而形塑出两种文明中不同的个体心灵。

第二，中国的"谦虚"观还充满了源自中国哲学的"辩证转化"思想。首先，"才高"、"德高"且"功高"的人却自愿处于卑位，因而获得众人的尊敬，所谓"夫唯不争，故天下莫能与之争""天道下济而光明，地道卑而上行"，都以"辩证转化"的思想来阐说"谦虚"观在处理人与人、人与群体、群体与群体关系方面的价值。其次，"谦虚"价值观念所内蕴的对"虚心"心态的推崇也体现着"辩证转化"思想。所谓"空虚其怀，不自有实"方能"受纳于物，无所弃遗"，认为人只有内心空虚了，才能清楚明白地认知事物。这里"虚"与"实"相对，却由"虚"而得"实"，正是"虚实相生"！在希伯来的"谦卑"观中，却缺乏这样的"辩证转化"思想。

"谦卑"观和"谦虚"观分别根植于两种文化传统中，其差异体现了两种文明在宇宙观、世界观和思维方式上的不同。"谦虚"观根植于中国先民重视群体的思想和辩证转化的思维方式之中，是一种发源于中国，流布于东亚的原生的、独特的价值观念。"谦虚"价值观念与"和谐""礼让""宽容"等价值观念交织共生，形成中国乃至东亚文化价值体系的一个重要面向。而源自希伯来文明的"谦卑"观在西方文化中却从未有如此重要的影响力。

　　总体来说，中国的"谦虚"观与西方的"谦卑"观有同一性也有差异性。值得注意的是，作为文化深层内核的价值观念上的细微不同，在文化表象、社会实践中往往展现为巨大的差异。在跨文化理解中，如若不加辨析地忽略掉这些隐藏于同一性之中的差异性，以简单地类比来代替深入地理解，就会不可避免地遭遇误解、陷入谜团。中国人频频使用的"谦辞""敬语"，在待人接物中普遍的"卑己尊人"的行为表现是否是一种扭曲本心的虚伪逢迎呢？当西方心理学界在跨文化的心理实验中发现东亚被试的"自贬"（self-ebasement）倾向时，他们陷入了迷惑与争论之中。

　　本文拟从一个小的个案切入，对源自中国的"谦虚"价值观念在西方心理学界被发现、被争论、被表述、被理解又被误解的过程进行梳理，揭示西方心理学界是如何通过心理实验和测量深入东亚个体的心灵，理解其有别于西方人的认知、情感和动机，进而发现东亚文化价值观念的独特之处，试图借此发现价值观念跨文化理解中可能存在的迷途，以及通向跨文化理解的可循之径。

### 二、西方的困惑：东亚人有"自我贬低"的心理动机吗？

　　人的自我认识是现代心理学的重要研究领域。自 20 世纪 80 年代以来，一些心理学家分别运用不同的量表或实验方法，如"20 项自我陈述测试"（twenty statements test）、"优于平均人效应"（better-than-average effect）、"虚假独特性效应"（false uniqueness effects）、"自评与同龄人评价效应"（self-peer evaluations）、"罗森伯格自尊量表"（Rosenberg self-esteem）等方法测量东亚个体的自我评价，均没有发现与北美人类似的显著的"自我拔高"（self-enhancement）倾向的动机[①]。加拿大学者海恩在 2007 年收集了 2005 年 7 月以前所有 PsyINFO 数据库[②]中测量西方人和

---

　　① 有学者将 self-enhancing 或 self-enhancement 译为"自我提升"（王伟平）、"自我增强"（王轶楠）。本文根据严文华先生译著《跨文化社会心理学》（人民邮电出版社 2009 年版），将其译为"自我拔高"。

　　② PsyINFO（心理学文摘数据库）是心理学学科的国际性权威数据库，由美国心理学协会（American Psychological Association）出版。

东亚人在"自我拔高"差异上的对比研究，研究成果总计 91 项，采用了 31 种不同的测量方法，其中 88 项研究显示东亚人自我拔高的倾向比西方人低一些。[①] 一些学者在中国和日本本土开展的实验中甚至发现了"自我贬低"（self-ebasement）倾向的动机。[②]

这些研究发现如果是有效的，就挑战了西方心理学，尤其是美国心理学界 20 世纪以来的一个基本假设，即认为人都有积极评价自我的需要。这一观念源自詹姆斯，经由马斯洛、奥尔波特、罗杰斯的发展，到布朗的论著中形成一个更为决定性的论断：人都有自我拔高的动机，而积极的自我评价及其所形成的"积极错觉"是心理健康的必要条件。[③] 布朗认为："我们所说的自我价值感（feelings of self-worth）的一些例子包括为自己感到骄傲和高兴（积极的一面），或感到谦卑和羞耻（消极的一面）。"[④] 在他看来，"谦卑"是一种消极的感觉，不利于心理健康。很多西方心理学家将自我评价低的人视为不正常的，并且认为低的自我评价与低生活满意度、低心理健康程度、低身体健康程度和差的学业表现相关。

东亚人真的没有积极评价自我的心理需要吗？为什么在心理实验中，一些东亚被试在评价自己时没有显示"自我拔高"的动机，反而显示出"自我贬低"的动机呢？面对这些发现的挑战，西方心理学界形成了两派针锋相对的观点。

一派是以布朗、斯蒂基特为代表的持普遍主义理论假设的心理学家。他们认为东亚人同北美人一样具有积极评价自我的需要。东亚被试在实验

---

① Heine，S. J.，Hamamura，T.（2007）. In search of East Asian self-enhancement. *Personality and Social Psychology Review*，11，pp. 64 - 27.

② Bond，M. H.，Cheung，T.（1983）. College students' spontaneous self-concept. *Journal of Cross-Cultural Psychology*，14，pp. 153 - 171；Markus，H. R.，& Kitayama，S.（1991）. Culture and the self：Implications for cognition, emotion, and motivation. *Psychological* Review，98，pp. 224 - 253；Campbell，J. D.，Trapnell，P.，Heine，S. J.，Katz，I. M.，Lavallee，L. F.，& Lehman，D. R.（1996）. Self-concept clarity：Measurement, personality correlates, and cultural boundaries. *Journal of Personality and Social Psychology*，70，pp. 141 - 156；Heine，S. J.，Lehman，D. R.，Markus，H. R.，Kitayama，S.（1999）. Is there a universal need for positive self-regard? *Psychological Review*，106，pp. 766 - 794.；Heine，S. J.，& Renshaw，K.（2002）. Interjudge agreement，self-enhancement，and liking：Cross-cultural divergences. *Personality and Social Psychology Bulletin*，28，pp. 442 - 451.

③ Taylor，S. E.，Brown，J. D.（1988）. Illusion and well-being：A social psychological perspective on mental health. *Psychological Bulletin*，103，pp. 193 - 210.

④ 乔纳森·布朗，玛格丽特·布朗. 自我［M］. 2 版. 北京：人民邮电出版社，2015：250.

中没有表现出积极的自我评价倾向是实验方法的问题。这些心理学实验，无论是采用结构化量表，还是非结构化量表，均是以自陈报告的形式展开的。由于"中国的儒家文化传统注重顺从和谦卑"，在受儒家文化影响的东亚国家，个体在自陈报告中不会表达对自我的赞许。[①]"为了避免独树一帜或显得与众不同，他们采取了保守原则，不凸显自己。"[②]因而，对"谦逊"的文化价值观的遵从和对个人自然情感的压抑是东亚个体在实验中表现出低的自我评价的原因。

以美国学者马库斯、加拿大学者海恩和日裔学者北山忍为代表的另一派文化心理学家却对上述普遍主义的解释提出了质疑。他们认为，东亚被试在实验中展现出的低的自我评价倾向不是受文化价值观念压抑而形成的一种"伪装的谦逊"（feigned modest），而是真诚自然的反应。原因是，东亚个体在自我评价问题上有着和北美人不同的心理动机和心理过程。他们从 20 世纪 80 年代末至 90 年代初复兴的文化心理学理论中获取思想资源以探寻东西方人自我认识差异的奥秘。

文化心理学复兴的倡导者，芝加哥大学的斯万达教授提出："由我们共同的生物血统构成的'普适心智'（universal mind）显现于其所在的特定文化表现所陶冶而出的'多样心态'（multiple mentalities）之中"。[③]他区分了"心智"与"心态"的不同，认为"心智"指"人类认知过程中实际的和潜在的概念内容的总体"；而"心态"指"一个特定的人的实际运行的认知过程"。他认为，"心智"是抽象的、总括的，因而不存在于具体的时空之中；而"心态"则是特定的、具体的，存在于具体的时空之中。人类的"心智"自生物潜能产生，具有普遍性；但人类的"心态"却在与特定文化的互动之中形成，具有多样性。"心态"与"心智"构成一种"非一致性的普遍性"（universalism without the uniformity）的，即多样性的统一关系。由此，斯万达提出文化心理学的核心假设："无论是人类心

　　① 乔纳森·布朗，玛格丽特·布朗. 自我[M]. 2 版. 北京：人民邮电出版社，2015：6.
　　② 齐瓦·孔达. 社会认知：洞悉人心的科学［M］. 周治金，朱新秤，等译. 北京：人民邮电出版社，2013：391.
　　③ Shweder, R. A., Goodnow, J., Hatano, G., LeVine, R. A., Markus, H., & Miller, P. (1998). The cultural psychology of development: One mind, many mentalities. In W. Damon & R. M. Lerner (Eds.), *Handbook of child psychology* (Vol. 1). New York: John Wiley and Sons. pp. 865 – 937.

理过程的概念内容，还是认知概念内容的心理过程的方式都不必然地或确实地在世界任何地方都相一致"[①]。

在关于人的自我及自我认识问题上，文化心理学家们认为"人的自我评价并不存在于文化的真空之中"[②] "文化和自我可以说是互为建构的"[③] "人的自我并不是不经调整地硬性植入大脑皮层，以不变的形式出现在不同的文化语境之中。而是自生物潜能产生，逐渐调适入个体成长于其中的特定的文化意义系统中"。[④] 人的自我作为一种文化的产物是在与文化的互动中逐渐形成的。特定文化的独特之处深植于该文化人群中的个体心灵，建构着这些个体的认知、情感和动机，形塑着他们的自我图式（self-schema）和自我评价（self-regard）。

在这样的理论基础上，文化心理学家对西方主流心理学中关于 self-esteem（自尊或自我评价）的研究进行了全面反思[⑤]。他们梳理了 20 世纪以来关于 self-esteem 研究的核心理论，发现从詹姆斯、马斯洛、罗杰斯到布朗，这些做出过重大理论贡献的学者们一致认为 self-esteem 或积极的自我评价（positive self-evaluation）在人的人格结构中占有重要地位，值得注意的是，这些学者全是美国人。文化心理学家们特别指出，这一点并非偶然，这反映了他们都是在一种文化中被社会化的，而这种文化，相对于其他任何文化，更加鼓励个人主义；如果熟读心理学文献会发现，北美的研究者们对 self-esteem 研究显著关注，欧洲和澳洲的学者次之，而 self-esteem 研究在亚洲的学术期刊上却占据着很少的版面。这说明，

①   Richard A. Shweder（2000）. The psychology of practice and the practice of the three psychologies. *Asian Journal of Social Psychology*，3，pp. 207 - 222.

②   Heine, S. J., Lehman, D. R., Markus, H. R., & Kitayama, S.（1999）. Is there a universal need for positive self-regard? *Psychological Review*，106，pp. 766 - 794.

③   Shweder, R. A.（1990）. Cultural psychology: What is it? In J. W. Stigler, R. A. Shweder, & G. Herdt（Eds.），*Cultural psychology: Essays on comparative human development*. Cambridge: Cambridge University Press. pp. 1 - 43.

④   Heine, S. J.（2001）. Self as cultural product: An examination of East Asian and North American selves. *Journal of Personality*，69（6），pp. 881 - 906.

⑤   self-esteem 的含义是人对自我的尊重、满意之情，见于《牛津词典》。西方心理学中广泛使用的 self-esteem 的概念意义为将自我设想为评价对象的一种自反性态度（罗森柏格，1979）。但由于这一语词本身带有的积极评价的含义，实际上让西方心理学的自我评价研究带上了积极的光环。汉语文献中一般将 self-esteem 译为"自尊"，但"自尊"一词在汉语里有"自我尊重"的含义，包含有对自我的社会形象、身份和地位的尊重之义，并不能准确地翻译"self-esteem"这一概念。为对西方心理学文献进行准确地考察，本文在论述中将直接使用 self-esteem 这一词。

现有的关于 self-esteem 的理论和知识主要是由长期浸淫在个人主义文化背景中的美国学者生产的。基于他们的考察，文化心理学家们提出，大多数关于 self-esteem 的研究是北美的学者在北美的大学中，以北美的被试为对象，运用在北美发展起来的研究方法完成的。[①] 考虑到北美文化与东亚文化的差异，这些研究所形成的理论在东亚的适用性就需要被重新审视了。

基于此，文化心理学家们质疑了西方主流心理学家在人的自我认识问题上的核心假设，即"积极的自我评价是人的普遍需要"。如果个体的"心态"因文化而异，那么东亚的个体是否同北美个体一样具有积极评价自我的需要就是值得怀疑的了。同时，东亚个体也不是没有可能发展出一种"自我贬低"倾向的健康心态。

### 三、理解"自我贬低"背后的人际和谐价值——"依存自我"与关系论

在文化心理学的理论基础上，马库斯等文化心理学家从"自我构念"（self-construal）、"自我方式"（self-way）和"文化话语"（culture discourse）三个方面比较了东亚文化和北美文化的差异。他们认为东亚人在实验中未表现出较高的"自我拔高"动机，甚至表现出的"自我贬低"的动机并不是"伪装的谦逊"，而是发自内心的真实想法的自然流露，是由不同于西方文化的传统文化陶冶而出的独特心态。

马库斯和北山忍在 1991 年提出了一个著名观点："独立自我构念"（the independent construal）对"依存自我构念"（the interdependent construal）[②]是区分西方文化与其他诸多文化的一个重要维度。[③]

他们认为，在很多西方文化中都存在一个信念，即互不相同的个体之间与生俱来地彼此疏离。这种文化的标准规则是独立于他人的个体，发现

---

① Heine, S. J., Lehman, D. R., Markus, H. R., & Kitayama, S. （1999）. Is there a universal need for positive self-regard? *Psychological Review*, 106, pp. 766 - 794.

② 有学者将"the interdependent construal"译为"依赖自我构念"（严文华）、"关系自我"（周治金），本文认为译为"依存自我构念"更合适。

③ Markus, H. R., & Kitayama, S. （1991）. Culture and the self: Implications for cognition, emotion, and motivation. *Psychological Review*, 98, pp. 224 - 253.

并表达个人的独特之处。① 这种将自我看成独立、自主、与他人及社会情境相分离的人的观念，被他们称为"独立自我构念"，与"独立自我"相类似的标签还有"个人主义的"。他们认为，"独立自我"文化在很大程度上以美国文化为代表，也包括很多西欧文化。而很多非西方文化坚持人与人之间有"根本的联结性"（fundamental connectedness），"这些文化的规范是保持个体间的相互依存""自我最显著的特征是在相互依存中，因而也是在自我更为公共的部分中找到"。他们称这样的观念为"依存自我构念"，与"依存自我"相类似的标签还有"集体主义的"。他们认为，"依存自我"文化以日本文化为代表，也包括其他亚洲文化。但在非洲文化、拉美文化和很多南欧文化中也非常典型。②"独立自我构念"与"依存自我构念"在行为动机、与他人的关系上有显著的差异："独立自我"追求与众不同，"依存自我"却追求归属和嵌入；"独立自我"追求（在群体中）表达自己，"依存自我"却追求（在群体中）占据自己合适的位置；"独立自我"的任务是意识到个人的内在特质，"依存自我"却致力于得体的行为；"独立自我"追求自己的目标，"依存自我"成就他人的目标。对"独立自我"来说，他人对自我评价和社会比较有重要作用，而对"依存自我"来说，在特定语境下与他人的关系定义着自我。

对"独立自我"来说，self-esteem 的基础是表达自我，证明自我的内在特质，对"依存自我"来说，self-esteem 的基础是调整自我，约束自我，维持与社会语境的和谐。③ 一方面，由于"依存自我"有更多以他人为参照的、社会的动机，即"归属、嵌入、占据一个人合适的位置、介入到合适的行动、实现他人的目标和保持和谐"，他们其实并不需要通过"自我拔高"来获得对自我的满意；另一方面，在东亚社会，个体与他人会互相抬高，从而建立一种互惠性的关系，"在这样一种互惠性的关系中，积极评价他人才更恰当，因为如果夸耀自己会将一个人从互惠性关系中分离出来"。因而，他们认为，东亚人对自我的评价由于受到"依存自我"构念的影响，会形成一种"谦逊"的偏向。这种偏向亦可称为"贬低自

---

① Markus，H. R.，& Kitayama，S.（1991）. Culture and the self：Implications for cognition，emotion，and motivation. *Psychological Review*，98，pp. 224－253.

② Ibid.

③ Ibid.

我"或"拔高他人"的偏向。形成这种"谦逊"偏向的原因不能简单地认为是为了维护与他人的良好关系而进行的印象管理的结果,其真正的原因有两种可能。

第一,由于怕出头和人际嵌入的压力,依存文化中的人们在社会化的过程中获得了习惯性的谦逊倾向。无论何时,当自我的某个方面需要在公共场合被评价时,一种谦逊的、自我贬低的反应模式就会自然而然地出现。从"独立自我"的观念来看,这种谦逊是虚伪的,是压抑人对自我特质的"自然"的自豪感的结果。然而,这种自豪感只有在"独立自我"的观念中才是自然的。从相互依存的观点看,谦逊反应可以是一种积极的体验,并且产生快乐的、关注他者的感情,这种感情连接并维系着依存关系。

第二,对于持有依存自我观的人,可能关于自我的能力并没有整体的、抽象意义的、在不同情境中保持一致不变的认识。[1]

有文化心理学家认为,这种"自我贬低"倾向不是受社会规范或社会价值观念压抑而扭曲本心的一种行为表现。在后来的论著中,文化心理学派的学者们还通过广泛搜集社会赞许性反应的文化差异,直接与间接的自我评价对比,自评与评价同龄人对比和完全匿名情境中的自我评价测量四个方面的实验数据驳斥了普遍主义论者的"伪装谦逊说"。他们认为东亚人较低的自我评价是文化涵化的结果,但这种"谦逊"倾向是发自内心的、真诚自然的,根植于东亚个体不同于北美个体的自我认知之中,在日本,modesty(谦逊)在人们的自我界定中扮演着重要角色,是"关于人际和谐的重要文化目标",而北美人在表征自我时却对 modesty 不予理会。[2]

"独立自我构念"对"依存自我构念"维度与"个人主义"对"集体主义"价值观维度是一种文化差异的两种表述,但是,它们的侧重点不同。前者更强调这种差异对不同文化中人在自我认识上的影响;后者更强调这种差异在价值体系和社会规范上的影响。相对而言,"独立自我构

---

① Markus, H. R., & Kitayama, S. (1991). Culture and the self: Implications for cognition, emotion, and motivation. *Psychological Review*, 98, pp. 224 - 253.

② Heine, S. J., Lehman, D. R., Markus, H. R., & Kitayama, S. (1999). Is there a universal need for positive self-regard? *Psychological Review*, 106, pp. 766 - 794.

念"对"依存自我构念"维度是一种更具有心理学意义的表述，对洞察不同文化中的个体在有关自我的心理过程和心理策略上的差异有着重要意义。

文化心理学派的学者们不仅仅停留在从"独立自我构念"与"依存自我构念"的对立关系中理解东西方人在自我评价方面的差异。在 1999 年发表的《积极的自我认识是普遍的需要吗》一文中，马库斯、北山忍和海恩等学者合作，以北美为西方文化的代表，以日本为东亚文化的代表，广泛搜集来自两种文化的心理实验发现，并且深入两种文化语境和语言体系之中，来讨论东西方人自我认识与自我评价的不同。

首先，学者们提出要让东西方人的自我评价问题获得本质性的理解，除了考察"自我构念"的差异外，还应当将考察的视域扩大到东西方文化中"自我方式"的差异。他们认为"'自我方式'是（一种文化中）关于'何为人'的共享的观念，以及日常生活中体现和培育这些观念的社会实践、情境和体制。自我方式包括核心的文化观念和价值观，包括何为一个人，以及怎样才是一个'好的'、'道德的'和'适宜'的个人；不同的自我方式不仅仅是不同的自我构念，它们更是不同的存在方式，不同的知晓、感觉和行动的方式。"[①]"理解当代北美文化中的自我方式就有必要理解与之相关的一系列文化观念；理解当代日本文化中的自我方式同样有必要理解与之相关的一系列文化观念"，因为"这些观念弥漫于人们的日常社会生活之中"。通过深入语境地考察这两种文化，学者们认为"形成北美式自我评价的核心文化观念有'独立''自由''选择''能力''个人控制''个人责任''个人表达''成功''快乐'"。不难看出，这些观念都带有鲜明的独立性和个人主义倾向。"而形成日本人自我评价的核心文化观念有'自我批评''自律''努力''毅力''他人重要性''羞耻''道歉''平衡''控制情感'"。很明显，这些观念带有鲜明的依存性和集体主义倾向。学者们认为："试图从北美人的视野中理解日本人关于自我评价的实践；或是从日本人的视野中理解北美人的自我评价的实践，都将引发对另一个世界的困惑、不信任，或者轻蔑

---

① Heine, S. J., Lehman, D. R., Markus, H. R., & Kitayama, S. (1999). Is there a universal need for positive self-regard? *Psychological Review*, 106, pp. 766 - 794.

的估量"。① 学者们用"自我方式"这个概念来说明文化体系与个体自我之间的互为建构的关系，从而打通了人类学、社会学和心理学在人的自我评价问题上的联系。学者们不仅在论述中广泛使用人类学、社会学的相关文献，特别是民族志的材料，作为心理学实验的研究基础和对实验发现的佐证，更重要的是，他们还吸纳了人类学和社会学的研究视角，从而把他们的研究视域扩大到整个文化体系，从文化观念、价值体系的差异中来把握东西方人的自我评价差异的本质。

其次，马库斯和海恩等心理学家还深入东西方的文化话语之中，对关于人的自我评价研究中的一些关键概念进行跨语际的考辨，并且结合知识生产的文化语境，反思形成于北美的心理学中关于自我评价的核心概念在跨文化语境中的适用性。其中最有代表性的是他们对西方心理学中"self-esteem"这一用以指称"人对整体自我的评价或态度"的概念所进行的意义考辨。在英语中，self-esteem 是一个褒义词，意味着对自我能力满意的态度，认为自己是值得被喜爱和被尊敬的。日语中指称"self-esteem"概念的词："serufu esutiimu"并非本土词，也并非常用词，而是英语中 self-esteem 的音译词，主要用于对西方学术思想的介绍和研究。日语的本土词汇中与 self-esteem 意义最接近的两个词 jishin（自信）和 jisonshin（自我尊重）都含有贬义。词的意义差异反映了两种文化在自我评价问题上的不同观念。这也从语言学的角度为文化心理学家的发现提供了一个佐证，即在日本文化中，人是否拥有积极的自我评价并不重要。在对基于本土的心理学实验和民族志材料进行分析的基础上，马库斯、海恩等心理学家提出，日本人可能在五个方面有着"自我确认"的需要：① 关系尊重；② 面子需要；③ 对 gambaru（坚韧）的需要；④ 暂时的或随情境而变的自我拔高；⑤ 做一个好的文化成员的需要。② 而这五个方面的需要不是西方心理学中的"self-esteem"这个概念所能包括的。因此，以"self-esteem"为核心概念来建构的自我评价理论无法包括对在东亚的心理学实验中发现的东亚人的自我贬低倾向的解释。self-esteem 这个在西方心理学中占有如此重要地位的概念，如果要获得跨文化的适用性，就需要重新被概念化，甚至要

---

① Heine, S. J., Lehman, D. R., Markus, H. R., & Kitayama, S. (1999). Is there a universal need for positive self-regard? *Psychological Review*, 106, pp. 766 – 794.

② Ibid.

考虑使用另外的词语来指称在跨文化的情境中被重新界定的那个新的概念。早在 1991 年，马库斯和北山忍就对 self-esteem 这一概念本身进行了反思，他们认为"esteeming the self"（积极地评价自我）可能从根本上讲是一个西方现象"self-esteem 的观念可能应代之以 self-satisfaction（对自我的满意之情），或者运用一个可以表征'个人认识到自己已完成文化所要求的任务'的术语。"① 在 1999 年发表的《积极的自我认识是普遍的需要吗》一文中，马库斯和海恩等学者专门用一小节来讨论"什么是 self-esteem?"他们全面反思了西方心理学界对"self-esteem"的界定，认为"self-esteem 就其习惯性地被研究和被理解而言，可能从有意义的方式上说，只是一个北美现象"。② 因而，他们提出，有必要也有可能在不同的"自我"模式的基础上来定义"self-esteem"。但是，该如何界定一个在不同文化中都适用的指称"个体对自我评价的需要"的概念呢？学者们感到了跨语际、跨文化的困境。他们在论文的结语中写道："我们可以将一种自我评价的需要看成是普遍性的，但目前这种普遍性的特性会采取怎样精确的形式尚不明晰。"

　　在对文化观念、价值体系和文化话语进行考辨的基础上，通过仔细研究在日本及中国本土开展的一些发现了"自我贬低"倾向的心理学实验，学者们认为，这实际上是一种由依存性动机和嵌入性动机导致的自我批评倾向（self-critical ortientation）。这种自我批评中内含的观念是个体没有达到她或他所理解的社会期待或人格标准，因而个体必须通过不断的努力以克服自己的缺点而达到由社会文化所设定的标准。③ 海恩、北山忍等学者主持的多项心理学实验都证实了在东亚社会存在着这样一种自我批评的倾向。其中一项跨文化的"实际—理想差异"（actual-ideal discrepancy）比较实验发现，日本被试的"实际—理想差异"比欧裔加拿大人和亚裔加拿大人都要大。但是，在日本人中，这种差异与沮丧情绪的相关性却比在欧裔加拿大人中要小。这说明，认为自己没有达到理想的标准对日本人造成了较小的负面影响。在另一项实验中，海恩等学者们发现日本人比加拿大

---

① Markus, H. R., & Kitayama, S. (1991). Culture and the self: Implications for cognition, emotion, and motivation. *Psychological Review*, 98, pp. 224–253.

② Heine, S. J., Lehman, D. R., Markus, H. R., & Kitayama, S. (1999). Is there a universal need for positive self-regard? *Psychological Review*, 106, pp. 766–794.

③ Ibid.

人更容易相信自己在智力测验中获得了比大学同学的平均分要低的分数。这说明日本人对关于自我的负面信息更加敏感。不仅如此，学者们还发现这种自我批评倾向对个体的自我提高是有益的。海恩和北山忍主持的一项心理实验发现加拿大人在获得成功以后坚持得更久，而日本人却是在失败以后坚持得更久。"这说明日本人被失败激励去改正他们的缺点，而北美人则沉浸于自己的成功之中。"① 在自我批评的倾向中，东亚个体关注自身的弱点，从而受到激励不断地自我提高。

　　总体来说，马库斯、海恩等认为，东亚个体的"自我贬低"倾向或"谦逊"倾向实际上是一种"自我批评"的倾向。东亚社会中存在着与北美社会中不同的重视"他人"、"关系"和"集体"的自我方式，东亚个体更加倾向于"依存自我构念"。由此形成了以"自我批评"的方式来嵌入社会，维护与他人的"互惠性"关系，并且"自我提高"的心理过程，孕育出具有"谦逊"倾向的独特心态。

　　以马库斯、海恩为代表的心理学家在文化心理学的理论基础上，实现了对占主流地位的心理学的超越。

　　首先，以马库斯、海恩为代表的文化心理学家们没有把复杂的问题简单化，而是试图解释一些难以跨越的理解障碍。在他们的理论探索的过程中，展现了鲜明的对文化偏向的反思。他们不仅反思了西方心理学传统的理论基础、核心观念、研究方法和实验对象，而且反思了理论探索的主体、知识生产的语境、知识生产所使用的话语和核心概念中的文化偏向。

　　其次，在他们的研究中，除了采用大规模的跨文化比较测量的数据以外（这种测量往往在不同的国家中使用同一套量表）②，他们还开展或分析了相当多的在东亚本土开展的心理学实验，有代表性的有在日本小学开展的"小学生同龄人评价"实验，在日本大学生中开展的"成败归因"实验等。这些实验虽然也基于西方心理学的理论基础，但在实验设计上由日本本土的心理学家结合文化语境进行了调整，并且心理学家能够立足于本土语境对实验结果进行解释和说明。这些在本土开展的心理学实验有助于学

---

① Heine, S. J., Lehman, D. R., Markus, H. R., & Kitayama, S. (1999). Is there a universal need for positive self-regard? *Psychological Review*, 106, pp. 766 - 794.

② 如跨文化的虚假独特性测量、罗森伯格自尊量表测量。

者们尽可能地避免跨文化误解。

再次，在这些学者的理论探索中，他们还尽可能地突破本学科的局限，吸纳人类学、社会学的理论视野和研究成果。

这些文化心理学家拓宽了原先狭窄的、囿于北美语境的、囿于心理学一域的研究视域。可以说，他们的研究体现出较强的跨文化性。

虽然他们对东亚人"谦虚"心态的理解还不全面，但是，他们的研究所具有理论上的开放性，打开了西方心理学界在自我评价问题研究中的跨文化视域，从而开启了接近东亚个体受"谦虚"价值观念涵化而形成的独特心理过程。

但是，马库斯等学者对东亚人"谦虚"心态的理解又囿于他们自身所设定的研究框架的局限。他们认为东亚个体表现出的"自我贬低"倾向也是一种"谦逊"倾向，这种对"自我"的贬低或批评是个体为了嵌入社会，维护与他人的和谐关系而形成的自我约束的习惯性心态，是依存自我文化或集体主义的价值观孕育的结果。虽然他们认为东亚人的"谦逊"倾向是真诚自然的，但这种用"关系论"来解释"谦虚"心态的方式，使他们自己也频频滑向"出头的钉子容易折"① 这样的策略论。由于他们只是在"独立自我"文化对"依存自我"文化的框架内来理解东亚人的"谦虚"心态，因此忽略了"谦虚"心态中所包含的通过不断反省自己而完善自我的修身意义，更没有了解这种"谦虚"心态背后的东亚人独特的朴素辩证主义的思维方式。东亚的"谦虚"价值观念不能完全地被包括在集体主义价值取向（依存自我文化）之中，而是与集体主义价值取向交织共生的一种价值观念。马库斯和海恩对东亚人"自我贬低"倾向的这种解释也遭到了其他心理学家的质疑。以色列学者库尔曼于 2003 年在新加坡、日本和以色列的被试中所做的调查发现，自我增强（即自我拔高）中的文化差异与谦虚问题上的文化差异有关，但与自我构念（即独立自我与依存自我构念）中的文化差异无关。无论是马库斯和海恩，还是库尔曼，都没有认识到谦虚价值观念与集体主义价值取向之间既有重合又有区别的关系。谦虚价值观念是复杂的。这种复杂性

---

① 在 Markus, H. R., & Kitayama, S. (1991). Culture and the self: Implications for cognition, emotion, and motivation. *Psychological Review*, 98, pp. 224 - 253. 这篇文章中，马库斯和北山忍曾用"出头的钉子容易折"来形容东亚人的"谦虚"心态。

体现在两个方面：一方面，谦虚是一种知行合一的价值观念，其背后有深刻的辩证转化的哲学思想，有深刻的对个人与他人、个体与群体的和谐共生关系的认识。同时，"谦虚"观念又能具体化为对每个人行为的规范。另一方面，谦虚又与中华文化中的其他价值观念，如"和谐""礼让""恭敬""中庸""包容"等观念相依存，形成中华文化价值体系中的一个重要方面。如果仅仅停留在"独立自我"对"依存自我"，"个人主义"对"集体主义"的框架下来理解"谦虚"的价值观念，则将谦虚的内涵片面化了。但是，马库斯、海恩和北山忍等学者的研究以强烈的反思性和跨文化性打开了西方心理学界对人的自我评价研究的视域，开启了理解东亚"谦虚"价值观念的路径。

## 四、理解"自我批评"背后的修身价值——"可变自我"、"可塑自我"、"辩证自我"与"自我提高"

自亚里士多德以来，同一性原则就贯穿在西方的哲学传统之中。心理学家尼斯贝特这样解释这种同一律："事物就是事物本身而不是其他的事物。强调跨情景一致性——不管在什么背景下，A 就是 A。"[①] 在根植于西方哲学的西方心理学的传统中，"自我"被看成一个由一系列不变的核心特质构成的统一的、固定的实体。主流的西方心理学认为，即使自我的较为公共的部分可能随情境而调整，但自我内在的核心特质具有跨情境的一致性，而这些内在的核心特质才是形成一个人自我认识的主要部分。马库斯、海恩等人在探索东西方人自我观念上的差异时，却发现西方社会心理学中的一致性理论、认知失调理论在东亚个体中只找到了极少的支持性证据。[②] 与保持"跨情境一致性"的北美人的自我不同，东亚人的自我随不同的社会情境而改变。他们认为东亚人的自我是流动且变化的。形成这种可变自我的原因是东亚的儒家传统中所强调的集体主义和等级制倾向。在这种价值规范中孕育的个体，是在社会关系中认识自我的，因而，社会角色在自我定义中占有重要的优先地位，"变化的情境会赋予东亚人自我的

---

① 尼斯贝特. 思维的版图［M］. 李秀霞，译. 北京：中信出版社，2006：26.

② Heine, S. J. (2001). Self as cultural product: an examination of East Asian and North American selves. *Journal of Personality*，69（6），p. 887.

新的带有不同义务的（社会）角色"① 因而，一个成熟的东亚个体需要不断地调整自己以适应不同的情境。

　　但是，这种"自我观念随情境而变"的认识，还不能解释东亚人在心理实验中显现出的一些特殊心态：当东亚人失败了，或发现了自己的缺点与不足，他们并不像北美人那样沮丧，东亚人甚至在自我批评的同时还保持着对自我的良好情感。这样的情感在西方心理学家看来是矛盾的，他们也曾试图在"独立自我"文化对"依存自我"文化的框架内来理解这种矛盾反应：

> 　　这种矛盾的状况（即负面的自我评价却产生对自我的良好情感）是如何可能存在的呢？北山忍和他的同事曾做了一些解释，他们认为一种人际的同情脚本在日本人的自我方式中得到精细加工，因而内化于一个人的自我经验之中。在这样的文化建构的情感动力之中，当自我处于不幸、缺乏或需要帮助之时，一个人可以感到温暖、爱、仁慈、对自我的关照。

　　但这种解释仅停留在猜想阶段，并没有获得多少实证研究的支持。20世纪80年代，致力于教育研究的美国心理学家德韦克的发现启发了海恩对东亚个体"自我批评"动机的进一步理解。德韦克在一系列教育心理学实验的基础上提出，人在自我认识上持实体论和增值论两种不同的观念。实体论认为自我被概念化为包含多项稳固不变的特质的集合体，并且可以被测量和估算；增值论认为自我应当被看作一个由可塑的品质形成的系统，可以通过个体的努力随时间发展而进步。德韦克认为，如果一个人认为自我是由一系列确定的、不变的和持续一致的内在特质界定的，那么以一种最积极的方式看待自我及其组成部分的各项特征就显得非常重要了。但如果一个人认为自我是可塑的、变动的、可调整的、可以通过努力提高的，那么"成为更好的自己"就比"积极看待自己"更受关注。持实体论的个体认为自我的能力、特质是稳固不变的，一旦遇到挫折，就演变成一场心理灾难，他们就开始寻找各种理由、转移关注点，而不能专注地寻求解决

---

① Heine, S. J. (2001). Self as cultural product: an examination of East Asian and North American selves. *Journal of Personality*, 69 (6), p. 886.

之道。相反，持增值论的个体认为自我是可塑的，在遇到挫折时，也能不屈不挠地坚持下去。从长远来看，持增值论的个体在获得成就上更有优势。①

　　德韦克的发现在北美文化语境中意义重大。在北美的家庭养育、学校教育、大众传媒中都充满着对"积极评价自我"的肯定和强调。可以说，整个北美文化，都浸淫在对"自我拔高"的肯定之中，并通过各种隐喻、象征和文化实践表现出来。而形成于其中的西方心理学，更将个体对自我的"积极错觉"看成是心理健康的必要条件。在这种背景下，德韦克力图改变学界和大众的成见，她宣称，"自我拔高"只是由"实体论"发展出的一种心理策略，实际上，另一种由自我的"增值论"发展出的"学习型目标"（learning goals）和"掌控导向反应"（mastery-oriented response）比"自我拔高"的策略更有利于人类的发展。德韦克呼吁教师和家长们不要肯定孩子的智力水平，而应肯定他们的努力。②这一点，其实暗合了人类学家和心理学家在东亚人的家庭养育与学校教育中的发现。

　　海恩吸取了德韦克关于自我"增值论"的观点，将之引入自己的在北美人和日本人之间开展的跨文化比较心理实验。通过对实验发现的分析，海恩等学者对"自我批评"倾向的分析达到了一个新的层面：

> 　　事实上，前期已发现的在日本人中通常存在的自我批评倾向有一种重要的功能：他们帮助日本人尽自己最大的努力。自我批评关注一个人认识到弱点的领域。因而突出在什么地方需要自我提高的努力。在两项研究中，日本人在失败以后比在成功以后坚持得更久。这种失败对于日本人来说可以是一种推动力量……在失败的困境中，东亚人比北美人更有刻苦努力的动力。③

---

　　① Dweck, C. S., & Leggett, E. L. (1988). A social-cognitive approach to motivation and personality. *Psychological Review*, 95, pp. 256 – 273.
　　② Dweck, C. S. (2007). The perils and promises of praise. *Educational Leadership*, 65 (2), pp. 34 – 39.
　　③ Heine S. J., Kitayama, S., Lehman, D. R., Takata, T., Ide, E., Leung, C., et al. (2001). Divergent consequences of success and failure in Japan and North America: An investiga-tion of self-improving motivations and malleable selves. *Journal of Personality and Social Psychology*, 81 (4), pp. 599 – 615.

通过对德韦克理论的引入，海恩等学者还发现东亚人的自我不仅是"可变的"，而且是"可塑的"。这种对可塑自我的发现，让他们确信，东亚人与北美人发展出两种不同的促进自我发展的心理策略，北美人通过关注自身的优点来"自我拔高"，进而努力发展自己；东亚人则是通过关注自身的不足来"自我批评"，进而努力提高自己。由此，海恩重新认识了东亚人的"自我批评"动机，认为这实际上是一种"自我提高"的动机，他这样定义东亚人中普遍表现出的"自我提高"动机："倾向于加工，甚至夸大自我的负面的某些方面，以努力地改正这些缺点。"① 这种对东亚人"自我批评"倾向的理解及其形成原因的解释就大大突破了前文所述的文化心理学派原有的观点。在此基础上，海恩提出了一个假说，自我拔高和稳固自我正相关，并且两者的结合与自我进步负相关。自我贬低和可塑自我正相关，并且两者的结合与自我进步正相关。他认为，自我贬低和可塑自我更加有利于一个人的长期发展和进步！并且他认为，稳固自我与可塑自我的分野正是北美和东亚文化的一大差异。②

可是，东亚人为什么会发展出这样一种迥异于西方的"一致性"的、"可塑性"的自我观念呢？为什么东亚人有这样一个信念：自我的缺点可以经由努力转化为优点，自我的能力也能经由努力由弱变强。东亚人为什么认为自我特质是可以向对立面转化的呢？中国心理学家彭凯平与几位西方心理学家一起从东西方思维方式的不同之处寻找答案。1999 年，彭凯平与尼斯贝特共同提出中国人具有与西方人不同的朴素辩证主义的思维方式，中国人对事物持一种整体的、相互关联的认识方式，并认为处于对立两极的事物是可以相互转化的。③ 2004 年，彭凯平与罗吉斯等学者通过共同研究发现，中国人对自我的认识是处在矛盾与统一之中的，且认为自我的优点和缺点是可以相互转化的，自我的好与坏是相互依存的，共同存在于个体的平衡之中。他们认为，中国人持有"辩证自我观"。他们选取了五个样

---

① Heine, S. J. An exploration of cultural variation in self-enhancing and self-improving motivations. In V. Murphy-Berman & J. J. Berman (Eds.) *Nebraska symposium on motivation: Cross-cultural differences in perspectives on the self* (Vol. 49, pp. 101 – 128). Liocoln: University of Nebraska Press.

② Ibid.

③ Peng, K., & Nisbett, R. E. (1999). Culture, dialecticism, and reasoning about contradiction. *American Psychologist*, 54, pp. 741 – 754.

本群体：中国人、亚裔美国人、欧裔美国人、拉美裔美国人和非裔美国人，以研究不同文化背景的群体在辩证性自我评价上的差异。研究发现，中国被试在"自我评价矛盾性"方面得分最高，其次为亚裔美国人，再次分别为欧裔美国人、非裔美国人和拉美裔美国人。由此，他们提出中国人的自我评价具有辩证的特点。[①] 在罗杰斯和彭凯平的这项研究之后，更多的学者从"辩证自我"的角度来思考东亚人自我认识的独特性，布朗等心理学家曾认为对自我的正反感情并存是低自尊的表现。罗杰斯、彭凯平等学者的发现不仅突破了这种西方主流心理学的误区，而且开启了西方心理学家从辩证思维的角度获得对东亚人"谦虚"心态深入理解的路径。

　　从"自我贬低"到"自我批评"，从"可变自我"到"可塑自我"再到"辩证自我"，西方心理学家对东亚人的"谦虚"心态获得了更为全面的理解。他们认识到，东亚个体在实验中表现出的自我贬低倾向，不仅仅是为了追求个体与他人、个体与群体和谐关系的"卑己尊人"的心理反应，而且是一种通过认识到自身不足而不懈努力、完善自我的心理动机。这正是谦虚观念之于个人修身的意义。这些心理和行为表现正是东亚传统中长期存在的谦虚价值观念影响的结果。由此，西方学者在与中国、日本的学者的交流合作之中，在不同领域的心理学家的相互启发之下，从西方心理学的理解框架内，建立了对东亚"谦虚"心态较为完整的认识。由于文化心理学所关注的是个体的心态，而非社会层面的价值体系，价值观并非文化心理学家的重点研究领域，所以文化心理学家们未曾明确提出对东亚"谦虚"价值观念的理解，但是他们对"谦虚"的心态的理解，直接启发了跨文化价值观调查的学者们对东亚"谦虚"价值观的认识。

### 五、"谦卑调适"价值导向的提出及影响

　　20 世纪 80 年代兴起的跨文化价值观调查直到今天仍呈现出方兴未艾之势，其奠基为霍夫斯特德于 1980 年出版的《文化的后果》。除霍夫斯特

---

　　① Spencer-Rodgers, J., Peng, K., Wang, L., & Hou, Y. (2004). Dialectical self-esteem and East-West differences in psychological well-being. *Personality and Social Psychology Bulletin*，30 (11)，pp. 1416 – 1432.

德的调查外，目前影响力较大的还有覆盖 100 多个国家的世界价值观调查（WVS）项目和以色列学者施瓦茨研发并组织的 Schwartz 价值观调查（SVS）项目。这一流派的学者受到罗克奇对美国人开展的价值观调查的启发，将采用行为和态度问卷调查价值观的方法扩展到不同文化间价值观差异的研究。他们在承认文化多样性的前提下，试图寻找、归纳出几个区分文化价值观差异的维度，运用问卷调查得到的数据为不同文化群体的价值观在上述纬度上确定分值，以期达到量化比较的目的。

在跨文化价值观调查开展的初期，众多学者都直接采用罗克奇价值观调查表（RVS）来对不同文化的价值观进行测量。值得注意的是，这一发源于美国并应用于美国的价值观调查体系中并不存在"humble""modest"或其他与"谦虚"意涵类似的价值观念。相反，RVS 中却有一个与"谦虚"相对的价值观念：self-respect（self-esteem），与汉语里的"自尊"或"积极自我评价"意义相近。① 当世界各国的学者们简单运用 RVS，这一美国的心理学家以美国人为样本研究出的价值观测量体系对北美以外的文化价值观进行测量时，东亚的"谦虚"价值观念直接被忽略了。

当前最受学界称道的价值观调查体系当属以色列学者施瓦茨的 SVS 项目。在该项目中，有"humble"（谦卑）这样一种价值观念，然而，其内涵却与东亚的"谦虚"价值观念差异很大。按施瓦茨的界定，SVS 中的"humility"意味着谦卑、谦逊、自我贬低，接受命运的安排，服从生活环境。② SVS 将价值观研究分为"文化"和"个体"两个层面，"humble"价值观念在这两个层面的价值观研究体系中都存在。在文化层面，"humble"被归入"等级"维度，与"权威"并列；而在个体层面，"humble"被归入"保守"一级的"传统"维度。从文化层面的价值观研究体系来讲，"等级"维度以社会中不平等的等级制度为基础，人们在社会化过程中将权力、角色和资源的不平等分配视为合法，承担、遵从与他们的社会角色相适应的义务、规则。humility（谦卑）正是将这种不平等

---

① Feather, N. (2012). Values, Valence, Actions, Justice, and Emotions: The Flinders Program of Research on Values Forty Years On. In S. J. Kulich, Michael H. Prosser & Liping Weng, *Value frameworks at the theoretical crossroads of culture* (pp. 103 – 136). Shanghai Foreign Language Education Press.

② Schwartz et al. (2012). Refining the Theory of Basic Individual Values. *Journal of Personality and Social Psychology*, 103 (4), p. 667.

制度合法化的"等级"价值维度中包含的一个重要价值观念。[①] 从个体层面来说，SVS 中的"传统"价值维度带有较强的宗教意味，在这样的"传统"维度中包含的 humble（谦卑）价值观念偏重对上帝的尊崇与恭顺。[②] 不难看出，SVS 中的"humble"价值观念源于基督教传统，实际上与东亚的"谦虚"价值观念相去甚远。

在 20 世纪 80 年代就曾将东亚的"谦虚"价值观念作为一个价值观研究因子提出并研究的是旅居中国的加拿大学者彭迈克，他在 1987 年组织完成了一项立足于中国本土的华人价值观调查（CVS）。CVS 量表是研究者在请教了一批华人社会科学家后，与调查组的华人学者共同确定，并首先用汉语完成，再翻译成英语等多国语言的。在 CVS 确定的 40 项调查项目中有一项为"谦虚"，在对应的英语版本中"谦虚"被直接译为"humbleness"，并未做任何关于其含义的解释说明。并且，在调查组运用"生态因子分析法"提炼出四个维度及其相关因子时，"谦虚"价值观念却由于因子负荷系数小于 0.55，不能归入任何一个维度之下，而被剔除了。[③] 正因如此，在后来彭迈克与霍夫斯特德基于 CVS 研究发现而提出的"长时导向"（或称"儒学工作动力"）的文化价值观维度中，"谦虚"价值再度被忽略了。这也说明在跨文化价值观研究中，运用生态因子分析法提炼区分文化差异维度的做法，往往会形成对原本丰富的价值体系的简化。

然而，在文化心理学家研究成果的启发下，东亚文化群体中表现出的谦逊心态引起了保加利亚人类学家和心理学家明柯夫的兴趣。20 世纪 90 年代开始的多项全球性的中小学生学术水平调查均发现日本、中国、新加坡的学生在学术水平上远远高于北美、拉美和阿拉伯国家的同龄学生。这一现象引发了明柯夫的思考。在 2008 年发表的《自我拔高与自我稳固性可预测国家层面的学业成就》一文中，明柯夫在海恩、德韦克、彭凯平等学者

① Schwartz, S. H. (2004). Mapping and interpreting cultural differences around the world. In H. Vinken, J. Soeters, & P. Ester (Eds.). *Comparing cultures: Dimensions of culture in a comparative perspectives* (pp. 43 – 73). Leiden, The Netherlands: Brill.

② Schwartz, S. H. (2005a). Basic human values: Their content and structure across cultures. In A. Tamayo & J. B. Porto (Eds.). *Valores e Comportamento nas Organizacões 【Values and Behaviour in Organizations】Valores e trabalho【Values and work】* (pp. 21 – 55).

③ Chinese Culture Connection. (1987). Chinese values and the search for culture-free dimensions of culture. *Journal of Cross-Cultural Psychology*, 18, pp. 143 – 164.

关于自我拔高的文化差异及其与自我进步之间关系的理论基础上，提出了一个理论假设：存在一个"自我拔高与自我稳固性（self-stability）"的文化维度，这一维度可用于解释不同国家中小学生在学业成就水平上的差异。明柯夫从覆盖全球的大规模跨文化调查数据库——WVS 数据库中采集了 2006 年 WVS 调查的 81 个国家的数据，证实了存在一个"自我拔高与自我稳固性"对"自我贬低与自我调适性"（self-flexibility）的文化维度，并且，这个文化维度上分值的高低与一个国家中小学生的学业水平相关。明柯夫将这一维度命名为"碑铭主义"对"谦卑调适"维度（monumentalism versus flexumility）。"碑铭主义"指一些鼓励高度自尊、宗教虔信，许多人的自我像稳固巨大的纪念碑一样的社会。而另一些社会鼓励谦卑，可调整的自我，认为个体应当适应变化中的环境，明柯夫称之为"谦卑调适型"社会。flexumility 是明柯夫造的一个新词，意味着 flexibility＋humility，即可调适性与谦卑的结合。在明柯夫所列的"碑铭主义"指数表中，拉美国家波多黎各位居第一、美国位居第六、加拿大位居第二十三，中国则处于"碑铭主义"指数最低的位置，第八十一位（也即"谦卑调适"指数的第一位）。通过对这些数据的分析，明柯夫认为，非洲、伊斯兰国家和北美国家属于"碑铭主义型"，东亚国家则属于"谦卑调适主义型"。[①]

　　"谦卑调适"是在西方心理学的价值观研究领域中对中国"谦虚"价值观念的一种较为接近的表述。明柯夫也是第一位将与"谦虚"内涵近似的价值观念作为一种区分文化差异的价值观维度而提出的学者。他在 2007 年出版的专著《是什么让我们相同或相异》中提出了三个区分全球不同文化价值观差异的维度："约束主义"对"放纵主义"；"排外主义"对"世界主义"；"碑铭主义"对"谦卑调适主义"。在明柯夫的价值观研究体系中，"谦卑调适"作为一个研究文化差异的重要维度被提出来。[②] 同时，明柯夫放眼全球的研究视野，也将这一东亚的独特文化价值置放于世界文化地图中加以观照，而不再局限于北美和东亚之间的两极对比。

---

　　① Minkov，M. (2008). Self-enhancement and self-stability predict school achievement at the national level. *Cross-Cultural Research*，42，pp. 172 - 196.

　　② Minkov，M. (2012). Expanding Hofstede's Model with New Dimensions from the World Values Survey and National Statistics. In S. J. Kulich，Michael H. Prosser ＆ Liping Weng，*Value frameworks at the theoretical crossroads of culture*（pp. 217 - 238）. Shanghai Foreign Language Education Press.

明柯夫的研究也引起了西方心理学界的一些关注。2014 年，马莱基和德容对目前西方价值观研究中的重要维度进行了梳理，共梳理出 11 位学者提出的区分价值观差异的维度，明柯夫和他的"约束主义"对"放纵主义"，"排外主义"对"世界主义"，"碑铭主义"对"谦卑调适主义"三大维度位列其中。[①] 明柯夫的研究也引起了霍夫斯特德的兴趣。2012 年，他们共同发表《霍夫斯特德的第五维度：来自世界价值观调查的新证据》一文，在明柯夫前期论著的基础上，对 WVS（1994—2004）年的调查数据再做分析，肯定了明柯夫提出的"碑铭主义"对"谦卑调适主义"的文化价值取向维度，并认为由于"碑铭主义"指数和"长时导向"（long-term orientation）指数呈现出较强的相关性，因而将其纳入可区分出东亚文化独特性特征的"长时导向"，成为这一价值观维度的一个组成部分。[②]

然而，明柯夫虽然兼具人类学和心理学知识素养，却从未到过中国，也不懂汉语，他对东亚价值观念的理解主要基于西方心理学的理论和调查数据，他的跨文化探索也存在一些问题和局限性。首先，他认为"谦卑调适主义"价值观念的文化源头是印度的《梵纲经》，却全然不知中国先秦文化元典，特别是《易经》中的思想才是这种流传在东亚的价值观念的真正源头。其次，从内涵上讲他所提出的"谦卑调适主义"与中国的"谦虚"观念也存在着不可忽视的差异，不能等同。需要明确的是，"谦虚"观才是真正流布于东亚，形塑东亚个体独特的"谦以自牧"的心理过程和"卑己尊人"的行为方式的文化价值观念。西方心理学家所发现的东亚被试的"自我贬低"或"自我批评"倾向也正是由这种"谦虚"观念所形塑的独特的个体心态。总体来说，"谦虚"价值观念与明柯夫的"谦卑—调适"价值观存在如下两点不同。

（1）明柯夫使用的"humble"这一语词所指称的观念仍然是源于基督教传统的"谦卑"观，如前文所述，这种"谦卑"观强调对上帝的尊崇，让人认识到自我的卑微、渺小与罪恶，与"谦虚"观中推崇的"卑己尊

①　Maleki，A. and Jong，M. D.（2014）A Proposal for Clustering the Dimensions of National Culture. *Cross-Cultural Research*，48（2），pp. 107 - 143.

②　Minkov，M. and Hofstede，G.（2012）Hofstede's Fifth Dimension：New Evidence From the World Values Survey. *Journal of Cross-Cultural Psychology*，43（1），pp. 3 - 14.

人""谦和礼让""有功不居"等观念存在很大的差异。

（2）明柯夫所理解的东亚个体的自我调适性的主要内涵是个体的自我随情境的变化而调整，这容易发展出东亚个体没有自我的核心特质与不重视自我一致性等误解。实际上，中国的"谦虚"观念及"虚心"的心态所推崇的"虚心无有""谦冲自牧"，是指个体能不断正视自身的不足，敞开胸怀接纳新的思想，谦而又谦地自我完善。

明柯夫对观念内涵本身的跨文化差异不加区分，仅仅依照跨文化问卷调查的数据提炼出一个具有普遍性的文化差异维度。这种做法虽然有助于粗略的全球性的价值观念的跨文化理解，但可能引发难以消除的误解。明柯夫的问题实际上也代表着跨文化价值观调查研究流派的整体问题。当霍夫斯特德把发源于美国的价值观调查方法扩展为跨国、跨文化的价值观调查研究时，忽略了一个基本事实：在不同的文化传统、语言体系中，虽然存在一些近似的价值观念，但其具体内涵可能千差万别。不同文化在价值观念上的差别并不仅仅在于人们对同一价值观念的偏重程度有所不同，而是这些价值观念的内涵从根本上讲在不同文化中是有差异的！我们需要对跨文化价值观调查研究提出质疑的是，具有跨文化普遍性的价值维度是否真的存在？比如本文所述的"谦虚"价值观念，由于其独特内涵，目前还不具有跨越不同文化圈的普适性，因而很难在一个跨文化的价值观维度中确定它的位置。诚然，霍夫斯特德根据问卷调查的结果将存在于不同文化中的价值观念归纳为若干个维度，再在此维度上用为不同文化确定分值的方法为人们迅速把握不同文化间的差异提供了工具，但是，这种将不同文化中实际具有不同内涵的价值观简化到一条数值线上的做法其实删减了价值观原本具有的丰富性。如果学术研究仅依据这种调查的结论，则容易形成对其他文化的刻板印象。"谦虚"价值观念在被明柯夫、霍夫斯特德理解并传播的同时，又因这一流派学者在方法上的局限性而被再度简化了。

**六、价值观念跨文化理解的可能性**

纵观源自中国的"谦虚"价值观念在西方心理学界被发现、被理解、被表述，以及被误解的过程，我们发现，西方心理学界是循本学科自身的发展的道路，并且在本学科的理论框架内来理解东亚的价值观念的。心理学诞生于西方，其主要的理论基础、核心概念、学术传统和研究方法都来自西方。因此，西方心理学界也只能在他们的视域中理解和表述"谦虚"价值观念。但是，我们在此过程中，还是看到了西方和东亚的两种文化视野不断地、渐进式地接近。在扩展到不同文化的心理学实验中，西方心理学家发现了东亚人"自我贬低"的心理倾向；在文化心理学家的探索中，他们发现了"谦虚"心态的人际和谐意义与自我修身意义，并且切近了东亚人"谦虚"心态的独特心理过程。在跨文化价值观调查中，学者们提出了"谦卑调适"的价值导向。对"谦虚"价值观念的发现和理解是在三个流派的思想相互激荡中形成的。一派是以布朗为代表的传承美国主流心理学思想的学者；一派是以马库斯、海恩为代表的文化心理学派的学者；还有一派是以霍夫斯特德、明柯夫为代表的从事跨文化价值观调查的学者。相比较而言，马库斯、北山忍、海恩、尼斯贝特和彭凯平等文化心理学家的发现最多，推进最大。通过对整个历程的观照和对三派学者的比较，本文认为，有四大关键点有助于达成价值观念的跨文化理解。

第一，跨文化理解的主体应时时保持对自身文化偏向的反思性。学者们必须时时警惕自身的文化偏向，不仅要反思个人的文化偏向，还要对本学科的学术传统、理论基础和研究方法进行全面的反思。不仅要反思本学科知识生产群体的文化偏向，也要反思本学科知识生产的文化语境，还要反思本学科的知识生产所依凭的语言。虽然对于一个理解的主体而言，要全面跳脱自身文化偏向的拘囿是不可能的。但是，通过不断地反思，主体就能够开启跨文化的理解之门。

第二，跨文化理解过程中应结合对象文化的语境对一些核心概念进行重新界定。对于跨文化理解中所涉及的核心概念、关键词，应结合其原生语境用原生文化的语言予以表述，一定不可以简单地在理解主体的语言体系中寻找一个近似词来指称。因为不同语言体系中的词汇之间事实上只存在非等值关系。所谓翻译核心概念其实只是一种类比的做法。这种类比的做法虽然有助于模糊的、粗略的跨文化理解，但阻碍了科学的、全面的、系统的跨文化理解，甚至会造成更深的跨文化误解。对核心概念、关键词的重新界定则能够帮助学者们明晰两种文化间的差异，进而有效地把握来自另一种文化的思想观念、思维方式，从而获得对存在于另一种文化中的价值观念的原生性理解。这种做法不仅有助于价值观念的跨文化理解，而且可能让学者们收获新的文化资源，通过跨文化交流促进文化的繁荣和新生。

第三，不同文化背景的学者之间的平等交流、对话与合作是价值观念跨文化理解的有效助力和保障。回顾整个心理学的历史，心理学家从来都不是仅仅凭借数据来进行研究的。从研究问题的提出、实验方法的选择、数据的分析和解释到结论的形成，整个研究过程无不深深地浸透在心理学家对研究问题所处文化的历史传统和社会实践的深刻理解之中。然而，很少有学者能同时具备对两种或多种文化的深刻洞察，这无疑是价值观念跨文化研究的障碍。当学者们失去了对研究对象所处文化语境的了解和把握之后，唯一能依凭的研究材料就是数据。然而，仅仅依凭数据做出结论是相当危险的。只有来自不同文化背景的学者在平等的基础上进行跨文化合作，才有可能突破这种远距离的、脱离文化语境的研究所带来的障碍。在"谦虚"价值观念的跨文化理解的过程中，马库斯、海恩等北美学者和来自日本的学者北山忍的合作有效地推进了西方心理学界对"谦虚"观念的人际和谐价值的理解；而尼斯贝特和彭凯平的合作，则有效地推进了西方心理学界对东亚人辩证思维的理解。

第四，如欲获得对一种价值观念的跨文化理解，还应冲破本学科的樊篱，在哲学、人类学、社会学、语言学和心理学的思想交汇之中，获得有助于跨文化理解的研究视域。心理学有一种追求普遍性的内在倾向。无论是文化心理学还是跨文化心理学的研究方法，都很难摆脱用一套研究设计方法去测试不同文化群体的问题。人类学、社会学的田野研究为打开心理学的跨文化视野提供了不可或缺的关于文化语境的材料。在"谦虚"价值观念的跨文化理解过程中，无论是哪一派的心理学家，都或多或少地借鉴了其他学科的成果。有趣的是，在此过程中的两位关键人物，文化心理学复兴的主要倡导者斯万达教授和"谦卑—调适"价值观念的提出者明柯夫，在成为心理学家之前，都曾是人类学家。

"谦虚"价值观念在西方心理学界被理解的过程也说明，不仅中国在努力地向西方的学术界说明中国的价值观念，西方学术界也在努力地了解中国的价值观念。但是，西方学术界只会在他们自己的理论框架中来理解其他文化的价值观念，也只会用他们自己的学术话语来表述其他文化的价值观念。由于西方与中国，在文化传统和语言体系上存在相当大的差异，单向地说服，或苛求对方还原式地理解自我的价值观念，都可能会落入跨文化交流的困境。中西方学术界之间的频繁交流、往复对话，不断拓宽西方学术界的研究视域，使之具备容纳多种文化差异的可能性，才是实现中国价值观念在西方学界获得理解的有效途径。

另外，由于价值观念是内隐的，而不是外显的；对一种价值观念的理解需要一定的理论基础和系统性的观察、研究。因而，价值观念的有效的跨文化理解可能首先在学术界发生，而后逐渐扩散到大众之中。以上两点对我国价值观念的对外传播具有一些启发性的意义。

西方心理学家们对"谦虚"观念的发现和理解，虽然还存在着误解与隔膜，但仍然为我们昭示了跨文化理解的可能性。让我们期待，在全球化的进程中，东西方在价值观念上不再是相互隔离，相互冲突，也不仅仅停留在"远方的眺望"，而能够在对话中达到"视界的融合"，共同形成一个丰富多元、五彩斑斓的文化世界。

# 走出焦虑，走向融通：新世界主义视域下中国故事的讲述与传播

曾庆江[①]

随着时代政治、经济、文化的发展，我国综合国力不断提高，人民生活水平也得到显著改善，当代中国呈现给世界的"中国故事"正在深深吸引世界相关国家和地区、相关组织和人士的注意，外部世界也迫切希望了解一个更加"真实""客观"的中国。"中国故事不仅连着中国自身的历史、现实和未来，更关系中国与世界各国共同发展的这一重大主题，讲好中国故事是一个事关中国和平、发展、共赢的战略性问题。"[②] 因此，在新的历史时期，如何讲好"中国故事"将成为一个重大的时代话题。以"同心打造人类命运共同体"为旨归的新世界主义理念，逐步取代世界主义成为人们新的共识。在新世界主义视域下定位、思考中国故事的讲述和传播有着极为重要的现实意义。

## 一、新世界主义：从政治主张到文化认同

近年来，中国国家领导人关于"命运共同体"概念的提出和传播，成为新世界主义的重要理论和实践前提。习近平总书记很多次在公开场合宣讲、论述了"命运共同体"的内涵与外延。党的十九大报告更是强调"坚持和平发展道路，推动构建人类命运共同体"。从人类文明史看，人类命

---

① 曾庆江：海南师范大学教授。
② 徐占忱. 讲好中国故事的现实困难与破解之策 [J]. 社会主义研究，2014 (3)：25-31.

运共同体理念的提出，就是给国际社会确立"三同"，化解"三异"：一是以共同使命化解国家利益冲突，二是以共同目标化解全球化争执，三是以共同身份化解价值观分歧。"①

可以说，"人类命运共同体"为新世界主义提供了鲜明的注脚。新世界主义作为一种新兴理论，其基本前提是世界政治、经济、文化的多极发展，尤其是中国在21世纪以来的快速发展和全面崛起。刘擎认为，新世界主义，旨在寻求一种更可欲的未来世界秩序，并为此奠定认知的与规范的理论基础。第一，在价值立场上，新世界主义秉持人类和平、合作共赢与共同发展的理想，寻求根本改变国际政治的霸权结构，建立一个公正的"后霸权世界秩序"；第二，在认识论层面上，新世界主义理论主张一种"关系性的文化观念"，强调文化共同体之间的相互影响，并揭示其在文化本身的构成、演进与变化中的至关重要的作用；第三，在规范意义上，新世界主义试图重新阐释文化的特殊性与普遍性，主张一种后形而上学的普遍主义理论——作为世界秩序之规范性基础的普遍性原则，既不是先验给定的，也不是由某种强势文明单独界定的，而是在各民族文化之间的相互对话中建构的。②

客观地讲，无论是习近平总书记关于"人类命运共同体"的多次阐释，还是学者们对"重构全球想象"的深入分析，都使新世界主义更接近一种政治主张，毕竟这是以中国在21世纪以来的和平崛起和力求中华民族的伟大复兴为背景的。但是，以"人类命运共同体"为核心的新世界主义作为一种政治主张，容易被人视为中国的"野心"，将其等同于全球化或者世界主义的翻版，甚至可能被别有用心的"中国威胁论"者利用。

20世纪90年代以来，随着我国经济实力不断增长和国际地位的提升，各种版本的"中国威胁论"甚嚣尘上。"任何大国的理想局面是成为世界唯一的地区霸权。那一国家将是一个维持现状的大国，它可以尽情地保护现有的权力分配，今天的美国就处于这种令人垂涎的位置，它支配着西半球，而且世界上其他地区都没有霸权。但如果一个地区霸权面对一个可与

---

① 王义桅. 人类命运共同体的内涵与使命 [J]. 人民论坛·学术前沿, 2017 (12)：6 - 12.
② 刘擎. 重建全球想象：从"天下"理想走向新世界主义 [J]. 学术月刊, 2015 (8)：7 - 17.

之匹敌的竞争对手，那么它就不再是维持现状的大国。无疑，它一定会竭尽全力削弱甚至消灭它的远方对手。当然，两个地区霸权都会受到那一逻辑的驱使，它们之间必然发生剧烈的安全竞争。"① 究其实质，"中国威胁论"的本质在于害怕中国的崛起会与美国霸权形成双峰并峙的局面，甚至会取代美国成为新的霸权。"……中国快速发展过程中如果没有实现和西方世界的良性沟通，可能使我们为此付出巨大的国际代价""中国能否实现和平崛起，不仅在于中国自己的主观愿望和单方面的表白与诚意，更在于以'他者'角色存在的外部世界真正的认同与接受。"② 新世界主义的根本目的，其实就是消解所谓的"文明中心论"，坚持对话协商，坚持共建共享，坚持合作共赢，坚持交流互鉴等，因此，更应当将其视为文化认同。"新世界主义理论面对的一个核心问题，是建构世界秩序的普遍主义规范基础。各具特殊性的不同文化政治共同体，如何既尊重彼此的差异又服从共同的规范性原则，这在哲学上是一个久远而困难的命题。新世界主义反对特定文明的优越论或中心论，寻求一种跨文化的普遍主义。"③ 新世界主义只有作为一种文化认同，被全世界大多数人所接受，形成普遍共识，才能真正意义上成为人类和平发展的行动纲领。近些年，"一带一路"倡议，恪守联合国宪章的宗旨和原则，遵守和平共处五项原则，坚持开放合作，坚持和谐包容，坚持市场运作，坚持互利共赢，以"共商、共享、共建"为基本前提，在世界上积极打造对话而不对抗、结伴而不结盟的伙伴关系，进而建立以合作共赢为核心的新型国际关系，正是新世界主义从理论到实践的产物。

在这种情况下，我国媒体有较大的想象空间和实际可为空间。当然，并不是让媒体仅仅将新世界主义作为一种主张进行对外宣传，而是期盼媒体在实际操作中逐步体现"新世界主义"。在我们看来，通过媒体向全世界讲述具有中国特色的中国故事属于新世界主义的应有之义。不过，在反思既有中国故事传播的基础上，我们认为只有走出焦虑，走向融通，才能使中国故事和世界故事相通，真正意义上体现新世界主义的内涵，从而成

---

① 约翰·米尔斯海默. 大国政治的悲剧［M］. 王义桅，唐小松，译. 上海：上海人民出版社，2003：54-55.
② 徐占忱. 讲好中国故事的现实困难与破解之策［J］. 社会主义研究，2014（3）：25-31.
③ 刘擎. 重建全球想象：从"天下"理想走向新世界主义［J］. 学术月刊，2015（8）：7-17.

为新世界主义文化认同的重要组成部分。

## 二、走出焦虑：中国故事传播中本土化和全球化的矛盾

在相当长时间内，我国大众传媒在中国故事的讲述和传播方面做了相当大的努力。这些中国故事成为我国对外文化展示和形象塑造的重要作品，其中有不少经验教训值得总结。总体而言，中国故事传播大致体现为三个趋向：一是讲述中国五千年辉煌历史；二是以"极地方化"叙事以求获得国际认同；三是讲述中国在新时期以来的发展与崛起。这些故事在获得国内外认同的同时，也彰显出本土化和全球化的矛盾，体现出中国故事讲述和传播中的深深焦虑感。

历史悠久、地大物博是中华文明发展的底气和特色，也是中华文明在很长时间内被世界认同和仰慕的地方，它构成了当代中国故事表达的重要内容。这首先在诸多电视纪录片、电视专题节目中有非常厚重的表现，比如从20世纪80年代的《话说长江》《话说运河》《丝绸之路》，到21世纪以来的《再说长江》《再说运河》《故宫》《记住乡愁》等，大致都是这方面的极致体现。《话说长江》（1983）从长江的源头开始顺流而下，逐次介绍长江流域的山水风光、历史文化、风土人情、物产宝藏、文物古迹等，虽然没有曲折的故事和中心人物，但是足以激起民族的自豪感——经过历史的阵痛，一个古老的中华正以喷薄之势展现新的风姿！20多年后的《再说长江》（2006）虽然更多以人为主体，以故事为核心，在表现手法上多有创新，但是以长江沿岸风光地貌、风土人情的变化为底色，来反映中国几十年来经济建设所带来的巨变，依然洋溢的是古老中华的民族自豪感。《记住乡愁》虽然表现的是当代人的情感，但是以故事传说、族谱、家规、古训、古碑、古树、古建筑和祠堂等作为传统文化的重要载体，证明了"中国的传统文化之根是永远不会断绝的"①。

一些现象级的电视栏目，也多以中华民族悠久的历史文化作为表现对

① 曾庆江. 精神守望中的价值重构：大型纪录片《记住乡愁》意义探寻［J］. 电视研究，2017（12）：65－66，69.

象。比如《百家讲坛》之所以从最初的"养在深闺人未识"到"如日中天"，在某种程度上就是选取中国传统文化作为有力支撑①。而《CCTV青年歌手电视大奖赛》《中华好故事》《中国诗词大会》等现象级电视栏目等更是以中华文化作为选手竞技、晋级的重要裁决内容。

"通过传统文化知识的普及，引导人们关注、理解中华民族的发展历史和辉煌成就，进而实现中华民族伟大复兴的'中国梦'，这才是电视文化类节目可持续发展的根本。"② 可以说，传统文化是令国人最为骄傲的，最令人回味无穷的，也是中国彰显自身形象、完成当代国际定位的重要内容。但是，从本质上讲，大众媒体应当更多地关注当下乃至未来，"天朝上国"的荣耀早已经不存在，中华民族的伟大复兴也不可能是对既有"中华帝国"的复制或者回归，而应当是"与时俱进的转变与再造"③。一味沉浸于过去的中国故事讲述和传播，是现实激烈竞争巨大落差中的隐性焦虑。

"极地方化"叙事构成了当代中国故事传播的又一个重要特征。所谓极地方化，就是非中心化、非主流化、反历史化，甚至是极度边缘化。20世纪八九十年代，以张艺谋为代表的中国第五代电影导演崛起并获得国内外认同，从本质上就是中国故事"极地方化"叙事的体现。这些电影作品或者表现"抢亲野合"，或者表现"通奸乱伦"，或者表现"妻妾成群"等，其核心事件和场面都侧重一定的艺术取向。但是，客观地讲，这些具有相当商业价值的观赏场景，被打造成"媒体奇观"，却是作为中华民族的"特殊生活"来表现的。比如《红高粱》中表现中华民族粗野、强悍、勇敢的生存性格的情节，具有鲜明的本土文化特征，但是从另外一个层面看，与其说是表现中华民族的"原始""本质"的性格，还不如说是"为八十年代在现代文明压力之下的中国人急于自我认同的时代心理提供了满足的精神镜象（像）"④。这种立足于自身民族性的做法本质上是希望获得

---

① 曾庆江，王素芳.《百家讲坛》："百家"与"百姓"距离的近与远［J］. 声屏世界，2016（5）：30-32.

② 王素芳. 浅论电视文化类节目的发展之道［J］. 中国电视，2017（1）：78-81.

③ 刘擎. 重建全球想象：从"天下"理想走向新世界主义［J］. 学术月刊，2015（8）：7-17.

④ 陈晓明. 填平鸿沟，划清界线："精英"与"大众"殊途同归的当代潮流［J］. 文艺研究，1994（1）：42-55.

西方的认同，果不其然，第五代电影在国际上频频获奖的同时，却遭遇"后殖民性"诟病——"第三世界文化为获得发达资本主义文化霸权的认可而刻意表现自己的所谓的'民族性'。显然，这是一种'伪民族性'。"①但是第五代电影的成功进一步刺激大众媒体的相关做法，"极地方化"叙事成为斩获大奖的重要选择，90年代的"作者电视"某种程度上就是这一现象的反映。无论是《沙与海》《最后的山神》还是《西藏的诱惑》《深山船家》，抑或是《龙脊》《流浪北京》等，都是表现边缘人、边缘地区的生活状态。这些作品获得良好口碑的重要原因之一也是它们在国外频频获奖（获得西方的认同）。

现在看来，以"后殖民性"或者"伪民族性"对其进行指责和批评可能过于苛刻了些，因为这种"极地方化"在完成对边缘人或者边缘地区关注的同时，实际上也是一种关怀意识。但是，放在20世纪90年代的语境下观照，这种"极地方化"叙事在国外频频获奖，实际上只是满足了西方某些"看客"猎奇心理的需求。为了得到西方的认同，一味迎合其"猎奇"心理，对于传播者来说，又何尝不是一种焦虑！

以民族主义的视角讲述中国的发展与崛起是当代中国故事传播的第三个重要特征。20世纪50年代以来，我国从站起来逐步走向富起来再到强起来，我国大众媒体较好地记录了这一发展过程。尤其是改革开放以来，我国经济文化及国际地位得到显著提升，这在很大程度上引发了大众对中国未来的展望，甚至形成一股强大的民族主义思潮②。这股民族主义思潮以古代中国的辉煌历史和近代中国的苦难经历为背景，以当下中国经济文化的快速发展为根本依托，期待一个强大中国跻身世界强国之林。20世纪80年代以来的中国大众媒体较好地把握这一社会思潮。比如纪录片《话说长江》《河殇》等其实就是这一"心曲儿"的显现。

总体而言，20世纪80年代以来大众媒体的中国故事讲述和传播，较好地记录了中国的发展，也一定程度上引导和反映了当代中国的主流社会思潮。这种中国故事的讲述和传播，大体上以本土化为主要内容，但是有

---

① 陈晓明. 填平鸿沟，划清界线："精英"与"大众"殊途同归的当代潮流［J］. 文艺研究，1994（1）：42-55.
② 刘擎认为："改革时代的当务之急（硬道理）是发展，致力于建设一个强大的现代国家，新一轮的民族主义思潮也因此在中国人的世界想象中占据了主导地位。"

着全球化的想法。本土化和全球化之间究竟是什么关系？长期以来，不少人以"越是民族的就越是世界的"为圭臬，认为民族化或者本土化是全球化的基本前提或者必要条件。急于获得所谓全球化或者国际化的认同，正在某种程度上体现了中国故事讲述和传播中的焦虑感。

### 三、走向融通：中国故事传播的未来方向

中国故事讲述和传播中的焦虑，固然是社会思潮的一种体现，但是客观来讲，它对我们长期打造中国形象，真正实现中华民族伟大复兴的中国梦来说，依然存在相应的短板。这也是 20 世纪 90 年代以来各种版本"中国威胁论"先后亮相的主要原因之一。新世界主义作为一种文化主张，在助力我们真正实现"中华民族伟大复兴的中国梦"的同时，能够更好地消解"中国威胁论"。只有走出焦虑、走向融通，才能彰显新世界主义的文化认同主张，从而更加立体、客观地彰显中国形象，真正意义上完成新世界主义的传播建构，这是中国故事讲述和传播的未来方向。

那么如何走出焦虑、走向融通呢？

在笔者看来，首先需要厘清长期以来困扰国民的"全球化"问题。全球化绝不能等同于美国化。全球化之所以在相当长时间内等于或者约等于美国化，是和二战之后逐步建构起的国际秩序有着密切的关系，尤其是冷战结束之后美国一家独大，成为唯一超级大国，其政治、经济、文化等对世界产生深远影响，"美国标准""美国认同""美国模式"在某种程度上成为世界上很多国家追随或效仿的范本。甚至一些本来很有特色的本土化产品，一旦贴上美国标签立马身价百倍。比如，21 世纪以来，我国电影票房逐步攀升，2017 年更是达到 559 亿元。但是，我们思考国产电影的问题时，不能不深思：一方面，国产电影票房在整个电影票房中大约只能占到半数，好莱坞电影依然强势；另一方面，所谓的国产大片无不是向好莱坞靠拢。比如张艺谋导演的《长城》便是如此。《长城》被称为中美合拍的第一部重工业片，里面有长城、饕餮、秦腔、火药、孔明灯等一系列中国元素，但是本质上是一部好莱坞电影，一个翻版的美国故事而已，并不是真正的中国故事（中国元素只不过提供了一个故事背景，或者像一个贴片广告），也没有能够彰显中国的"文化自信"。

　　当然，不少民族主义者对于全球化等同于美国化保持高度的警惕心，但是这个警惕心的背后折射出的是民族主义式的焦虑。因为在他们看来，全球化等同于美国化实际上体现了美国的"后殖民文化"。在新世界主义看来，全球化不应该是美国化，而应当是全球各种文化的交流融通。因此，我们需要"中国故事"的积极传播与对外交流。

　　中国故事绝不能仅仅停留在自说自话式地体现中华民族特有的文化，或者是以极地方化的民风民俗的展示从而成就"媒体奇观"，而希望世界上相关国家或者民族完全接纳我们的价值观念或者道德标准更只是一种奢望。以新世界主义为基本前提，以融通为切入点，才能把中国故事讲好。

　　第一，真正的中国故事应当彰显文化自信。文化自信是一个民族对自身文化价值的充分肯定，对自身文化生命力的坚定信念，它要求我们在把握历史视野的基础上更具有时代气息。一方面我们需要在充分发掘传统文化优势的同时，又不能沉湎于过去悠久的历史和曾经的大国这一"传统中国"视野；另一方面我们在发展过程中应当彰显自身的特色，不硬性地向其他国家和地区传递我们的价值观和世界观，也不追随所谓的世界先进文化和主流文化，不盲从、不迎合。在这个基础上讲述的中国故事既具有中国特色，又兼具世界情怀，自然可以得到更多人的认同。

　　第二，中国故事的讲述只有唤起人类共通的情感，才能获得更多的共鸣。要唤起人类共通的情感，并不是要弘扬西方奉行的所谓"普世价值"，而是应当立足于普通人的故事、普通人的情感，通过大众化、人性化的表达打破国家、民族界限，人同此心，心同此理，从而使得中国的民族精神、民族性格获得更多的认同。在讲述普通人的故事时，需要把普遍性和特殊性结合起来，既不能流于平淡无奇，又不能追求千奇百怪，而是以平实、真实为基本前提。

　　第三，中国故事需要有兼容并蓄的气度和胸怀。既不能沉浸在自我悠久的历史中"不可自拔"，也不能在外来文化中"迷失自我"。只有秉承开放、包容、对话，中国故事才能找到不同文化之间的沟通点和匹配点，达到对话沟通的效果。同时，对于中国自身发展过程中出现的一些负面消息，也应当摆正心态，不必文过饰非，应努力争取利用自身的媒体进行首发报道，掌握话语主动权，防止外媒先入为主，从而达到提升中国媒体公信力和可信度的作用。

　　第四，中国故事在传播中应当摆脱思维定式，摆脱"画地为牢"式的以自我为中心，努力寻找"讲述者"和"接受者"之间认知结构和价值体系之间的平衡点，才能更有说服力。在相当长时间内，我国在宣传上存在着明显的内外有别，在外宣上存在明显的被动性和少量性，而且并没有认真研究接受者的情况，属于典型的"以我为主"的模式，效果十分有限。如何让我们讲述的中国故事能够最大限度地得到国际接受者的认同，是需要细细考量的。同时，还需要适当借用国际媒体，让它们主动讲述中国故事。由国际媒体讲述的中国故事，更能够得到国际人士的认同，同时也隐性而客观地彰显中国开放的国际形象。

　　要走向融通，最终需要从中国故事走向世界故事。中国故事和世界故事之间不是简单的包含与被包含的关系，而应当是我中有你你中有我的关系。一方面，以新世界主义为前提，具有融通性的中国故事本来就可以达到世界故事的高度，成为人类共通的精神财富。另一方面，世界故事和中国故事所张扬的价值观念和主体精神应当有类似之处，世界故事是在充分吸纳世界各国各民族文化基础上的集合体，这与新世界主义视野下的中国故事是一致的。总体上讲，从中国故事走向世界故事，才是走出焦虑、走向融通的最终呈现形态，才能真正意义上体现新世界主义的内涵，从而成为新世界主义文化认同的重要组成部分。

# 当代中华文化如何
# 增强国际影响力

何建华[1]

    当今世界面临百年未有之大变局，从价值观维度观察，对于如何看待世界格局变化与人类社会治理这一问题，价值观的分化给世界带来诸多撕裂困惑。围绕着全球化与逆全球化、世界多极化与新霸权主义、保护主义与贸易自由化、白人至上与种族主义、精英治理间接民主与互联网政治大众参与直接民主、宗教冲突与恐怖袭击、地缘政治与区域危机等一系列热点话题，发生难以形成共识的尖锐矛盾，事实上是全球文化价值观的冲突与撕裂。在世界变局与全球冲突中，如何缓解与消融文化隔阂？当代中华文化能够并应该起到怎样的作用？如何提升当代中华文化国际影响力？这些既是学术话题，更是实践话题。

## 一、当代中华文化建设坐标系定位精准、任重道远

    文化是一个民族、一个国家、一个社会世代传承、演化延续的生命基因，是价值认同、思维习性、生活方式、精神愉悦的集中体现，决定了你是谁、你从哪里来、你怎样活着等本源特征。文化是观察与认识世界的思想力量，体现精神与信仰、理想与信念的力度、广度与深度，具有难以改变的独特魅力。中华文化是民族的血脉，是人民的精神家园，文化兴国运兴，文化强民族强。没有高度的文化自信，没有文化的繁荣兴盛，就没有

---

中华民族伟大复兴。经过深刻改变中国、深刻影响世界的 40 多年改革开放，今日中国对大力推动文化建设上下同欲、目标明确，定位精准、任重道远，迈入了文化大发展大繁荣"黄金期"。如何观察大力推进文化建设这一现象？可从以下维度展开。

一是人与动物的区别。什么是"人"？可以从生物、精神与文化等各个层面来定义，或是这些层面定义的结合：生物学上，人是由染色体组成的一种高级动物；精神层面哲学上，人被描述为能够使用各种灵魂概念；文化人类学上，人被定义为能够使用语言，具有复杂社会组织与科技发展的生物，尤其是能够建立团体与机构来达到互相支持与协助的目的。综合分析，人与动物的最本质区别在于人有意识，意识是人脑特有的机能，地球上除了人以外其他动物都不具有意识，只有本能。人有了意识就有了思想，所以高于其他动物。人有意识，就会思考、分是非、知荣辱、懂善恶、讲理想、有追求等，能为了创造美好的人类社会而共同努力奋斗。

二是人与社会的关系。人与社会的关系，是思想界、学术界一直思考研究的复杂命题。概言之，人是社会的主体，社会是人的社会，人与社会的关系密不可分。从人类社会发展史来看，人的发展与社会发展形成一种永恒矛盾运动，社会发展要求人的发展，人的发展又推进社会发展，社会发展程度受人类整体素质制约。中华文化在社会理想方面具有"家国情怀"，中华民族古代先哲圣贤对如何做人做事有很多智慧，追求的最高境界是"内圣外王之道"。通俗讲，内圣指的是修身养德，做一个品德高尚的仁人君子，这关键在自己；外王就是齐家、治国、平天下，这要以"修己"为起点、以"治人"为归宿。内圣与外王是辩证统一的，内圣是基础，外王是目的；只有内心不断修养才能达到内圣，只有在内圣基础上才能实现外王。"内圣外王"内涵中的"修身齐家治国平天下"，从学理上解析是一个闭环逻辑体系：欲天下大同平和，先要治理好国家；治理好国家，先要管理好家庭家族；管理好家庭家族，先要修养自身品性；修养自身品性，先要端正思想；端正思想，先要使意念真诚；意念真诚，先要获得知识，而获得知识在于学习认知万事万物。然后循环过来：认知万事万物—获得知识—意念真诚—心思端正—修养品性—管理好家庭家族—治理好国家—天下大同平和、世间公平公正。话说白了就是：人好，社会好；社会好，人更好；人没做好，社会也不会好！

　　三是东方人与西方人的差异。围绕中华文化传承话题，笔者曾在台北拜访钱复先生时与之有过深入交谈。钱先生认为，文化由人创造并规范人的价值认知与品性行为。台湾一直非常注重中华文化传承，通过家风家训家教维系华人社会传统家庭美德伦理规则，可这种状况在近些年发生了一些令人忧虑的变化。中国人的文化主张先要学会做一个好人，成为合格好公民再融入社会；西方文化强调人的社会性，凸显个性，主张个人自由、个人权利，放大到社会就是所谓民主，不能满足自我欲求就要抗争。台湾社会引入并实践这类西方价值观，导致一些年轻人出现孤僻易怒、不孝敬长辈等行为，离中国人传统家庭观念、道德伦理、行为方式越来越远，造成大众价值认同撕裂与社会生活乱象。

　　回望改革开放40多年中国大陆之进步发展变迁，中国人经受的身心历练，大致可划分为三个阶段：第一阶段：生物意义上的"人"。40多年前，大陆社会贫穷落后，国民经济濒临崩溃，大众生活一穷二白，为吃饱穿暖的基本生存而焦虑。第二阶段：精神意义上的"人"。实行改革开放以来，经济建设突飞猛进，物质财富极大丰富，生活水平显著提升。然而，不容回避的一些事实令人痛心：有些人的心病了，社会精神文明与道德水准亟待提升。第三阶段：文化意义上的"人"。伴随着物质文明建设进程，大力推进精神文明建设，以文化自信建设自信文化，实现中华传统美德创造性转化、创新性发展，呼唤真善美灵魂回归与再造精神家园。

　　正是基于以上多方面因素，中国大陆在取得经济建设巨大成就的基础上，谋求实现经济社会高质量全面协调发展，将文化建设提上非常重要的位置。当代中华文化建设的发展愿景是什么？可多维度加以观察，笔者认为至少体现在四个方面：一是从社会主要矛盾看，文化建设应顺应新变化，坚持以人民为中心的发展思想，着重解决文化供给不平衡不充分的短板，深入社会生活，提高大众素质，丰富文化涵养，不断满足精神层面人民群众日益增长的美好生活的需要。二是从国家治理现代化看，文化建设应在中国特色社会主义事业"五位一体"总体布局、"四个全面"战略布局中，充分发挥"四个自信"中文化自信的作用，凝聚民族精神与民心力量，使文化成为国家治理体系与治理能力现代化的重要支柱力量。三是从"一带一路"倡议看，推动并实现政策沟通、设施联通、贸易畅通、资金融通、民心相通的"五通"发展，民心相通是社会根基与精神纽带，文化建设应当为民心相通搭建一座座彩虹桥。四是从共同构建人类命运共同体看，文化建设应当体现中华文明兼容并蓄、海纳百川的人文精神，在破局逆全球化思潮、缓解全球文化冲突上应当提供中国智慧、发出中国声音、提出中国观点、贡献中国方案，努力建设与人类命运共同体相呼应的超越国家、种族、阶层、肤色的全人类跨文化共同体。

## 二、当代中华文化应助力全球文化汇聚、融合创新

事实上，文化冲突是一个伴随着人类社会文明进步的难题。这种文化冲突具体表现在：一是具有普遍性，不同性质的分化具有独特的个性和基因，不同社会阶层与群体之间难以趋同，有时可能还会产生一种误读，这在传播交流中就会反映出表达上的冲突。二是具有时代性，伴随着经济快速发展、人们观念变更及科学技术的进步，文化一直处在发展、创新的进程当中，变化发展非常之快。三是具有民族性，由于不同区域集聚主体的民族特征，哪个民族为主就以它的文化为代表，这就出现主文化和亚文化特征。四是具有区域性，文化的产生是以人的生命体验和生存经验为基础的，不同生存环境的刺激和作用，造成了人们对自身及自身以外的世界的不同感受与看法。

21世纪是经济全球化的世纪，经济全球化引领不同国家、不同地区谋求互联互通、合作共赢的一体化发展。在全球化背景下，文化交流无论从范围、强度、速度，还是从多样性、包容性、共享性等各方面来说，都远远超过以前的规模，但同时文化冲突与融合的深层次矛盾等日益凸显。那么，人类到底是加剧文化冲突还是促进文化融合？不同文化能不能实现跨文化交流融合？中国西部的敦煌被称为"文化圣殿、人类敦煌、千年莫高"，道理何在？关键在于文化融合发展的力量。季羡林先生曾经指出："世界上历史悠久、地域广阔、自成体系、影响深远的文化体系只有四个：中国、印度、希腊、伊斯兰，再没有第五个，而这四个文化体系汇流的地方只有一个，就是中国的敦煌和新疆地区，再没有第二个。"学界研究达成的共识认为，博大精深的敦煌文化是中国古代社会的百科全书，中西方文明在这个古丝绸之路上的要塞重镇汇聚交融，形成一种以中华文明为主、中西文明兼而有之的文明类型，成为世界古代文明交流融合的典范。

敦煌文化向世人表明：不同文化、不同文明之间可以同时存在、相互融合、互相促进。

笔者曾在北京大学燕园拜访中国跨文化学科开创人乐黛云教授，与之畅谈东学西渐与西学东渐文化的时空转化与变幻，畅谈面对全球动荡不宁局面与文化融合促进人类和平进步，畅谈中华文化博大精深及如何为全球文化融合发展做出贡献等，使笔者充分领悟到国学与跨文化研究的重要性。关于跨文化融合，笔者认为应以具有独一无二的理念、智慧、气度、神韵的中华文化为本为根为源为魂，以学术研究、对话交流、传播推广等实现"跨文化"。具体而言，这种"跨文化"，一是跨古今，即着力寻求古代问题的现代诠释和转化，使传统文化可以为解决现代问题提供思路和方案，以实现中华优秀传统文化的创造性转化与创新性发展。二是跨中西，即新时代国学研究既要保持其传统性与本土性，同时也要彰显它的时代性与世界性。三是跨繁简，即从中华文化浩如烟海的典籍著述中挖掘整理出有利于现代人修身齐家治国平天下的精髓，以简驭繁，返璞归真，发挥效用。四是跨雅俗，即文化建设应当走出象牙塔，使专家学者的研究成果大众化，让既大雅也大俗的文化能够成为劳动大众的精神大餐，服务于提高人民群众精神文化修养与促进社会文明进步。

推进不同文化的融合发展，关键是在"跨"的基础上，实现文化的汇聚、融合、创新。

关于文化汇聚。文化是一个具有生命力的复杂生态系统，在形成文化系统或文化圈之前，就经历相互交流、碰撞、吸收、调整的过程，具体表现为文化分化、文化整合、文化适应。文化分化，就是原有文化系统中会分化出新的独立文化系统，常因文化冲突而产生。通过文化采借即对外来文化元素和文化集丛的借用，加之文化涵化即通过文化接触实现文化融合、文化交流，促进文化积累与整合。文化在冲突与融合中不断适应发展，文化生态实现自我进化，表现为对传统文化、外来文化的批判性选择、借鉴、吸收与融合。从文化生态的形成构造与平衡协调发展看，人类应当大力促进文化交流，汇聚不同文化的优势与力量，促进文化的融合与发展。

关于文化融合。当下人类社会治理面临的一个焦点、难点、痛点，就是究竟是文化冲突还是文化融合。美国代表焦虑中的西方白人世界，向全球释放逆全球化、贸易保护主义、白人至上主义等，激化了全球文化冲突与价值观撕裂。面对全球化发展难题，中国主张全球化趋势不可逆转，全球文化应当共商共建共享，走融合发展之路。文化融合发展的实现路径在哪里？笔者认为，传承体现独特性，注重各自文化存续、凸显个性特色；多元体现兼容性，尊重不同文化，实现互鉴，共生共存共荣；包容体现开放性，以博大胸怀海纳百川；可读体现人文性，细节精妙让人接受体味认知；温暖体现共享性，人文魅力温馨、浪漫、美好。

关于文化创新。中国着力推动中华优秀传统文化创造性转化、创新性发展，不忘本来、吸收外来、面向未来，更好构筑中国精神、中国价值、中国力量，为人民提供精神指引。瞄准共同构建人类命运共同体的美好目标，发挥中华文明兼容并蓄、海纳百川的人文精神，运用文化的力量建设一个大同世界，这必将为文化发展提供新动能，开拓新空间。文化创新要以全球人类社会治理的责任担当，努力共同建设全人类跨文化共同体。

### 三、当代中华文化增强国际影响力的多种实现路径

改革开放是一部中国人民用双手书写的壮丽史诗，使中国从一穷二白、经济濒临崩溃边缘的绝境中砥砺奋进，发展成为世界第二大经济体、第一大工业国、第一大货物贸易国……对世界经济的增长贡献巨大。中国离不开世界，世界也离不开中国，这一发展趋势举世公认。与经济发展取得巨大成就相对应的是，当今国际舆论与文化传播格局仍然是"西强我弱"，中国在国际上处于有理说不出、说了传不开；正面说得少、负面被夸大的境地，当代中华文化国际话语权依然偏弱，中华文化的世界影响力亟待增强。

之所以存在这些问题，原因是多方面的，主要在于：一是西方媒体"他塑"形成"反差"。西方国家主流媒体对中国的报道往往以冷战思维的立场观点、"政治正确"的意识形态、议程设置的技巧方法、揭丑报道的传播取向进行传播，客观上说中国在世界上的形象很大程度上被"他塑"而非"自塑"，使中国真实形象与西方主观印象形成"反差"，令西方国家大众认识不到一个"真实的中国"。二是国际舞台没有充分"发声"。以联

合国为例，在这个国际舞台或广大经济社会领域，不是人家不给中国在国际舞台说话的机会，而是人家主动邀请中国参与国际会议并希望听到中国看法和成功经验，但除了官方代表出席会议外，许多人士或代表并不重视或很好利用这个国际发声机会。三是学术话语与国际"接轨不够"。中国学界一些学者跟在西方学术后面做解读性、注释性研究，人云亦云，拾人牙慧。四是智库专家难以与世界对话。围绕全球发展趋势、人类重大话题、世界热点舆情，智库专家在各类国际性会议、论坛等场合，参与讨论、发出声音、阐述观点、进行游说，已经成为当今一个通行的"国际惯例"。可是，中国智库学者在国际舞台上参与性、活跃度、话语权明显不够，难以在与其他国家智库人士思想碰撞中进行对话，发出中国声音等。

如何进一步加强中国的国际话语权，切实利用国际声音讲好中国故事，切实增强当代中华文化的国际影响力？笔者认为可从以下多种实现路径寻求突破。

一是以问题为导向，与经济社会发展和现实生活场景紧密结合，回应"世界怎么了？我们怎么办？人类社会向何处去"等一系列人类难题的时代之问。当代中华文化的研究与传播应关注人类发展的全球性前沿课题，开展宏观研究，拿出创新观点，证明自己是对的，才能树立中国人的当代文化地位，让世界认知与接纳"文化中国"。

二是以比较为坐标，进行古今中外、繁简雅俗的异质文化分析研究，在世界面前展示并凸显中华文化的博大精深及海纳百川、有容乃大的优越性特征，让中华文明在与世界其他文明交流、碰撞、吸收、调整中彰显魅力，促进不同文化间的互鉴、共生共存与融合发展。

三是以对话为桥梁，在与世界各国文化多元互鉴、共生共存中提升中华文化话语权。应当广泛开展跨文化对话交流，讲好中国故事，提供中国智慧，贡献中国方案，使中华优秀传统文化精髓根植于公认的国际秩序原则之中，为构建人类命运共同体提供价值认同。

四是以传播为路径，不断增强国学与跨文化研究成果的国际传播、媒体传播与大众传播的综合影响力。要想提升国际话语影响力，只有在大家都在关心的问题上发声，才会产生共鸣和效果；在互联网＋、大数据、人工智能技术迅猛发展背景下的"人人传播时代"，应当敢传播、想传播、善传播，运用融媒体进行文化传播；大众传播就是要不断提升广大国民跨文化的知识水准、品行修养、道德操守、文明素养等，使中国人在新一轮扩大开放、"一带一路"倡议、新全球化利益再平衡、共同构建人类命运共同体的多维度进程中，更好地通过生命个体承载中华文明智慧，体现发展进步中的大国国民的良好素质。

# 共情的文明与人类命运共同体

吴飞①

"特朗普上台，意味着什么？假新闻横行，我们能怎么办？自由民主为何陷入危机？上帝回来了吗？新的世界大战即将爆发吗？哪种文明主宰着世界，是西方、中国，还是伊斯兰？欧洲应该向移民敞开大门吗？民族主义能否解决不平等和气候变化的问题？我们该如何应对恐怖主义？"② 这是以色列史学家尤瓦尔·赫拉利在其著作《今日简史：人类命运大议题》的开篇丢出的一堆问题。这个世界从没平静过，今天所面临的问题更为复杂：环境恶化、核危机、恐怖主义，民族、国家、宗教观念和意识形态冲突等。滕尼斯、康德、霍布斯鲍姆、雷德菲尔德等都研究过共同体问题，但大多认为小而美的共同体是可能的，但越过一定的规模就不存在了。但无论我们是否准备好，或者是否愿意，人类已经布满这个星体。我们无法退回到小国寡民的原始部落。全球化与城市化让我们不得不生活在陌生人环聚的空间之中。怎么办？

从罗马帝国，到今日美国，战争似乎总是解决国际争端最有效的手段。文明的兴盛与衰落，帝国的崛起与灭亡，连绵不断的狼烟战火，此起彼伏的杀戮与仇恨，似乎意味着维持一种秩序就需要暴力——无论是硬暴力还是软（冷）暴力。诚然，死亡与消除是极为有效的解决冲突与争端的方式，但是，这种看似简单有效的方式却不停地将人类拖回原点——一个异己的力量清除了，另一个"他者"旋即出现。丹尼尔·希罗和克拉克·麦考利写道，不同群体之间发生暴力冲突的理由没有逐渐减少的迹象，基

① 吴飞：浙江大学传媒与国际文化学院教授。
② 尤瓦尔·赫拉利. 今日简史：人类命运大议题 [M]. 林俊宏，译. 北京：中信出版社，2018：3.

于经济的、族裔的、宗教信仰的、意识形态的歧义而起的冲突，现在在国家内部发生的概率比发生在国与国之间的概率大多了。这并不表明国际战争不会发生，国际战争也不会与理解灭族屠杀及族裔净化无关①。

"人类社会长期以来因为地理环境的隔离、社会发展阶段，以及语言、传播技术等多方面的原因而处于相互隔绝状态，而又因为这种隔离导致的社会风俗习惯、宗教观念、意识形态、行为方式和社会制度等存在较大的差异，结果往往带来恐惧和敌视、偏见与误解"②。人类的悲剧性存在就是注定要生活在同一个星球，甚至生活在同一个屋檐下。因为，虽然相知是人的渴望，但在现实利益和沟通不达的现实面前，一部分人的努力未必能够唤起同样的回应。侵犯、仇恨、攻击、杀戮、种族灭绝变成了一代又一代人的宿命，我们真的对此无能为力了吗？

传播技术的进步及广泛的人际交往经验，使权力革命得以在全球范围内广泛传播，这确实在很大程度上提升了人类整体的文明尺度，相比于历史上的任何一个时代，今天我们比以往更为安全。异乡与陌生人，没有前文明时期那么可怕了。斯蒂芬·平克发现，发生权力革命的几十年，也正是发生电子革命的时代。电视、卫星、长途电话、互联网、手机、网络视频先后出现，并且成为我们日常生活的一部分。与此同时，交通网络也迅猛发展，高速公路和高铁加速了物质与人员的流动，而远洋船运和飞机更是使得天涯若比邻。这些传播与交通技术的进步，使得人与人之间、文化与文化之间，以及文明与文明之间有了更多的直接接触。斯蒂芬·平克认为："思想和人员的传播，暴露了无知和迷信。交往密切且受过良好教育的大众，至少在整体上和长期趋势上不会受到有害信仰的蛊惑：比如相信其他种族或民族的人天生贪婪和背信弃义，相信少数族裔的背叛造成了经济和军事的困境，相信妇女不介意被强奸，相信儿童只有在棍棒下才能学会规矩，相信有人选择腐败的生活方式因此成为同性恋者，还有就是相信动物是不会感到疼痛的"③。是的，正如休谟所言："仁爱情感的价值，至

① 丹尼尔·希罗，克拉克·麦考利. 为什么不杀光？：种族大屠杀的反思 [M]. 薛绚，译. 北京：生活·读书·新知三联书店，2012：197.
② 吴飞. 与他人共在：超越"我们""你们"的二元思维：全球化时代交往理性的几点思考 [J]. 新闻与传播研究，2013（10）：5-20.
③ 斯蒂芬·平克. 人性中的善良天使：暴力为什么会减少 [M]. 安雯，译. 北京：中信出版社，2015：553.

少一部分来自其促进人类利益和造福人类社会的趋势……"①

海德格尔曾指出"作为形而上学的哲学之事情乃是存在者之存在，乃是以实体性和主体性为形态的存在者之在场性"②。也就是说，当今社会人类所面临的最大问题仍然是作为主体"人"的自身的"解放"问题，是人如何"生活"的问题。本文将从共情的文明视角，来揭示人类和平交往的可能性及对于"人类命运共同体"建构的意义。

## 一、镜像神经元与共情的文明

自亚里士多德以降，一直到 17 世纪的欧洲哲学，情感、感受与激情问题从未缺席过。如在西塞罗、奥古斯丁、霍布斯、斯宾诺莎、洛克等思想家那里，激情都是很重要的主题。"对情感问题的兴趣弥漫在 17 世纪的哲学中"③，那个时代的知识界并没有在知觉、理性与感情之间划出一条泾渭分明的界线，反而认为人类的日常体验是被激情所引导的。

只是在理性主义哲学思潮的兴起后，激情、情感问题才退守到一个相对次要的位置，甚至成为一个充满不稳定性的对象与承担着大量负面意义的所指，一些人甚至认为情感是理性的敌人。

但纳斯鲍姆、弗朗斯·德瓦尔、克劳斯等学者认为情感与认知之间并不截然对立。他们认为，情感包含着认知，而如果没有情感的参与，认知也很难转化成行动。不少研究支持情感的首要性，以及它与认知的关联。没有情感，人们无法思考。④ 如安东尼奥·达马西奥认为，"对于理性（rationality）来说，情绪与感觉（feeling）是不可缺少的"⑤。林郁沁在其著作《施剑翘复仇案：民国时期公众同情的兴起与影响》中，对"理性—情感"二元划分的逻辑进行了有限地批评，他认为不能简单地视"情

---

① 休谟. 道德原则研究 [M]. 曾晓平，译. 北京：商务印书馆，2001：34.

② 海德格尔. 面向思的事情 [M]. 陈小文，孙周兴，译. 北京：商务印书馆，2014：89.

③ 苏珊·詹姆斯. 激情与行动：十七世纪哲学中的情感 [M]. 管可秾，译. 北京：商务印书馆，2017：4.

④ 袁光锋."情"为何物?：反思公共领域研究的理性主义范式 [J]. 国际新闻界，2016，38（9）：104 - 118.

⑤ Antonio R. Damasio (1994), *Descartes' Error：Emotion，Reason，and the Human Brain*，New York：Putnam，p. xiii. 转引自郝拓德，安德鲁·罗斯，柳思思. 情感转向：情感的类型及其国际关系影响 [J]. 外交评论，2011，28（4）：40—56.

感"为理性的对立物。美国政治哲学家麦克尔·哈特认为情感包括"我们影响这个世界的力量和我们被世界影响的力量，以及这两种力量之间的关系"①。近几年，有越来越多的学者关注到了情感活动在国际事务中的作用。如有研究揭示了"愤怒"与"羞耻"在巴以冲突中的影响，有人分析了"9·11"事件引发的"道德愤慨"、"同情"与"心灵创伤"问题，还有人研究了"荣誉"与"民族自豪感"在一战中的作用。② 1999 年，古德温和贾斯伯在纽约大学组织了"情感与社会运动"的学术讨论会，发表了一系列与Passionate Politics 有关的论著，情感在社会运动中的作用也受到了越来越多的学者关注。③ 本文无意讨论情感的哲学与社会学意义，笔者仅关心共情心理及在此基础上建立的共情文明对于人类社会发展的意义。

　　帕斯卡尔在其著名的《思想录》中认为："所有的物体合在一起、所有的精神合在一起以及所有它们的产物，都比不上最微小的仁爱行动。"④ 他认为仁爱属于一种更加无限崇高的层次。儒家所说的"仁爱"具有两个维度：一方面是"差等之爱"，即仁爱程度上的亲疏差别，"亲亲而仁民，仁民而爱物"（《孟子·尽心上》），儒家承认这是生活情感的实情；另一方面则是"一体之仁"，即"博爱"（韩愈《原道》）或"兼爱"（《荀子·成相》），儒家认为这是生活情感的普遍"推扩"，其效应是社会群体生存的和谐秩序。因此，正当性原则所要求的乃是：社会规范的建构，应该超越差等之爱，追求一体之仁。"己欲立而立人，己欲达而达人"（《论语·雍也》）、"己所不欲，勿施于人"（《论语·颜渊》），就是这样的伦理精神的体现。

　　感受到"爱""同情""怜悯之心""恻隐之心"⑤ 并不是特别难。但

---

　　① Michael Hardt（2007），"Forward：What Affects Are Good For，"In Patricia Ticineto Clough. *The Affective Turn：Theorizing the Social*. Durham，Duke University Press，9. 转引自刘文. 当代文化研究中的情感转向［J］. 广西社会科学，2016（9）：188—192。
　　② 郝拓德，安德鲁·罗斯，柳思思. 情感转向：情感的类型及其国际关系影响［J］. 外交评论，2011，28（4）：40－56。
　　③ 杨国斌. 悲情与戏谑：网络事件中的情感动员［J］. 传播与社会学刊，2009（9）：39－66.
　　④ 帕斯卡尔. 思想录：论宗教和其他主题的思想［M］. 何兆武，译. 北京：商务印书馆，1986：395.
　　⑤ "恻隐之心"语出《孟子·公孙丑》篇："所以谓人皆有不忍人之心者。今人乍见孺子将入于井，皆有怵惕恻隐之心，非所以内交于孺子之父母也，非所以要誉于乡党朋友也，非恶其声而然也。由是观之，无恻隐之心，非人也；无羞恶之心，非人也；无辞让之心，非人也；无是非之心，非人也。"

"爱""仁爱""无差等的爱""恻隐之心"的发生机制是什么?

所谓的共情(empathy,也有人译作"同理心"、"移情"或"神入")"是一个人能够理解另一个人的独特经历,并对此做出反应的能力。共情能够让一个人对另一个人产生同情心理,并做出利他主义的行动。共情是人类根源于基因的一种天赋:共情不是一种情绪,也不是一种感受,而是人类与生俱来的一种能力"①。看到路边哭泣的女孩,你应该会感觉到她的悲伤。她与朋友吵架了吗?还是因为家里遇到了困难?抑或是她自己患有重病?你这种体会他人的情绪和想法能力就是共情。特别指出的是,共情不等于同情,同情的本质是怜悯。同情心是你将另一个人的经历理解为自己的某种经历,但事实上你并不清楚你们两者的经历是否真正相同,且同情往往由即刻的情绪所驱动,未经对事实的深思熟虑。相反,共情是客观的。它的产生基础不是假设,而是事实。"共情是一个人在深思熟虑之后做出的响应,而不是一个泛化的、普遍的由推论得来的当即反应。"②

最早揭示共情现象的是心理学家。马丁·霍夫曼认为心理学家以两种方式定义移情:一种是将其定义为一个人对另一个人的内心状态(思想、感受、知觉和意向)的认知觉知;另一种是将其定义为对另一个人的替代性的情感反应。比如,当一个人看到另一个人处于痛苦之中,他自己也感到仿佛经历了同样的痛苦。霍夫曼将这种情感反应称为"情感移情"。③ 霍夫曼在讨论情感移情时,提到一种不由自主的移情,斯洛特称之为"联想的移情"。这种移情的特点是:当一个人感受到另一个人的痛苦时,这一过程往往不是有意识选择的结果。④ 瑞典心理学家乌尔夫·丁伯格相信,共情是无意识的。他认为,我们并非"决定"要他人感同身受,而是"自然而然"地感同身受。⑤ 斯洛特认为正是这种不由自主地移情在他的道德情

---

① 亚瑟·乔位米卡利. 共情力:你压力大是因为没有共情能力 [M]. 耿沫,译. 北京:北京联合出版公司,2017:3.

② 同上,第 4 页。

③ Hoffman, Martin (2000), Empathy and Moral Development: Implications for Caring and Justice, Cambridge University Press, pp. 29 - 30.

④ Hoffman, Martin (2000), Empathy and Moral Development: Implications for Caring and Justice, Cambridge University Press, p. 278.

⑤ 转引自弗朗斯·德瓦尔. 共情时代:一种机制让"我"成为"我们" [M]. 刘旸,译. 长沙:湖南科学技术出版社,2014:74.

感主义中起着最重要的作用。①

1988 年，以贾科莫·里佐拉蒂为首的一群神经科学家，开展了一项实验研究，这项研究的结果引发一场席卷心理学界的理论风暴。科学家们在恒河猴的腹侧运动皮层的 F5 区发现了一类神奇的运动神经元。这些神经元不仅在猴子执行与目标相关的手/嘴部动作时（比如抓取物体）被激活了，而且在观察到其他个体（猴或人）执行相似动作时也被激活了，就像一面镜子将他人的动作映射到自己的大脑中。因此，研究者称之为"镜像神经元"（mirror neurons）。后续的研究发现人类的顶下叶、额下回与颞上沟同样具有镜像属性，以上区域统称为人类镜像神经系统。

何为镜像神经元？里佐拉蒂和克拉伊盖罗在一篇综述中明确给出了一个操作性的定义：① 镜像神经元本身是一群特殊的运动神经元。即它首先应在个体执行动作时放电；② 除了在运动时放电外，镜像神经元的活动还必须具备感觉-运动的对应关系 。② 研究者发现，镜像神经元在对感觉刺激（包括动作的视觉刺激及与动作相关的听觉刺激）的反应与其编码的运动反应方面呈现出一致性。即不仅仅是在自身执行某一动作时放电，而且在观察到他人做类似动作时也放电。③

为什么我们在看电影或者电视剧时，往往会跟随着影视剧中的人物的喜怒哀乐而情绪起伏，甚至流下同情之泪？研究者认为，这是因为大脑中的镜像神经元替我们重新创造了影视剧中生离死别的场景。还有研究者认为，镜像神经元为我们提供了一个内在的模仿网络，帮助我们能够在第一时间察知别人表情和情绪的改变，知晓别人的意图，了解他人的心智状态。人们透过这样的镜像式的模仿，得以跟他人分享情绪、经验、需要和目标——它使我们能够在心灵上和情绪上跟别人结合在一起。④ 2006 年，《纽约时报》发表了一篇题为"读心的细胞"的文章，报道了镜像神经元。其指出，镜像神经元的发现震撼了许多科学领域，改变了我们对文化、共

———————————

① Slote，Michael（2010），*Moral Sentimentalism*，Oxford University Press. footnote 5 on p. 17.

② Rizzolatti G.，& Craighero，L.（2004）. The mirror-neuron system. *Annual Review of Neuroscience*，27，pp. 169 – 192.

③ Glenberg，A. M.（2011）. Introduction to the mirror neuron forum. *Perspectives on Psychological Science*，6（4），pp. 363 – 368.

④ 马可·亚科波尼. 天生爱学样：发现镜像神经元［M］. 洪兰，译. 台北：远流出版社，2009.

情、哲学、语言、模仿、自闭症和心智治疗的看法。[①] 卡尔对模仿和面部情绪观察的研究证明了共情是由镜像神经元系统、边缘系统及连接这两个神经系统的脑岛组成的大型神经网络来实现的。卡尔认为，在这个网络中，镜像神经元支持了模仿观察得到他人面部表情，从而进一步引发边缘系统的活动，使观察者产生了被观察者的情绪。例如，观察爱人时受到一个电刺激就会激活被试大脑中脑岛的觉察器及相连的镜像神经系统，从而产生强烈的共情体验。[②] 法比里-德思特罗和里佐拉蒂发现镜像机制在意图理解、模仿语言和情绪体验等社会认知活动中发挥重要作用。[③] 有学者预测镜像神经元是语言进化、心灵感应、美学欣赏、药物上瘾及政治冲突与暴力色情传播的神经基础。[④] 如曾红等就认为："由于镜像神经的功能，观察者……充分感知到他人产生动作时的身体动作及其所隐含的意义，并产生外在或内隐的行为模仿，或使人们对观察到的情绪、动作有'感同身受'的体验，从而达到理解行为、情感的目的。"[⑤] 2008 年，美国神经科学家马尔科·亚科博尼写道："得益于大脑内某一小群被称为镜像神经元的特殊细胞，我们能敏锐地理解他人。这些微小的奇迹帮助我们度过每一天，是指引生命前行的核心力量，令我们在精神上、情感上与其他人相互联结……毫无疑问，镜像神经元有史以来第一次为复杂的社会认知和互动提供了看似可信的神经生理学解释。"[⑥]

　　心理学家巴特森区分了八种不同的共情现象：① 对他人内心状态的了解。② 动作模仿，即采取与他人的姿态或表情相匹配的动作以相回应。③ 在审美意义上的设身处地，即个体在欣赏艺术作品时的情感共鸣体验。④ 可以感受他人的感受。⑤ 可以站在他人的角度来想象他人的感受。⑥ 想象如果自己处在别人的视角上会产生怎样的感受。⑦ 看到他人

　　① 陈巍. 以"镜"观心：从"见样学样"到"感同身受"［J］. 科技导报，2011，29（11）：80 - 80.

　　② 同上.

　　③ Fabbri-Destro, M., & Rizzolatti, G.（2008）. Mirror neurons and mirror systems in monkeys and humans. *Physiology*，23，171 - 179.

　　④ Cook, R., Bird, G., Catmur, C., Press, C., et al.（2014）. Mirror neurons: From origin to function. *Behavioral and Brain Science*，37（2），177 - 241.

　　⑤ 曾红，叶浩生，杨文登. 镜像神经在药物心理渴求中的作用及机制［J］. 心理科学进展，2013，21（4），581—588.

　　⑥ 格雷戈里·希科克. 神秘的镜像神经元［M］. 李婷燕，译. 杭州：浙江人民出版社，2016.

受苦，自己也能感到痛苦。⑧ 可以与身处痛苦中的人产生共鸣，是一种他人取向的感受。① 研究者认为，共情的产生包含"情绪感染"（emotional contagion）、"观点采择"（perspective taking）和"共情关注"（empathic concern）三个阶段。情绪感染是指当个体面对他人情感状态或处境时，会自发地产生情绪上的唤醒，并形成与他人同形的情绪体验。观点采择（或称角色采择）是指自我从他人视角或他人所处的情境出发，想象、推测和理解他人态度与感受的心理过程，这属于共情的认知成分。而共情关注则指的是帮助他人的心理动机，如对遭受恐袭国家表现出的担心、关心、怜悯和同情等。②

不过，需要指出的是，虽然有关镜像神经元的研究已广泛开展，其中不乏出色的研究成果，但仍存在着诸多争议。有学者警告说，必须警惕将镜像神经元视为"认知科学的圣杯"这样一种极端偷懒的神经还原主义倾向。③ 格雷戈里·希科克在其著作中更是做出了系统性质疑：镜像神经元"如何'知道'要模仿哪个动作，又不模仿哪个动作呢？这种认识是从哪儿来的呢？如果镜像共鸣是人类语言的基础，那为什么猴子不能说话呢？如果镜像共鸣是模仿的基础，那为什么猴子的模仿与人类有差异呢？如果镜像共鸣是共情、社会认知和所有人类能力的基础，那为什么猴子的行为和我们不同呢？"④。

黑格尔、马克思、克尔凯郭尔等思想大师就自我、符号与世界提出的新视野，都从不同角度证明着交流的不可通约性。彼特斯将交流最后的希望放在爱上面。他写道："最深刻的伦理教诲要求人们无差等地泛爱一切人，然而时间只允许一个人真正地关爱地球上为数不多的居民。毕其一生，每个人只有时间给少数几个人以关爱。我们这些肉身凡人只能个别去爱；不过，没有博爱之心又是不公平的。爱之悖论是，边界的具体性和要求的普遍性之间存在着矛盾。由于我们只能够和一些人而不是和所有人共

　① 陈立胜. 恻隐之心："同感"、"同情"与"在世基调"［J］. 哲学研究，2011（12）：19－27.
　② 曾向红，陈科睿. 国际反恐话语双重标准的形成基础与机制研究［J］. 社会科学，2017（9）：3－15.
　③ 陈波，陈巍，张静，等. "镜像"的内涵与外延：围绕镜像神经元的争议［J］. 心理科学进展，2015，23（3）：405－418.
　④ 格雷戈里·希科克. 神秘的镜像神经元［M］. 李婷燕，译. 杭州：浙江人民出版社，2016：231.

度时光，只能够接触一些人而不是所有人，因此，亲临而在场恐怕是我们能做到的最接近跨越人与人鸿沟的保证。在这一点上，我们直接面对的是我们的有限性，它既神圣又悲哀。"①

越来越多的研究者相信，人们并非生来就像启蒙哲学家所称的那样是理性、冷漠、贪婪、侵略性和自恋的，而是与社会性、依恋性、喜爱陪伴这些感情相依附的。而驱动这些情感的第一个动力便是一种具有移情作用的归属感。现代人正让步于"同感人"（homo empathicus）。② 有移情能力的人能够将心比心，能够让自己站在别人的立场去思考、去体验、去表达，进而在感情上得以共振，在共情的体悟之中达到理解。

哈特认为，对共性的爱，是静态的爱，在这种关系中，我们所要做的就是保持故我，巩固关系。这种关系可以是对家庭的爱，也可以是对民族-国家的爱，这些都是对共性的爱。同时这种爱必然预设了与"我"或"我们"不同的人，如非家庭成员、异族或者外国人，面对这些他者，我们更多地可能是恐惧甚至憎恨③。当《圣经》昭示人要"爱上帝，爱他人"时，人不仅领承了通向神性世界的钥匙，且同时也领略了价值的本真内容。爱非对象的属性，也非"我"之情感心绪的流溢，它呈现于关系，在关系中敞亮自身。正是在这里，"我"与"你"同时升华了自己，超越了自己。人于对"它"之世界的反抗中走向超越，人于关系中实现了超越！

我们做道德的事情往往是移情反应的结果，而非依据道德命令或道德规则的结果。移情反应无须思考对错。相反，对错的判断是由我们的移情反应所决定的。换言之，共情是人类最有效的沟通形态。在斯洛特看来，一个充满移情关爱的社会也应当是体现分配正义的社会。如果一个社会绝大多数人得不到起码的政治权利，这便是政治上的不义。这种不义可以通过统治精英缺乏对人民的移情关爱得到解释。一个缺少社会安全保障体系的社会也是一个经济上不义的社会，因为它表明该社会的统治集团缺少足够的对弱势群体的移情关爱。④

---

① 彼得斯. 对空言说 [M]. 邓建国，译. 上海：上海译文出版社，2017：388.
② 杰里米·里夫金. 同理心文明 [M]. 蒋宗强，译. 北京：中信出版社，2015.
③ 王行坤，夏永红. 情感转向下的爱与政治 [J]. 上海大学学报，2017，34（1）：39 – 53.
④ Slote, Michael (2010), *Moral Sentimentalism*, Oxford University Press, chapter 9.

## 二、己所不欲，勿施于人

黑奴的苦难、卡廷惨案、纳粹主义和极端恐怖组织的兴起、种族主义与难民潮，历史写满了苦难与杀戮。但有恨就有爱，有罪恶就有救赎。共情、换位思考为救赎提供了一种可能性。"移情研究已经证明，同情可以推动真正的利他主义。对个体的遭遇换位思考所产生的同情，可以扩展至个体所在的群体，这个过程甚至可以只是小说中的虚构人物。人们一直在揣测，是对人类苦难的感受以及减轻其苦难的真挚愿望推动的人道主义改革，实验研究证明了这一猜测"①。

弗朗斯·德瓦尔在其著作中，介绍过《哈利·波特》的作者 J. K. 罗琳工作时的一段经历。J. K. 罗琳说：

> 只要我活着，就忘不了那次走在空荡荡的走廊，突然从身后一扇关闭的门里传出的尖叫，我从没有听过如此痛苦和恐惧的叫声。门打开了，一位研究人员探出头来，让我赶紧去弄点热饮给她身边的年轻男子。她刚刚带给他一则噩耗：他对国家政权的直言不讳触犯了当权者，为了报复，他们抓住并处决了他的母亲。

弗朗斯·德瓦尔分析指出，如果共情纯粹依靠理智，仅仅是前额叶皮层的产物，那罗琳听到男子的尖叫后绝不会产生如此刻骨铭心的感受。他认为，共情不仅需要用耳朵和神经"听到"尖叫，也要动用产生恐惧和厌恶的脑区"收到"尖叫。但弗朗斯·德瓦尔同时提醒说："换位思考本身是中性的，既可以有建设性，也可能具有破坏性。违背人性的罪行，就是依赖于换位思考的"②。

无论是我们直观的经验感受，还是科学家的研究，都有类似的结论，每一个人的共情和感受力是不一样的，而且共情也需要满足一定的条件才

---

① 斯蒂芬·平克. 人性中的善良天使：暴力为什么会减少［M］. 安雯，译. 北京：中信出版社，2015：681.

② 弗朗斯·德瓦尔. 共情时代：一种机制让"我"成为"我们"［M］. 刘旸，译. 长沙：湖南科学技术出版社，2014：235.

能启动。所谓"物以类聚，人以群分"的共情比较容易产生在我们较为认同的群体内部。斯蒂芬·平克认为："移情，作为道德意义上的同情心，不是我们大脑中镜像神经元的机械动作。移情像装有开关一样，可以被开启，也可以被关闭，甚至可以转变成反向移情，即看到某人受难而感到高兴，或看到某人高兴而感到难过"①。"我们的共情心开关随时准备为最亲近的人开启。而这个圈子之外，就要依情况而定了。得看我们愿不愿意被影响，以及能不能承受影响的代价。在街上经常能见到乞丐，可以去看他然后心生怜悯，也可以把目光移开或者到街对面去，避免看他的脸。总之人有各种办法控制共情心的开关"②。

源自《春秋公羊传》中的据乱世、升平世、太平世的"三世"说，代表了中国人对现实社会的分析和对未来社会的向往。中国传统儒家的"己所不欲勿施于人"、道家的"道法自然"、墨家的"兼爱"思想、法家崇尚"法治"等体现了中国古人朴素的处理人与人、人与自然、人与社会关系的思想。中国自古就崇尚"和平""和谐"的交往方式，同样今天中国的对外关系中也奉行着"和平共处"的交往原则。因此，面对纷繁复杂的国际环境，中国提出"人类命运共同体"的理念也是对中国传统文化的继承和发展。

在2001年联合国组织的全球文明对话小组中，杜维明与瑞士神学家孔汉思经过反复的商议，最终达成了共识，一致认定儒家的忠恕之道即"己所不欲，勿施于人"，应该作为人类文明对话的最基本原则。之后，这一点也成为小组全体成员的共识。在《新约·马太福音》和《路加福音》里也有类似的观念。可见，这一理念作为交往伦理是有广泛的文化基础的。

杜维明针对亨廷顿所提出的"文明冲突论"指出，解决问题的唯一出路是不同文明之间的对话。他进一步探讨了文明对话的原则、方法和愿景，提出儒家思想中的"和而不同"乃是文明对话的前提，而"己所不欲，勿施于人"则可作为对话的"黄金规则"。不过，孔子的爱人是一种原始

---

　　① ［美］斯蒂芬·平克. 人性中的善良天使：暴力为什么会减少［M］. 安雯，译. 北京：中信出版社，2015：666.
　　② 弗朗斯·德瓦尔. 共情时代：一种机制让"我"成为"我们"［M］. 刘旸，译. 长沙：湖南科学技术出版社，2014：238.

社会氏族血亲之爱的自然情感的遗留，但他突破了血亲的局限，将它加以延伸和扩大，变成社会人际关系普遍遵循的准则，成为"泛爱众"，推之于政治，适用于治民。然而这个"众"是否指所有人是大有问题的。① 有学者认为，儒家伦理学有这样一个基本的理论结构"仁→义→礼"，它们之间并非平列关系，而是奠基关系；其中只有"礼"是规范的范畴，而"义"则是原则的范畴，至于"仁"则是其更加本源的观念。②

张志扬评论说："今天，《世界伦理宣言》一面谴责世界的灾难与痛苦之源，一面坚信'金规则'是世界伦理几乎唯一可以共识的'最低限度'，就像金子是全世界唯一公认而共用的'通货'一样。这本身就非常奇特：最难实现的、最难得到的反而是人的生存价值的基准。就像一个比喻：天上的星星是我的眼睛。再说白一点，'天涯咫尺'，如何不是幻象又不是真实的中间那一张隔纸，是可消除的吗？如何能消除？又如何难消除？这个问题不弄清楚，恐怕近在手边的'金规则'你伸手拿时却永远也拿不到，像'金苹果'"。③ 亦如哈贝马斯所言："乍看之下，道德伦理和伦理学似乎关注的是同一个问题：'我该做什么，我们该做什么？'然而，一旦我们不再从包容性的我们视角出发，去追问人与人之间相互认可的权利和义务，而是从第一人称视角出发，去关注我们自己的生活，并追问从长远和全局来看对'我'或者'我们'而言什么是至善的问题，那么，这里所说的'应然'也就是另外一个意思了。因为，在一个特定的生活历史语境下，或在一种特殊的生活方式语境下，会出现一些有关我们幸福与不幸的伦理问题。它们与认同问题是交织在一起的：即我们应该怎样来看待自己？我们是什么人？我们想要成为什么人？这些问题显然是没有可以脱离语境且对所有人都有约束力的规范答案的"④。

### 三、总结：共情文明与人类命运共同体

"我们的'全球社会'是由生活在这个星球上的所有国家构成的，文

① 王晓朝. 从信仰的维度理解金规则 [J]. 江苏社会科学，2003 (1)：18 - 23.
② 黄玉顺. 中国正义论纲要 [J]. 四川大学学报，2009 (5)：32 - 42.
③ 张志扬."金规则"之"罪己诏"[J]. 读书，1999 (10)：77 - 83.
④ 哈贝马斯. 后形而上学能回答"善良生活"的问题 [M] //曹卫东. 文化间性：记忆与反思. 上海：上海人民出版社，2016：309 - 326.

化多样化是它的重要特点，它是内部也是冲突不断，然而，我们至今没有找到控制国际社会，化解国际冲突的真正有效的方法"①。每个人都活在自己的主观世界里，很多时候，人与人的观点都不一样。每个人都希望坚持自己的观点，让别人认同自己。当我们互不认同对方的观点时，矛盾就产生了，甚至触发敌意。因为做不到共情，我们会看到各种各样的"病态"的关系模式：对抗、冷战、疏离、僵化……

但人类社会的复杂性就在于，自私与利他共存，"我"与"你"与"他"并非只能处于竞争关系中。经济学之父亚当·斯密在《道德情操论》开篇的那段话赢得了广泛的知名度："无论人们会认为某人怎样自私，这个人的天赋中总是明显地存在着这样一些本性，这些本性使他关心别人的命运，把别人的幸福看成是自己的事情，虽然他除了看到别人幸福而感到高兴以外，一无所得。这种本性就是怜悯或者同情，就是当我们看到或逼真地想象到他人的不幸遭遇时所产生的情感。"② 一张乌干达干旱之果的照片引发人们对非洲苦难的认识，一张叙利亚3岁男孩面朝下趴在沙滩上的照片震撼全球……这些共情现象，是社会关系的柔化剂。无论在人际关系中，还是在心理咨询中，共情都相当重要。对共情的积极作用曾做过专门研究的心理学家罗杰斯就认为，共情能够消除疏离感。每个人都是一个孤独的星球，我们的所思所想所感，都是独特的。共情让我们得以理解他人，移情让我们得以超越自私的基因。

苏格拉底向往爱欲式的灵魂交往，但彼得斯倾向于耶稣的撒播观，认为唯有爱，才能促进沟通与交流。儒家追求仁爱。《论语》要求人持有一种爱人的态度，对他人抱有情感，所谓"仁者爱人"。共情就是人们对他人感受的觉察，对他人处境的洞悉，是人类高尚行为的前提。"情感在身心之间、思与行之间、自我与世界之间具有调节作用，但同时也在文化表达和意义传递方面产生困难……关注情感反应有助于建立一个人类合作与交流的基础"③。孔子说"有朋自远方来，不亦乐乎？"孟子提出了"四

① 克里斯托弗·博姆. 道德的起源：美德、利他、羞耻的演化 [M]. 贾拥民，傅瑞蓉，译. 杭州：浙江大学出版社，2015：390.
② 亚当·斯密. 道德情操论 [M]. 蒋自强，钦北愚，朱钟棣，等译. 北京：商务印书馆，2003：5.
③ 刘文. 当代文化研究中的情感转向 [J]. 广西社会科学，2016 (9)：188 - 192.

端"① 说——恻隐之心，羞恶之心，辞让之心，是非之心——有着丰富的共情智慧。《朱子全书》中写道："恻隐是个脑子，羞恶、辞逊、是非须从这里发来。若非恻隐，三者俱是死物了。恻隐之心，通贯此三者"②。德里达在其著作《马克思的幽灵》中寻求一个多元共存的世界。这个世界，是可以包容任何他者的。

现有的全球传播方面的研究多从现代性、交往理性的维度思考全球传播的秩序问题，更多地持有社会达尔文主义的观点，强调人的自私本性，强调强者对弱者的剥夺及强者之间的争夺（无论是物质财富，还是符号与话语空间）。当理解受阻，共识难达，承认无望，分配的正义亦有障碍，那么人类首先建立一种与他者共在的理念，并努力发展共情的关爱，将有利于解决全球传播中"对空言说"的传播困境。世界上最悲哀的事情莫过于，人类创造了语言符号，意在沟通你我，但这种创造物反而成为一条笼罩着迷雾的河流，你在这边，他在那边。有没有可能搭建一座桥梁，让河流两边的人走近彼此？共情就是这样一座桥梁。但这座桥的建造难度大概不低于重建巴比伦塔，因为社会区隔仍然难以逾越。

如 2015 年 11 月 12 日，黎巴嫩贝鲁特南部发生一系列爆炸袭击事件，造成 43 人死亡，至少 239 人受伤。逊尼派"圣战"组织"伊斯兰国"(IS)宣布对此事负责。这是贝鲁特自 1990 年以来遭受的最严重的一次爆炸袭击，为此黎巴嫩举行了一天的全国哀悼。2015 年 11 月 13 日，法国巴黎发生一系列恐怖袭击事件，造成 132 人死亡，300 多人受伤。两起恐怖袭击仅相隔一天，由同一组织策划攻击，但对法国恐袭的国际关注程度远超过黎巴嫩。据经济学人网站统计，从 2015 年 11 月 12 日到 2015 年 11 月 17 日，谷歌用户对"贝鲁特"的搜索量不到"巴黎"搜索量的 1%。巴黎恐袭发生后，全世界都对遇难者、对巴黎表示悲伤和同情。如脸书

---

① 孟子曰："人皆有不忍人之心。先王有不忍人之心，斯有不忍之政矣。以不忍人之心，行不忍人之政，治天下可运之掌上。所以谓人皆有不忍人之心者，今人乍见孺子将入于井，皆有怵惕恻隐之心——非所以内交于孺子之父母也，非所以要誉于乡党朋友也，非恶其声而然也。由是观之，无恻隐之心，非人也；无羞恶之心，非人也；无辞让之心，非人也；无是非之心，非人也。恻隐之心，仁之端也；羞恶之心，义之端也；辞让之心，礼之端也；是非之心，智之端也。人之有是四端也，犹其有四体也。有是四端而自谓不能者，自贼者也；谓其君不能者，贼其君者也。凡有四端于我者，知皆扩而充之矣，若火之始然⑧，泉之始达。苟能充之，足以保⑧四海；苟不充之，不足以事父母。"（《孟子·公孙丑上》）
② 朱杰人，严佑之，刘永翔. 朱子全书（第 15 册）[M]. 上海：上海古籍出版社，2002：1766 - 1767.

（Facebook）马上上线了"平安信使"（Safety Check）功能，社交媒体上广泛发布"为巴黎祈祷"和"今夜我们都是巴黎人"的话题，世界各地地标也亮起象征法国国旗的三色灯为巴黎默哀。而人们对贝鲁特恐袭事件的反应正如黎巴嫩的一名博客作家乔伊·阿尤布在一篇向脸书提出质疑的文章中所言："脸书没有为黎巴嫩发生的惨剧开启报平安功能，世界上最有权势的人和上百万的网友们没有为我们经历的惨剧致辞哀悼""我清楚地意识到，我在贝鲁特的亲人的生命没有我在巴黎的亲人的生命重要"①。

虽然有人认为，这种情况的出现是因为共情偏差。他们的观点是，共情总是发生在一定的具体情境中，受到情境因素的影响。在特定情境中与共情主体之间的群际关系会影响共情的产生或共情反应的强烈程度，导致"共情偏差的出现"②。但笔者认为，这也许是共情不足造成的。因为人们的共情意识与实践，还没有真正达到"推己及人"的程度，"自己人"与"他者"的区隔仍在，"人类命运共同体"的观念未能建立起来。

在远古时期，人们的交流只限于面对面的小部落群内，共情作用也仅限于血缘关系网中。进入农业时期后，文字的出现打破了时空界限，共情作用得以扩展到有相同宗教信仰的人群。进入工业时期后，民族—国家出现，共情作用得以在民族—国家层面确立。在今天的网络社会，人类将共情作用再扩展到全人类乃至整个生物圈之上，甚至包括人机合一的后人类。所以，站在新时代的高度，我们需要呼唤的是尼采当年所说的"对最远者的爱"③，以此超越对邻居之爱。正如罗森茨威格所言："邻居只是守护某地的人。爱确实意味着人类万物在任何时候都可以成为邻居，这适用于一切，适用于世界。"④ 如果我们不能超越邻居之爱，就不可能建构真正

---

① 为什么人们都在关注巴黎而黎巴嫩恐袭却无人问津？http：//www. globalview. cn/html/global/info_7282. html。

② 参见 Michael W. Kraus，etal. Social Class，Contextualism and Empathic Accuracy，*Psychological Science*，21，（11），2010，pp. 1716 - 1723；Mina Cikara and Jay J. Van Bavel，The Neuroscience of Intergroup Relations：An Integrative Review，*Perspectives on Psychological Science*，9（3），2014，pp. 245 - 274；陈武英，刘连启. 情境对共情的影响［J］. 心理科学进展，2016，24（1）：91—100；曾向红，陈科睿. 国际反恐话语双重标准的形成基础机制研究［J］. 社会科学，2017（9）：3—15。

③ 尼采写道："我劝告你们去爱邻人吗？我倒宁愿劝告你们去逃避邻人而热爱最远者！对最远者和未来者的爱高于邻人之爱；更有甚者，对事物和鬼怪的爱高于对人类的爱"。——尼采. 查拉图斯特拉如是说［M］. 孙周兴，译. 北京：商务印书馆，2015：77.

④ Franz Rosenzweig（2005），*The Star of Redemption*，University of Wisconsin Press，p. 234.

的"人类命运共同体"。因为"如果我们并非共享共同的世界，我们彼此就无法进行交流，或者满足彼此的要求或欲望。如果我们并非杂多的奇异性，那么我们就没有交流和交往的必要"①。这大概正是阿伦特在讨论有关政治的概念时，特别强调奇异性在共同世界中进行交往和构成的意义。她写道："当共同世界只在一个立场上被观看，只被允许从一个角度上显示自身时，它的终结就来临了。"②

网络社会正在成为现实，全球化以不可阻挡的力量向深度和广度上推进，逆全球化思潮不过是这场狂飙突进运动中的一朵小浪花里而已。"美国的金融运作可以决定世界任何一个地区的经济增长状态……越南或墨西哥的流行疫病会限制美国的公共生活。日本的核泄漏威胁着世界人民的公共健康。"③ 在世界多极化、经济全球化、环境问题迫切需要解决的情况下，任何一个国家都不可能独善其身，这时候国家之间的相互合作就尤为重要。2013 年，习近平主席在莫斯科国际关系学院发表重要演讲时，做出过这样的阐释："这个世界，各国相互联系、相互依存的程度空前加深，人类生活在同一个地球村里，生活在历史和现实交汇的同一个时空里，越来越成为你中有我、我中有你的命运共同体。"④ 这是对"民族—国家"之间关系的重构。2015 年 4 月 22 日，习近平主席在亚非领导人会议上发表讲话中指出："各国应该大力弘扬万隆精神，不断赋予其新的时代内涵，推动构建以合作共赢为核心的新型国际关系，推动国际秩序和国际体系朝着更加公正合理的方向发展，加强亚非合作，推动建设人类命运共同体，更好造福亚非人民及其他地区人民。"⑤ 中国提出的"人类命运共同体"理念，有丰富的理论内涵，包括了西方启蒙时代发展的理性与交往观念，又具有共情甚至是悲悯的精神，是对中国传统思想的继承与发展，也是对"民族—国家"关系的全新思考，是建构全球传播伦理（规则）新范式的

①　迈克尔·哈特，安东尼奥·奈格里. 大同世界［M］. 王行坤，译. 北京：中国人民大学出版社，2016：130.

②　汉娜·阿伦特. 人的境况［M］. 王寅丽，译. 上海：上海人民出版社，2009：39.

③　哈坎·奥尔蒂奈. 全球公民：相互依赖世界中的责任与权利［M］. 祁怀高，金芮帆，译. 上海：上海人民出版社，2012：1.

④　中国方案的世界回响——写在人类命运共同体理念首次载入安理会决议之际，http：//www. xinhuanet. com/syzt/zgfadsjhx/.

⑤　习近平主席出席亚非领导人会议并发表重要讲话，新华网 http：//www. xinhuanet. com/politics/2015 - 04/22/c_1115057390. htm。

理论基础。中国发布的"一带一路愿景和行动"中，"一带一路"倡议被描述成"和谐包容"的，提倡各种文明和平共处，尊重不同国家所选择的道路和模式，秉承求同存异、取长补短的原则支持不同文明之间的对话。理性的思考是重要的，共情的智慧更需要挖掘。

　　全球化的发展使商业性的分工逐渐代替了自然性的分工，"民族—国家"之间的联系更加密切，因此，交往、沟通就成为民族国家之间不可避免的既定事实。马克思在《德意志意识形态》《1844 年经济学哲学手稿》《资本论》等著作中都对"交往"进行过论述。马克思认为，随着交往的不断深入，"各个相互影响的活动范围在这个发展进程中越是扩大，各民族的原始封闭状态由于日益完善的生产方式、交往以及因交往而自然形成的不同民族之间的分工消灭得越是彻底，历史也就越是成为世界历史。"① 著名的社会思想家杰里米·里夫金指出："在一个相互依存的一体化社会体系中，高度的同理心使日益分化的社会成员产生相互依赖感。这是文明必然会经历的发展过程，文明就是打破原有血缘纽带的'脱部落化'，并在'社团性纽带'的基础上将不同的社会成员重新组织在一起。同理心的拓展，使这种过渡与转变成为可能。当我们说'文明'一词时，就意味着'同理心'。"② 在世界性交往不可避免的情况下，"人类命运共同体"就显得更加顺应发展的历史，它不只是一个政治与经济命题，更是一个伦理与道德命题。当我们的道德天性与出色的国际政治交往创造性地紧密结合起来时，"人类就没有任何理由不充满希望"③。

　　"世界上最好的制度，只不过是不差而已，而且就算我们身处其中，还有很多要做的事。学习和他人共处就属于这种智慧"④。我们要尽力避免各种墙的思维与真实墙（如当年东德建的柏林墙，后来以色列建的隔离墙，以及美国建造的墨西哥边境之墙）的建造，努力培养共情的能力与共情的智慧，让"我"走近"你"与"他"，让"他者"成为"我们"，真正做到"与他者共在"。这需要一种"人类命运共同体"的思维与实践，需

---

　　① 马克思，恩格斯. 马克思恩格斯选集（第 1 卷）[M]. 北京：人民出版社，1995：78.
　　② 杰里米·里夫金. 同心心文明 [M]. 蒋宗强，译. 北京：中信出版社，2015：15 - 16.
　　③ 克里斯托弗·博姆. 道德的起源：美德、利他、羞耻的演化 [M]. 贾拥民，傅瑞蓉，译. 杭州：浙江大学出版社，2015：408.
　　④ 茨维坦·托多罗夫. 我们与他人：关于人类多样性的法兰西思考 [M]. 袁莉，汪玲，译. 北京：北京大学出版社，2014：363.

要一种"类"的感受性——如马克思所言"通过实践创造对象世界、改造无机界，人证明自己是有意识的类存在物"①。"人类命运共同体"中所包含的"包容""互鉴""尊重"的文明观，就是一种共情的文明观。当然，"人类命运共同体"这一构想，要想得到国际社会的响应与积极合作，就需要培养并发展一种共情的能力，丰富共情的智慧，其中最为关键的，就是我们每一个人，都要力求不只是"从我""为我"，而是"为他"，也更是为"我们"！

　　最后需要补充的是，强调共情的能力与智慧的培养，强调人类命运共同体这样的"我们"意识的价值，并不意味着简单的"同一"。人有人的不同，文化有文化的差异，即使是对小说、音乐、电影和人文著作的阅读，也是一千个读者眼里有一千个哈姆雷特。共情强调的是对话，一种换位式的对话——"这些谈话的情况适用于城市之间，宗教之间，阶级之间，性别之间，种族之间，性取向之间，几乎所有的差别之间"②。这种对话不一定要放弃自己的理解，但求在换位思考的基础之上获得一份同情式的理解。

---

① 马克思. 1844 年经济学哲学手稿［M］. 北京：人民出版社，2000：57.
② 夸梅·安乐尼·阿皮亚. 认同伦理学［M］. 张容南，译. 南京：译林出版社，2013：322.

# 第三编
## 国学的现代化
## 和文化转型

何尊铭文中的"中国"二字

# 论当代中华文化发展的
# 趋势和特征

荣跃明①

## 一、中华文化的内涵和特征

"中华文化"的内涵通常是指所有中国人共同拥有的文化。其特征包括：历史悠久，发展至今绵延五千年；虽历经曲折沉浮，但生生不息，历久弥新，表现出极强的生命力和旺盛的创造力；内涵丰富，善于兼容并蓄、吸收外来优秀文化，有极大的开放包容性和融合力；汉字是表征中华文化的语言文字，作为表意文字有着不同于拼音文字的独特文化优势；等等。中华文化的特征可以罗列很多，但要理解中华文化的精髓，必须从中国、中华民族和中华文化这三者关系中去把握。

"中国"一词，最早见于先秦西周青铜器何尊铭文中的"宅兹中国"，迄今已有3 000多年。而秦始皇统一中国，建立大一统封建王朝是在公元前221年。历史上，中国虽也有过数次分裂，但分久必合，最终都回归政治大一统。而中国历史演进的这一铁律，其根源在于中华文化始终奉行"民惟邦本""家国一体"等具有强大精神凝聚力的一系列核心价值和理念②。

"中华民族"一词虽然在近代才出现。在西风东渐的历史潮流中，在所谓民族—国家的政治语境下，中华民族与中国的关系被看成是民族—国

---

① 荣跃明：上海社会科学院文学研究所所长。
② 姜义华. 民族复兴的核心价值 [M]. 上海：上海人民出版社，2012.

家的一体两面，但实际并非完全如此。一是中华民族不是单一民族，而是由汉族加上几十个少数民族融合而成的民族共同体；二是不光生活在中国这片土地上的人民属于中华民族，还包括旅居海外的华人华侨；三是中华民族有着勤劳勇敢、爱国敬业的传统精神，中华民族与中国既是家国共同体，同时也是由中华文化认同而成的文明共同体。在这个意义上，中国是不同于民族—国家的文明型国家，中华文化是中华民族得以凝聚成家国共同体的精神纽带和心灵家园。

近代以来，实现中华民族的伟大复兴，一直是全体中华儿女的伟大梦想，无数能人志士为了这一梦想流血牺牲。中华民族还从来没有像今天这样如此接近这一目标。从根本上说，实现民族复兴中国梦就是实现中国的现代化，使中国成为屹立于世界民族之林的现代化强国。从中华文化、中华民族和中国三者关系看，实现民族复兴中国梦，必须传承和弘扬中华优秀文化传统，必须进一步激发当代中华文化发展的创新活力，必须全面完成中华文化的现代转型。

## 二、当代中华文化发展正在经历深刻转型

事实上，当代中华文化发展正在经历深刻转型。社会主义经济体制改革和对外开放，全面激发了中国经济社会的发展活力，四十多年来，中国经济保持了长期稳定增长；工业化、城市化和信息化同步推进，进一步加速了中国经济社会整体转型，既持续推动着社会结构的变化，也为社会文化的发展演进不断注入动力，而文化发展转型是中国经济社会整体转型的一部分。

中国是一个地域辽阔、地区发展差异水平巨大的国家。市场经济体制的确立，推动了农村人口高度流动并持续向沿海经济发达地区不断集中，既加速了城乡人口结构和社会阶层群体结构的变化，也促使人们就业、收入、消费方式的日趋多样化。从文化层面看，在对外开放不断扩大的背景下，中外古今各种思想、思潮、观念、理论轮番出场，相互激荡、交流、交锋、交融；传播新技术的广泛应用和新媒体不断涌现，在加强人们交流沟通和自由表达的同时，也对社会主流意识形态、价值观和伦理秩序带来严峻挑战和巨大冲击，并对文化生产方式造成巨大影响，人们精神文化需

求和满足方式更趋多元、多样和个性化；来自不同地域（包括境外）的人们的生活方式和文化习俗重叠交融，民间宗教和信仰日趋活跃，乡村地区传统民俗活动呈现复兴趋势，并随人口流动影响城市文化；城市地区的外来文化、流行文化、通俗文化成为时尚。思想观念、价值观和文化冲突碰撞已经成为常态。

中国作为世界第一大贸易国，经济总量已位列世界第二，价廉物美的中国制造商品经由全球供应链走向世界各地。当前，美国政府的"美国优先"，将美国利益凌驾于所有国家之上，挑起针对所有国家的贸易战，经济全球化因此遭受冲击，尤其是对新兴市场国家危害为甚；中国主张继续深入推进经济全球化，并倡议发起了不同于西方价值理念，"平等互利、合作共赢"的经济全球化中国方案："一带一路"。然而，中国经济对世界的贡献，却不断被西方中心论者妖魔化，被视为对西方文明的威胁。

从文化层面看，中国发展在世界上的境遇，一方面是中国人崇尚"桃李不言、下自成蹊"和"己所不欲、勿施于人"的美德，不具有主动对外传播文化的历史传统；另一方面是西方文化客观上的强势——无论是在话语、舆论还是在传播手段方面。历史上，中华文化曾在世界上产生过很大影响，并在东亚地区形成了所谓"汉文化圈"，周边国家如日本、朝鲜、越南等因仰慕中华文化而主动学习之，从使用汉字、学习先进的生产技术到采纳中国的制度，等等，但这些都不是中国主动对外传播文化的结果。今天，中国发展已具有了全球性，中华文化应借由积极主动地对外传播而成为全球性文化，如此才能更好地支撑"一带一路"建设。

上述内外两方面的发展趋势都在加快中华文化的现代转型。

### 三、文化发展转型的本质是价值观转型

文化发展的转型，本质上是价值观转型。就中华文化发展的现代转型而言，至少有以下几层内涵。

一是社会主流价值观将完成由物质主义向后物质主义的转变[①]。随着经

---

[①]　罗纳德·英格尔哈特. 发达工业社会的文化转型 [M]. 张秀琴，译. 北京：社会科学文献出版社.

济增长，人们生活水平不断提高，社会保障体系覆盖城乡社会和小康社会全面建成，人们的思想观念和生活方式将逐步摆脱物质主义对人心的束缚，金钱不再是衡量人生意义的唯一价值，以人为本的理念促使公共政策排序从效率优先转向既要有效率更要讲公平的价值追求，以法制为基础的公平、正义和人与人之间的信任关系将在社会秩序和道德伦理重建中得以落实。

　　二是在凝聚社会共识基础上形成中华文化的当代核心价值。在中华民族伟大复兴进程中，当代中华文化正呈现前所未有、纷繁多样而极具内在张力的发展景象。所谓极具内在张力是指在思想文化层面上，当代中华文化实际上充满了内在矛盾和冲突，还处在缺乏共识的阶段。一方面，"直面中国堆积如山的大大小小各色各样问题，人们提出了互相矛盾的无数建议：从怀念一律公有、计划经济、吃大锅饭、所有人都只能凭票证得到有限供应的'平等'，到力主全盘私有化、不受限制的自由竞争，以及人人在市场交易契约关系中的平等；从倡导新权威主义，到倡导与之截然对立的新自由主义；从确保人们成为'经济人'、实现利益最大化，到努力保障每个人都能自由而全面地发展；从法律至上、宪政至上的'正义'与'公平'，到理想至上、道德至上的'正义'与'公平'；如此等等，这些主张彼此完全抵牾，但每一主张都振振有词，似乎都真理在握"①。另一方面，香港、澳门已回归祖国，而台湾尚未完成与大陆的统一。而切实有效地落实"一国两制"，全面完成中华民族统一大业，需要港澳台全体民众在文化层面上形成对中华文化、中华民族的国家认同。而上述两个过程，都有赖于多元、多样的中华文化加快融合发展。当然，中华文化的当代融合发展，不仅要实现马克思主义中国化，传承和弘扬优秀传统文化，还要广泛吸收优秀外来文化；不仅要体现大陆社会主义制度的主体特征和主导地位，同时还要充分兼顾中华民族多元一体的结构特征，即"一国两制"下差异化的海峡两岸经济社会现实，以及海外华人华侨认祖归宗的中华文化信仰追求。

　　三是中华文化在走向世界的过程中要在价值观层面上提出具有全球性普遍意义的核心价值。在西方文化占据强势地位的当今全球文化格局中，中华文化被视为一种历史悠久的传统文明形态。伴随"一带一路"全面深

---

　　① 姜义华. 民族复兴的核心价值［M］. 上海：上海人民出版社，2012：7-8.

入展开，中华文化走出去不仅要向世界呈现中华民族的悠久历史和中华文化的璀璨辉煌，更重要的是要展现当代中国人的精神面貌和心灵世界，而核心是要向世界清晰地表达中国作为社会主义现代化强国，将与世界各国和各种文明形成怎样的关系。中国提出的"人类命运共同体"理念，已经在世界上产生了一定影响，得到了广大发展中国家人民的呼应。而这一理念要被世界各国人民广泛认同和普遍接受，成为体现中华文化当代全球性的核心价值理念，还需要在话语理论、知识体系、表达形式和传播手段上进一步系统化。

四是全面完成中华文化的现代化转型，使中华文化的当代核心价值形成文化实践新路径并获得艺术审美表达新形式。当代中华文化核心价值的形成和凝聚，不仅需要在观念层面上让各种思想观念充分交流和碰撞，促使各种思想观念在交锋和比较中去伪存真、去粗取精，并逐步汇聚成主流，进而凝聚成共识；同时需要在文化实践层面上，从人文社会科学各学科思想理论到各种社会思潮，从文学、戏剧、影视、音乐、舞蹈、美术、曲艺等各门艺术的传统经典和高雅形式，到大众文化、通俗文化、流行文化、民间民俗和信仰，积极推动各种样式和形态的文化艺术繁荣发展，使之在百花齐放中得到充分展示，进而促使我国各地域各民族优秀文化在融合发展中，形成足以表征当代中华文化精髓的新形态和新样式。毫无疑问，这是一项极其艰巨的历史使命。

## 四、当代中华文化发展的趋向：建构人类新文明

当今世界正处在国际经济政治秩序全面深刻的调整期。美国凭一己之力难以维持独霸世界的单极格局；曾经表达了因西方冷战胜利而产生狂喜情绪的"历史终结论"已经终结；而资本主义自由民主制度也陷入了一系列困境。在充满复杂和不确定性的形势面前，人类发展又到了新的十字路口，世界将走向何处？

社会主义制度作为人类追求幸福的另一种发展模式，从来不容于资本主义意识形态，攻击、诋毁和颠覆社会主义制度是资本主义意识形态长期不变的本质。在与资本主义制度的长期竞争和对抗中，社会主义中国遭遇过种种挫折和发展低潮，但中华民族选择社会主义发展道路和模式，是近

代中国遭受了深重压迫和剥削后奋起反抗的历史必然。

由建立社会主义市场经济体制引发的社会秩序重建，最终将在中华文化的现代化转型中全面完成，中国特色社会主义现代化建设将充分展现中华民族勤劳、智慧、富裕、包容、谦和的现代文明新形象。中国特色社会主义文明发展新模式，将以更加高效的社会生产力、财富创造力和公平正义，为中国人创造幸福生活，让全世界分享发展成果和机会。

20世纪的历史表明，资本强权、意识形态对立和西方文化中心论都无法给全世界带来普遍持久的和平、发展和幸福；新形势下，世界发展的未来需要新的文化实践和意识形态表达，从而凝聚国际社会共识，引领人类社会更好地实现自身的发展。主张多元文化共存，推进不同文明之间交流互鉴，反对以政治、经济、文化和军事强权推进所谓的普世价值，构建以文化多样性为基本特征的人类社会新秩序，日益成为世界大多数国家和人民的衷心期盼。中国主张国家不分大小和强弱，各国人民都有权选择符合自己国情的发展道路；强调在相互尊重和平等基础上，与世界各国建立友好关系，开展互利互惠的合作。"人类命运共同体"理念正是中华优秀传统文化的当代延续；同时，在持续演变的国际经济政治格局中，作为世界上最大的发展中国家，中国以互信、包容、合作、共赢理念展现了中国特色社会主义文明发展新模式，并将这种文明新理念以"一带一路""亚投行"等形式付诸实践。中国不仅积极参与全球治理，还将在国际经济政治秩序重建中发挥更大影响力。更重要的是，中国特色社会主义道路、制度和理论实践将为世界发展提供国际社会普遍期待的新理念、新思想和新文化，从而以人类文明的新形态影响世界发展。

中国将以"各美其美、美美与共"① 的价值理念，构建社会主义中国与资本主义发达国家之间的新型大国关系，同时处理好与世界上其他力量中心和文明的相互关系，积极寻求人类文明的多元共处，与世界各国人民分享利益、谋求合作共赢，共同构建人类新的文明形态；在"和而不同"的基础上实现世界和谐，从而保障人类社会的长久和平和共同发展。

---

① 费孝通. 中国文化的重建［M］. 上海：华东师范大学出版社，2014：287 - 299.

# 建立"史记学"，促进中华优秀经典传承

张新科[①]

　　《史记》是中华优秀传统文化的经典，其中蕴含着丰富的思想内涵，体现着我们的民族精神。由于它独特的价值，所以受到历代学者的重视，乃至于逐渐成为一门重要的学问，宋代王应麟《玉海》卷四十六云："司马氏《史记》……《史记》之学，则有王元感、徐坚、李镇、陈伯宣、韩琬、司马贞、刘伯庄、张守节、窦群、裴安时。"由此认为"史记之学"形成于唐代，这是有道理的。唐之后的《史记》之学继续发展，但还没有上升到更高的理论体系建构。时至今日，深入研究《史记》并建立体系完整的"史记学"，是弘扬优秀传统文化的重要内容之一，也是文化自信的体现，对于繁荣学术，促进经典传承，把中华优秀文化及其研究成果推向世界具有重要意义。

## 一、《史记》是"史记学"建立的重要前提

　　建立"史记学"，首先是由于《史记》这部巨著本身具有重要的文化价值。《史记》是我国第一部纪传体通史，记载了从黄帝到汉武帝时期中华民族三千年的历史，是一幅广阔的历史画卷，历代的帝王、贵族，各种大小官僚、政治家、军事家、文学家、经学家、说客、策士、刺客、游侠、商贾、卜者、俳优等，都出现在司马迁的笔下。《史记》"八书"还记

---

　　① 张新科：陕西师范大学文学院教授。

载社会的典章制度，反映了人与自然、人与社会、人与人的关系等，呈现出了一种立体化的社会。《史记》在许多方面突破了传统的旧观念、旧思想，表现出卓越的史识。《史记》体现了中华民族的智慧和力量，展现了中华民族维护统一、积极进取、坚韧不拔、革故鼎新、爱国忧民等民族精神①。《史记》在历史真实的基础上，运用文学笔法，刻画了许多鲜明的历史人物形象，是文史结合的典范。《史记》是先秦文化的集大成，又是汉代文化的代表，以其深刻的思想、丰富的精神、独特的艺术对中国文化产生了广泛而深远的影响，成为中国文化史上一座巍峨的丰碑，正如清人李景星《史记评议·序》所说："由《史记》以上，为经为传诸子百家，流传虽多，要皆于《史记》括之；由《史记》以下，无论官私记载，其体例之常变，文法之正奇，千变万化，难以悉述，要皆于《史记》启之。"毋庸置疑，《史记》也是世界文化宝库中一颗璀璨的明珠，齐思和先生曾评价道"正如苏联学者图曼所说：'司马迁真正应当在大家公认的世界科学和文学泰斗中占有重要的地位。'当《史记》出现的时候，在全世界范围内，中国和古希腊罗马的史学最为发达……和希腊史学名著比起来，《史记》的特点在于它的全面性，尤其是对于生活活动、学术思想和普通人在历史上的地位的重视。希腊历史学家的著作，往往集中到一场战争，重视政治、军事。普鲁塔克的传记汇编所收的人物也限于政治家和军事家，即使是最著名的希腊思想家、科学家如亚里士多德，在他的著作中也没有一字提到，更没有一个关于从事于生产活动者的传记了。"②《史记》是中国和世界文化史上的经典著作，具有丰富的文化内涵和价值，这是它成为一门学科的关键所在，也是"史记学"建立的重要前提。

从汉代开始，两千多年来的《史记》研究积累了大量资料，为"史记学"的建立奠定了坚实的基础。这个研究基础有以下几个重要特点。

第一，时间跨度长，地域分布广。《史记》以其自身的魅力赢得后人的推崇，在两千多年的历史长河中显示出强大的生命力。《史记》研究从汉代起步，愈来愈深入，逐渐形成了"史记学"。而且由于《史记》巨大的文化价值，南北朝时期就已传播到朝鲜半岛，隋朝时传播到日本，此后

① 张新科. 史记与中华民族精神塑造 [N]. 光明日报，2017-4-16.
② 齐思和.《史记》产生的历史条件和它在世界史学上的地位 [N]. 光明日报，1956-1-19.

传播到欧洲①。从时间上看，传播到海外至今也已一千多年，从空间上看，其影响力不断扩大，从国内到国外，从东亚到西欧，逐步成为世界性的文化经典，成为世界汉学家关注和研究的对象。

第二，成果形式丰富多样。传统的《史记》研究成果，以札记、短评、序跋、书信、点评、注释、论文、著作等形式为主。20世纪以来，在这些形式基础上又有较大发展，成果形式最多的是赏析、论文和专题著作，体现了《史记》研究的主体方向。尤其是专题著作，比传统的《史记》研究著作更富有理论性和系统性，是成果形式的一大发展。古今以来的《史记》研究成果，其内容或版本校勘，或考证史实，或评论章法结构，或批评历史人物，或探讨理论问题，或研究之研究；其方法或集解，或集评，或宏观研究，或微观考察。成果的多样性说明《史记》研究的兴盛与繁荣。

第三，学科领域广泛。由于《史记》具有百科全书的特点，所以，研究成果也涉及众多领域，散见于各类典籍之中，以史学、文学为主干，其他还有哲学、政治学、经济学、军事学、地理学、民族学、天文学、教育学、人口学、医学、档案学等。即使是史学、文学，其中又有考古学、校勘学、版本目录学、语言学等。而且，由《史记》研究引发到"史记三家注"研究，如程金造《史记索隐引书考实》、张衍田《史记正义佚文辑校》、应三玉《史记三家注研究》等，也引发到对《史记》研究著作的研究，如对明代凌稚隆《史记评林》、清代吴见思《史记论文》、清代牛运震《史记评注》等著作的研究，这是与《史记》密切相关的研究领域。

第四，专门性与非专门性成果结合。《史记》作为文史结合的典范，被广大的读者接受，这种接受包括普通读者阅读欣赏《史记》的"审美效果史"、评论家对《史记》的"意义阐释史"、文学家对《史记》学习并进行创作的"经典影响史"。对于《史记》意义的阐释，是《史记》研究资料的核心部分，以专门性的资料为主流，如《史记》三家注、《史记钞》《史记评林》《史记论文》《史记评注》《史记菁华录》《史记志疑》等，除此之外，还有大量非专门性资料，古文选本如《文章正宗》《古文眉诠》《古文析义》《古文观止》等，小说评点如评《水浒传》《三国演义》《西游

---

① 张新科，李红.《史记》在国外的传播与研究［J］. 博览群书，2015，372（12）：94-98.

记》《红楼梦》《聊斋志异》等，史学评论如《史通》《文史通义》等，笔记如《习学纪言》《容斋随笔》《焦氏笔乘》《义门读书记》《日知录》等，文学评论如《文心雕龙》《艺概》《论文偶记》等，乃至于大量的序跋、书信、札记、咏史诗、戏曲、小说等，都对《史记》研究有一定帮助。

第五，文人学者的研究资料与民间资料、乡土资料与考古资料的融合。《史记》一书纵横三千年历史，在撰写过程中采纳了各类资料，包括先秦典籍、汉代朝廷藏书、档案及个人实地考察收集的民间资料等，类型十分丰富。唐代司马贞《史记索隐后序》说："太史公之书，既上序轩、黄，中述战国，或得之于名山坏壁，或取之以旧俗风谣。"① 所谓的"名山坏壁""旧俗风谣"，指的就是民间资料。与此相适应，研究成果也呈现出文人学者论著与民间资料相融合的特点。由于《史记》在文人学者中传播和研究的范围最广，于是，这类人的研究成果最为突出。与此同时，民间的许多乡土资料（如司马迁故乡韩城市有关司马迁的传说、风俗等）也是重要的组成部分。特别是考古资料的不断出现，为《史记》研究提供了新的依据、新的思路。《史记》所记载的历史是否真实可靠，许多已被考古材料所证明，或者纠正。王国维的《殷卜辞中所见先公先王考》《殷卜辞之所见先公先王续考》，是最早利用甲骨文考证《史记》的论著，证实了《史记·殷本纪》所载殷先公先王的真实性。郭沫若的《中国古代社会研究》一书，运用甲骨文、金文研究殷周社会，其中多处将甲骨文与《史记》记载比较研究。陈直的《史记新证》亦是利用考古资料研究《史记》的代表作。山东银雀山汉墓、长沙马王堆汉墓、临潼秦始皇陵及兵马俑、广州象岗山南越王墓等许多考古成果为《史记》研究提供了非常重要的第一手资料。

从发展的角度看，两千多年的《史记》研究资料体现出如下特点。

第一，从成果文本看，经历了钞本向印刷本的变化。唐代以前的《史记》文献，以手写本的形式呈现，书写的媒介有简牍、帛书和纸张等，但不易保存，散失较多。如《隋书·经籍志》《旧唐书·经籍志》《新唐书·艺文志》所记载的汉唐以来的《史记》著作有柳顾言《史记音解》三十卷，许子儒注《史记》一百三十卷、《史记音》三卷，刘伯庄《史记音义》

---

① （唐）司马贞：《史记索隐后序》，见中华书局点校本《史记》第十册附录。

二十卷、《史记地名》二十卷，王元感注《史记》一百三十卷，李镇注《史记》一百三十卷、《史记义林》二十卷，陈伯宣注《史记》一百三十卷，徐坚注《史记》一百三十卷，裴安时《史记纂训》二十卷等，这些注本都已散佚。到了宋代及以后，随着印刷技术的不断发展，《史记》的刊本愈来愈多，保存下来的研究成果也较为完备，直到我们今天的电子文献，更是一种先进的文献类型。

第二，从评论、研究的角度看，由零散、感悟式的评论发展到系统化、理论化的专题研究。早期的《史记》研究，大多是零散、感悟式的评论，三言两语，简明扼要，如汉魏六朝以来评论司马迁的"爱奇"问题，"史公三失"问题，班马异同问题等。"三家注"形成之后，逐渐有了系统性的研究，出现专门的研究著作，明清以来一直到今天，理论性、系统性的专题研究愈来愈明显。这种专题研究有几个明显的特点：一是突出问题意识，以问题为导向，层层深入；二是以理论为统帅，系统性强；三是以资料为依据，不空发议论；四是视野开阔，纵横开拓。这种理论研究，除了专著之外，还表现在数量众多的学术论文（包括硕士、博士学位论文）中，《史记》研究的最新成果往往首先从这些论文中体现出来，它们也是"史记学"向纵深发展的重要标志。据初步统计，仅 1905—1998 年，各类《史记》研究论文就已达 2 269 篇[①]。资料显示，仅中国史记研究会主办的《史记论丛》1~12 集刊发的论文就多达 897 篇，《渭南师范学院学报·司马迁与史记研究》栏目于 1989—2015 年刊发《史记》论文 380 篇[②]。可见 20 世纪以来《史记》研究论文的数量日益剧增。随着研究的不断深入，对《史记》研究之研究也已展开，如张新科、俞樟华《史记研究史略》，杨海峥《汉唐〈史记〉研究论稿》等，或系统勾勒《史记》研究史，或选取某一阶段的《史记》研究进行研究；日本学者池田英雄《史记学 50 年——日中〈史记〉研究的动向（1945—1995 年）》，比较分析了中日 1945 年至 1995 年的《史记》研究，等等。

第三，从成果特征来看，个人著作始终占主导地位，但也已开始集成式的研究。由于学术研究的特殊性，对《史记》的研究往往是个体独立思

---

① 安平秋，张大可，俞樟华. 史记教程［M］. 北京：华文出版社，2002：9.
② 张大可，丁德科，丁波. 中国史记研究会十五年（第 6 卷）［M］. 北京：中国文史出版社，2015：191、385.

考、独立研究，因此，无论是论文还是著作，基本以个人为主。当然，古代就有人开始把不同学者的成果汇集在一起，以给读者提供较为丰富的信息。在《史记》研究史上，作为资料与研究集大成的著作，南朝刘宋时期裴骃的《史记集解》就已开了先河，到唐代形成了著名的"三家注"，可以说是《史记》研究的第一个里程碑。到明代出现以凌稚隆《史记评林》为代表的著作，汇集历代评论，具有重要的意义。清代程余庆的《历代名家评注史记集说》，继承了《史记评林》的传统，亦具有集大成的特点。20世纪30年代，日本学者泷川资言《史记会注考证》汇集中日《史记》研究成果，主要以文字训诂、史实考证等为主，同样具有集大成的特点。当代以来，韩兆琦从他的《史记选注集说》，到《史记选注汇评》，再到最新的《史记笺证》，一直关注汇评工作。杨燕起等编纂的《历代名家评史记》精选1949年之前的《史记》评论资料，给研究者提供了方便。张新科等主编的《史记研究资料萃编》进一步发展，将评论延伸到当代，并按专题形式编排，使汇评工作有了新的拓展。近年来，张大可、丁德科主编《史记论著集成》，汇辑当代学者的专题研究成果，也具有重要意义。赵生群主持修订中华书局《史记》点校本，在校勘方面吸收各家而自成一家，使《史记》校勘更上一层楼。

第四，从发展趋势看，《史记》研究由"史料学"逐步向"史记学"发展。《史记》是史学著作，所以，历代研究首先从史料、史学入手，探讨其真实性及历史价值。传统的《史记》研究，重在搜集史料，考证史料和文字，从"三家注"开始大多如此，尤其是清代乾嘉学派对《史记》的人名、地名、官爵、人物、史实、文字音韵、文献来源等的考证，使《史记》的史料学研究达到顶峰。这种细致的考证研究，是最基础的且必不可少的，对于澄清历史史实、认识《史记》的史料价值具有重要意义。20世纪以来，"史料学"研究仍然是《史记》研究的重要内容之一。尤其是对《史记》的许多疑案研究，如司马迁生卒年问题、司马谈作史问题、《史记》断限问题、《史记》缺补问题、《史记》倒书问题、《史记》版本问题等，一直是研究的热点。王国维、顾颉刚、余嘉锡、朱东润、郭沫若、王达津、程金造、郑鹤声、金德建、贺次君、施丁、李人鉴、安平秋、曲英杰、韩兆琦、张大可、袁传璋、赵生群、张玉春等，在这些方面取得重要成就。研究"史料学"是研究《史记》的重要方法之一。同时，20世纪以来，随着学术的不断发展，《史记》研究也由"史料学"向"史记学"转化。因为《史记》不是一般的史料汇编，司马迁要"究天人之际，通古今之变，成一家之言"，这是《史记》之魂。从史料的整理和挖掘中分析司马迁思想，通过具体材料探讨《史记》丰富的思想内涵及其价值，上升到"史记学"的理论高度，是《史记》研究的必经之路。也有学者在传统的"史料学"研究考证中提出一些理论问题，如"史公三失"、班马异同、司马迁"爱奇"、司马迁寓论断于叙事之中、司马迁运用互见法等。但是，这些问题只是提出来了，还没有很好地、系统地论述和解决，有些还只停留在表面，有待于深入探究。20 世纪初期已开始了理论的探讨，如梁启超、蔡尚思、徐浩、杨启高、李长之等对《史记》纪传体体例、《史记》的成因及《史记》的文章风格等进行了较为深入地探讨。这种系统性的、规律性的探讨，在现代以来有了较大发展，尤其是改革开放以来，随着思想的解放，这种研究取得了突破性进展①。其中所探讨的问题，深入《史记》的灵魂深处，着重挖掘《史记》的史学价值、思想价值，提升了《史记》研究的内涵，为"史记学"体系的建立打下了坚实的基础。

建立"史记学"，也是当前文化发展和文化建设的需要。《史记》是中华优秀文化经典之作，它所体现的大一统思想、中华民族皆为黄帝子孙的思想、爱国思想，所表现的积极进取精神，求实创新精神等，都对当今社会有积极作用。我们之所以把"史记学"作为一门学科，就是要弘扬这些有价值的人文精神。尤其是大一统思想，对于凝聚中华民族的团结精神，更具有十分重要的现实意义。《史记》所表现的人文精神，经过不断的净化、升华之后变为我们的现实精神。《史记》中许多人物积极进取、刚强不息、勇于革命，对民族精神的形成起了重要作用，是我们民族宝贵的精神财富。建立"史记学"，是当前传承中华优秀文化的需要，也有利于中华经典文化的广泛传播。中共中央办公厅、国务院办公厅《关于实施中华优秀传统文化传承发展工程的意见》中强调："中华优秀传统文化，积淀着中华民族最深沉的精神追求，代表着中华民族独特的精神标识，是中华

---

① 张大可《三十年来史记研究述评》《史记的民族凝聚力与研究现状》（收入作者再版的《史记研究》一书，华文出版社 2002 年版），肖黎《建国以来史记研究情况述评》（载《社会科学研究》1983 年第 5 期），曹晋《史记百年文学研究述评》（载《文学评论》2000 年第 2 期），陈桐生《百年史记研究的回顾与前瞻》（载《文学遗产》2001 年第 1 期），张新科、俞樟华《史记研究史略》（三秦出版社 1990 年版）等论著对此均有详述。

民族生生不息、发展壮大的丰厚滋养，是中国特色社会主义植根的文化沃土，是当代中国发展的突出优势，对延续和发展中华文明、促进人类文明进步，发挥着重要作用。"《史记》作为优秀传统文化的代表，是三千年中华文化的总结，其蕴含的价值非常丰富，值得深入挖掘和研究。从发展学术的角度来说，现实的变革促进人们思想观念的变化，也促使人们不断根据新的时代要求去深化传统经典的研究，以期从中吸取当今时代所需要的营养。司马迁《高祖功臣侯者年表序》："居今之世，志古之道，所以自镜也。"① 因此，"史记学"对当代的学术发展具有重要的现实意义。改革开放以来，围绕着司马迁及其《史记》，人们展开了多方面的研究，研究领域不断扩大，除了史学、文学外，还涉及哲学、美学、经济学、军事学、天文学、医学、教育学、建筑学、民俗学、地学、神话学等；研究的问题也在不断地深入，甚至组成了司马迁研究的学术团体，这对于繁荣学术、发展学术起了积极作用。我们还应看到，"史记学"的发展，为考古学、民族学、地理学等其他学科也提供了重要的基础资料。并且，司马迁继承父业，以强烈的使命感，担当起编纂历史的重任，不虚美、不隐恶，以求实创新的精神和顽强的毅力，去完成编纂《史记》的伟大事业，这种治学精神在今天仍然具有积极的现实意义。

## 二、建立"史记学"，对认识和研究汉代文化具有重要意义

《史记》是先秦文化的集大成，同时又是汉代文化的代表，以此为突破口研究汉代社会，无疑是一条重要途径。而且，司马迁创作《史记》的目的是"究天人之际，通古今之变，成一家之言"，这是史学家、哲学家的使命。正如梁启超在《中国历史研究法》中所说："迁著书最大目的乃在发表司马氏一家之言，与荀况著《荀子》，董生著《春秋繁露》性质正同，不过其一家之言乃借史的形式以发表耳。故仅以近代史的观念读《史记》，非能知《史记》者也。"研究汉代史学、哲学，离不开《史记》，"史记学"的研究历史也证明了这一点。进一步来看，"史记学"的建立，可以对我国史学的产生、发展、演变提供某些规律性的论证。先秦时期已有

---

① 司马迁. 史记［M］. 北京：中华书局，1959：878.

编年、国别等史学著作，《史记》的出现，无论从史学意识、史学目的、史学编纂，还是史学规模、史学语言等方面来看，都是中国史学史上的一次革命。而后来的史学，尤其是"二十四史"，基本是沿着司马迁开创的史学道路继续前进。因此，"史记学"的建立，将有助于我们认识中国史学的源流及其发展，探寻史学发展中的核心问题。再以文学而言，司马迁在历史真实的基础上，施展文学才华，使《史记》成为中国叙事文学的里程碑。先秦时期的叙事文学，以历史散文中的《左传》《国语》《战国策》为主，《史记》继承了它们的长处，并吸收了抒情文学如《诗经》《楚辞》，政治哲学著作如诸子百家等的精神，成为先秦文学的集大成和汉代文学的典型代表。后来的文学，都从它这里吸取了营养。如古代的散文，唐宋八大家、明代的前后七子和唐宋派、清代的桐城派都高举学习《史记》的大旗，由此《史记》成为中国古典散文的千秋宗匠。其他文学样式如传记、小说、戏剧、辞赋等都与《史记》有密切关系，甚至司马迁提出的"发愤著书"理论对于中国古代文学批评也产生了深远影响。因此，建立"史记学"，对于中国文学发展的来龙去脉也会有更深入的认识。

　　建立"史记学"，也具有重要的世界意义。《史记》在世界各国都有一定的影响。《北史·高丽传》记载，唐以前"三史"已传到朝鲜半岛。目前，已有多个文版《史记》问世。据覃启勋《史记与日本文化》一书考证，《史记》在公元600年至604年之间由第一批遣隋使始传至日本，明清之际，是《史记》东传日本的黄金时代①。在日本，已经形成一支实力强大的《史记》研究队伍，仅近现代而言，颇有影响的专家有泷川资言、水泽利忠、宫崎市定、野口定男、加地伸行、池田芦洲、池田英雄、伊藤德男、今鹰真、藤田胜久、小泽贤二等百余人。《史记会注考证》《史记会注考证校补》《史记研究书目解题》等，都是颇有特色的著作。欧美国家的《史记》研究也有较大成就，如法国的沙畹、康德谟、吴德明，美国的华兹生、倪豪士、侯格睿、杜润德、王靖宇、汪荣祖等②。当然，国外的《史记》研究还很不平衡，也存在不少问题；并且，国外研究成果被介绍进来的也不多。随着中国对外开放政策的实行，各国的文化交流日益频

---

　　① 覃启勋. 史记与日本文化［M］. 武汉：武汉大学出版社，1989：41.
　　② 关于海外《史记》研究情况，详见张新科等《史记在国外的传播与研究》一文，载《博览群书》2015年第12期。

繁。建立"史记学",可以在原有基础上进一步扩大和加深国际合作与交流,促进中国文化走出去。

"史记学"的建立,也具有重要的文化教育意义。读史使人明鉴,从事《史记》研究,建立"史记学",有助于我们对历史进行反思,在认识历史的同时,认识自我,也有助于我们提高认识社会的能力,完善自身的人格结构。同时,《史记》也是我们民族智慧的结晶,其中的治国理政思想、道德观、价值观、义利观等,对当今治理天下及培养人们高尚的道德节操具有积极的作用。习近平总书记于 2015 年 2 月 15 日在陕西考察时讲道,对历史文化,要注重发掘和利用,溯到源、找到根、寻到魂,找准历史和现实的结合点,深入挖掘历史文化中的价值理念、道德规范、治国智慧。比如,司马迁的《史记》、班固的《汉书》中所凝结的先人智慧,对今天治国理政有不少启示。他指出,发掘和利用工作做好了,才能去粗取精、去伪存真、古为今用,做到以文化人、以史资政。《史记》是"以文化人"的极好教材,应该得到开发和利用。并且,《史记》借助文学的手段,以美的语言、美的结构、美的形式,使传主的生命价值得以很好地展现出来,并产生美感效应。正如茅坤所说:"读游侠传即欲轻生,读屈原、贾谊传即欲流涕,读庄周、鲁仲连传即欲遗世,读李广传即欲立斗,读石建传即欲俯躬,读信陵、平原君传即欲养士"①。这样的传记效果,是任何说教形式都难以达到的。因此,建立"史记学",以史为鉴,是文化传承的重要内容之一。

### 三、以综合化之路建构"史记学"

建立"史记学",既有历代积淀的雄厚基础,又有重要的文化价值和意义。那么,如何建立这门既具有历史意义又具有现实意义的学科?笔者曾对此提出一些看法,主要有走综合化之路,以理论作统帅,采取多样化的形式、生产化的方式,以世界化为目标,进行立体化研究②。当然,建立一门学科,绝不是一蹴而就的,需要长期的积累,以上这些工作仍然是

①　参见《茅鹿门先生文集》卷一,《史记评林》卷首引。
②　笔者《史记学概论》(商务印书馆 2003 年出版)一书曾对"史记学"的范畴、特征、源流、价值、发展趋势等问题进行了探讨。

今后需要努力的方向，要以科学求实的态度对待优秀经典著作，尤其是需要不断加强和提升理论的探讨。在此，笔者特别强调两项重要的基础性工作，即《史记》的普及化和数字化。

建立"史记学"，需要有广泛的群众基础。因此，文史工作者要以普及《史记》为己任，针对不同层次、不同年龄的人群，采取不同的普及方式，扩大《史记》传播范围，使经典著作深入人心。《史记》具有百科全书的特点，其传播范围当然不只是史学、文学；并且《史记》不只是文人雅士的案头著作，也是普通大众的必读书目；不只是大专院校青年学生的必修课程，也是干部培训的极好教材；不只是中国文化的经典，也是世界文化的经典，应在世界范围内传播。开设课程、专题讲座，编写普及读物，运用广播、电视、网络等各种形式，形成普及《史记》的强大阵势，使更多的人认识《史记》的巨大价值、认识司马迁的伟大精神，认识中华优秀文化的内在魅力。如果没有广泛的传播和普及基础，"史记学"也就失去了依赖，失去了生命力。当然，普及与提高是一个统一体，普及是为研究打基础，且把《史记》研究成果传播到更广的范围，也是一种普及。

现代科技的快速发展，为学术研究插上了新的翅膀。《史记》研究，是精神生产，生产工具也应随着时代而变化。我们在进行综合化工作时，依赖于科学技术手段，其中最重要的乃是电子计算机及网络技术的使用。先进科学技术的使用，对于《史记》资料中心的建立及广泛传播《史记》和其研究成果具有重大意义，甚至会引起革命性的变化。网络技术使查阅资料更为方便，使研究数字化，研究手段的更新为新的研究奠定良好基础。目前，有关单位正在进行大规模的《史记》数据库建设，不仅将《史记》按照一定的主题模块数字化，而且将古今中外的《史记》研究成果分门别类进行数字化处理，为研究者提供极大便利，这是一项非常有意义的工程，也是建立"史记学"的奠基工作。

当然，"史记学"能否建立、能否发展，起决定作用的还是研究主体——人。研究者必须具有一定的素养。唐代史学理论家刘知几认为："史才须有三长，世无其人，故史才少也。三长，谓才也、学也、识也。"[①]

---

① 刘昫. 旧唐书・刘子玄传 [M]. 北京：中华书局，1975：3173.

清代章学诚于《文史通义》"史德"篇中又加一"德"字①。可见《史记》研究者只有具备多方面的素养，才能担当起重任，才能鉴别史料的真伪、源流，才能从繁杂的资料中分析问题、解决问题。

"史记学"不同于其他学科，从本质上说是人文社会科学的一个分支，具有多学科性。它的建立与发展，与史学、哲学、文学、民族学、地理学、政治学、经济学、军事学、档案学等，都有一定的关系。但"史记学"的体系构架应该是以史学、哲学、文学作为最重要的支柱学科。总之，需要各学科共同努力，建立起独具特色的新学科，促进学术发展，促进中华优秀文化的传承。

"史记学"的发展，经历了两千多年，经过无数学者的不懈努力，逐步发展壮大，尤其是 20 世纪以来，"史记学"发展到一个新的阶段。由于《史记》具有深刻的思想内涵和完整的体系，能使有价值的生命走向永恒的时间和无穷的空间，"史记学"也将具有它的无穷魅力和生命力，愈来愈受到人们的重视，对此，我们充满信心。

---

① 章学诚. 文史通义校注 [M]. 叶瑛，校注. 北京：中华书局，1985：219.

# 社会转型期国学现代化的
# 特点及其发展趋势

柏俊才[①]

国学是目前学术界讨论的热门话题之一，无论是颇有研究的学者还是仅能识文断句的普通百姓，都能谈一点国学。"天下皆知美之为美，斯恶已。皆知善之为善，斯不善已。"[②] 在全民喜谈国学的今天，笔者也在考虑国学的"美""善"问题。在我国由传统社会向现代化转型时期，如何正确认识国学，并使之为现代化建设服务，是我们每一个学者都应该认真思考的问题。

## 一、国学概念的重新审视

什么是国学？这是当代讨论最为热烈的话题，概念层出不穷，新说不断，聚讼不已，莫衷一是。如赵吉惠先生认为，今天的国学，虽然还是中国的历史、文化的全部……还包括本是外域之学而逐渐被中华民族所消化、吸收、认同或再创造的那部分文化[③]。季羡林先生认为，56 个民族创造的文化都属于国学的范围，而且后来融入中国文化的外来文化，也都属于国学的范围[④]。王富仁先生认为国学是由民族语言和民族国家这两个因素构成的学术整体[⑤]。袁济喜先生认为国学是运用现代立场与眼光来研究

① 柏俊才：陕西师范大学文学院教授。
② 陈鼓应. 老子今注今译 [M]. 北京：商务印书馆，2016：80.
③ 赵吉惠. 国学是历史文化现象 [J]. 中国社会科学院研究生院学报，1996 (3)：1-6.
④ 季羡林. 国学应该是"大国学" [N]. 人民日报海外版，2007-6-22 (1).
⑤ 王富仁. "新国学"论纲（下）[J]. 社会科学战线，2005 (3)：85-110.

中国传统学术的一门学问①。陈来先生认为，国学是研究中国历史文化的学问体系②。郭齐勇先生认为国学是中国传统文化的通称③。姜寿田先生认为国学是本土固有之学④等。这些学者从自身出发，阐释了自己对国学的理解。如果我们仔细推敲，就会发现他们所说的国学，在概念的内涵与外延上均不尽相同。这使得众说纷纭的国学，更增添一层迷雾，国学如此之美，我们却难以诠释。陈寅恪先生曾经说："盖一时代之名词，有一时代之界说。其含义之广狭，随政治社会之变迁而不同，往往巨大之纠纷讹谬，即因兹细故而起，此尤为治史学者所宜审慎也。"⑤ 国学正是如此，由于时代之不同，其概念亦有变化。如果不考虑政治社会之变迁，寻绎其具体概念，势必如今日之国学，难以探求其真谛。

"国学"一词最早见于《周礼·春官宗伯·乐师》："乐师掌国学之政，以教国子小舞。"⑥ 乐师教导贵族子弟学习舞蹈，则其掌管的"国学"是国家最高学府。如果说《周礼》对"国学"的阐释较为隐晦的话，《礼记》的记载就更为明晰了："古之教者，家有塾，党有庠，术有序，国有学。"⑦ 此后，在中国古代，国学、太学、国子学、国子监等虽称谓不同，其意皆同，均是指国家最高学府。汉武帝时期立五经博士，唐太宗时孔颖达奉命编撰《五经正义》，均以《周易》《尚书》《诗经》《礼记》《春秋》教授生员。南宋朱熹为《大学》《中庸》《论语》《孟子》四部著作作注释，撰成《四书章句集注》一书。自此伊始，"四书五经"成为国家最高学府教育的教材。因此，"国学"最初含义是指以经学为主的国家最高级教育机构。

1840 年鸦片战争失败后，国人对清政府闭关锁国的政策表示不满，纷纷主张睁眼看世界，西方学术自然而然地被引入中国。面对西学冲击，部分有识之士弘扬中学以抵制西学，于是国学进入学术视野，引发了广泛而激烈的讨论。1895 年 4 月，沈寿康在《万国公报·匡时策》中提出"中学为体，西学为用"，这一主张得到吴之榛、孙家鼐、张之洞等人的支持。

①  袁济喜. 国学与中国梦的实现 [N]. 光明日报，2015 - 12 - 14 (2).
②  陈来. 近代国学概念的发生与演变 [N]. 人民政协报，2016 - 5 - 30 (11).
③  郭齐勇. 国学经典传递治世智慧 [N]. 衡阳日报，2017 - 8 - 4 (6).
④  姜寿田. 国学概念的提出、辨析及书法与国学的关系 [J]. 中国书法，2018 (1)：24 - 29.
⑤  陈寅恪. 元代汉人译名考 [M] //陈美延. 金明馆丛稿二编. 北京：生活·读书·新知三联书店，2001：105.
⑥  阮元. 十三经注疏 [M]. 北京：中华书局，1980：793.
⑦  阮元. 十三经注疏 [M]. 北京：中华书局，1980：1521.

这里的"中学"与"西学"相对，其意是中国学术的总称。1902 年，梁启超提出"国学"二字，"近顷悲观者流，见新学小生之吐弃国学，惧国学之从此而消灭。吾不此之惧也。但使外学之输入者果昌，则其间接之影响，必使吾国学别添活气，吾敢断言也"①。在这段文字中，与"国学"相对应的是"外学"。所谓"外学"就是"西学"，则"国学"就应是"中学"，与沈寿康观点一致。1904 年，邓实在《政艺通报》上发表了《国学保存论》，并于 1905 年初在上海创立了以"研究国学，保存国粹"为宗旨的国学保存会。1906 年，章太炎在东京发起国学讲习会，后来又在此基础上成立了国学振起社，并于 1910 年在日本秀光舍出版了《国故论衡》。这些报刊文章或团体中提的"国学"均是中国学术的总称。章太炎在时人讨论"国学"的基础上，提出"国故"说。1922 年，胡适在《国学季刊》发刊词里说："'国学'在我们的心眼里，只是'国故学'的缩写。中国的一切过去的文化历史，都是我们的'国故'，研究这一切过去的历史文化的学问，就是'国故学'，省称为'国学'。"② 胡适将国故学等同于国学，引发了时人激烈讨论③。一时间，"国故""国粹""国学""中学""国渣"等名词术语满天飞，混淆视听，让人难以适从。章太炎的《国故论衡》分小学、文学、诸子学三卷，系统论述文字音韵学、文学、文献学、周秦诸子学、经学及佛道之学，虽然不是中国学术总体，但是中国学术一部分。胡适将"国故"解释为"中国的一切过去的文化历史"，举凡中国历史上的典籍、制度、语言、人物、习惯、风俗等都可称为"国故"，由此进一步扩大了章太炎"国故"说的范围，无论在概念的内涵还是外延上，均比"国学"宽广得多。这一时期"国学"范围是指中国古代学术，未包括中国近代学术在内。

　　1949 年后，特别是改革开放之后，国学发展很快，曾出现过几次"国学热"。1984 年中国孔子基金会成立，1987 年中国孔子基金会、中华孔子学会及国际儒学研究联合会成立，这些组织或机构的建立，标志着国人重视国学的开始，虽然未有明言，然无不将国学界定为儒学，用的是中国文献中"国学"之本义。1993 年 5 月，北京大学中国传统文化研究中心主办

---

　　① 梁启超. 论中国学术思想变迁之大势 [M]. 上海：上海古籍出版社，2001：135.
　　② 胡适. 胡适全集（第 2 卷）[M]. 合肥：安徽教育出版社，2003：7.
　　③ 参看许啸天《国故学讨论集》，国家图书馆出版社 2010 年版。

的《国学研究》创刊，袁行霈先生在发刊辞中说："中国悠久的文化传统不是一潭止水……国学也是这样，汉有汉学，宋有宋学，今后则必有以今之时代命名的学派。历史悠久的国学只有不断以新的形态代替旧的形态，才能永葆青春。"① 袁先生虽未解释国学的含义，但其说指出，国学是发展、开放的学科，随着时代的变迁将会赋予新的含义。从《国学研究》第一至三十九卷所刊发的文章来看，国学涉及文、史、哲三个学科领域，标志着国学概念内涵与外延的扩大。2005 年，中国人民大学成立国学院，邀请红学家冯其庸担任首任院长，画家范曾成为首位获聘教授，校长纪宝成发表了自己对国学的认识："狭义的国学，主要指意识形态层面的传统思想文化，它是国学的核心内涵，是国学本质属性的集中体现，也是我们今天所要认识并抽象继承、积极弘扬的重点之所在。"② 纪宝成先生将复兴国学的意义提升到根本价值等意识形态层面，与儒教研究中心"暗通款曲"。纪宝成先生之论，遭到学人的批判，袁伟时《评纪宝成校长的"重振国学"论》③ 首先发难，而袁济喜、彭永捷、王达三等学者又转而批判袁伟时，一时论辩纷起，热闹非凡，然对国学的讨论似乎意义不大。与此同时，中央电视台百家讲坛举办了一系列国学讲座，王洪先生讲唐宋词、周汝昌先生讲唐宋诗、阎崇年先生讲清史、毛佩琦先生讲明史、王立群先生讲《史记》、马瑞芳先生讲《聊斋志异》、姚淦铭先生讲《老子》、刘心武先生揭秘《红楼梦》、易中天先生品三国、李昌集先生讲《西厢记》、于丹先生讲《论语》。此外，还有涉及天文、电影、医学、武侠、礼仪、地域文化等方面的讲座。这些讲座，以具体细微的形式阐述了新时期人们对国学的认识，国学是中国的学术总称，既包括古代学术，又包括近、现代学术。

综上所述，在不同时期，人们对国学的理解略有不同。正如袁行霈先生所说的那样："国学具有时代性，并随着时代的变化、社会的发展而更新。"④ 在社会转型时期，我们需要不断充实国学内容，为社会主义先进文化建设服务。

---

① 袁行霈. 国学研究（第一卷）[M]. 北京：北京大学出版社，1993：1.
② 纪宝成. 重估国学的价值 [N]. 南方周末，2005 - 5 - 26.
③ 袁伟时. 评纪宝成校长的"重振国学"论 [N]. 新京报，2005 - 6 - 9.
④ 袁行霈. 开放的国学与开放的《国学研究》[J]. 北京大学学报，1994（6）：14 - 15.

### 二、社会转型时期国学的特点和发展趋势

中国目前正处于从传统社会向现代社会、从农业社会向工业社会、从封闭性社会向开放社会转变的时期，工业化、自媒体、全球化导致人们对精神消费产生巨大需求，国学成为人们精神消费的主体。关于"国故""国粹""六艺之学""四部之学""新儒学""新国学"等的讨论铺天盖地，国学大师满天飞，国学讲座如火如荼，在这样的情境下，如何正确认识国学，并使之为社会主义现代化建设服务，是摆在我们面前的重要课题。

在社会主义现代化进程中，习近平总书记在中央党校建校80周年庆祝大会上的讲话中，阐述了中国传统文化的魅力："中国传统文化博大精深，学习和掌握其中的各种思想精华，对树立正确的世界观、人生观、价值观很有益处……学史可以看成败、鉴得失、知兴替；学诗可以情飞扬、志高昂、人灵秀；学伦理可以知廉耻、懂荣辱、辨是非。"[1] 值得玩味的是，习近平总书记用了"中国传统文化"一词，而未提及"国学"，然其所论涉及"史""诗""伦理"三个层面，依然是国学所论及的范围。习近平总书记在北京大学师生座谈会上讲话时说："中华优秀传统文化已经成为中华民族的基因，植根在中国人内心，潜移默化影响着中国人的思想方式和行为方式。今天，我们提倡和弘扬社会主义核心价值观，必须从中汲取丰富营养，否则就不会有生命力和影响力。"[2] 由"中国传统文化"到"中华优秀传统文化"的转变，是社会转型时期国学的主要内容及发展方向。

大一统思想承载了中华民族几千年的梦想，而且是全球华人孜孜以求的伟大复兴之梦。相传大禹"合诸侯于涂山，执玉帛者万国"[3]、武王伐纣"会盟津者八百诸侯"[4]，这是中国早期的大一统格局。孔子用"天下有道，则礼乐征伐自天子出；天下无道，则礼乐征伐自诸侯出"[5] 从理论上概括了大一统思想，并采用"王正月"这一特定书写方式予以确定。"王正月"

---

① 习近平. 在中央党校建校80周年庆祝大会暨2013年春季学期开学典礼上的讲话 [N]. 人民日报，2013-3-3.

② 习近平. 在北京大学师生座谈会上的讲话 [N]. 人民日报，2018-5-3.

③ 杨伯峻. 春秋左传注 [M]. 北京：中华书局，2015：1642.

④ 司马迁. 史记. 卷四. 周本纪 [M]. 北京：中华书局，2013：156.

⑤ 杨伯峻. 论语译注 [M]. 北京：中华书局，2006：196.

在《春秋公羊传》中解释为"何言乎王正月，大一统也"①，这是"大一统"三个字第一次正式进入人们视野。董仲舒继续发挥《春秋》之意，提出了"诸不在六艺之科孔子之术者，皆绝其道，勿使并进。邪辟之说灭息，然后统纪可一而法度可明，民知所从矣"②的主张。至此，大一统思想正式确立，其含义无非是政治和文化的统一。中国古代自大禹所倡导的统一部落，到西周形成的统一王国，再到西汉而确立的统一帝国，皆揭示了中国历代统治者都将政治上的统一看作是自己奋斗的目标。每逢战乱分裂，英明的割据者渴望统一，像前秦统治者苻坚就曾说："吾统承大业垂二十载，芟夷逋秽，四方略定，惟东南一隅未宾王化。吾每思天下不一，未尝不临食辍餔。"③ 天下不统一，都吃不下饭，这不仅仅是苻坚的想法，而是许多分裂时期英雄霸主的普遍心理，是大一统思想影响下的产物。对于任何一个统一政权，其辖境内不可能是单一民族。因此，正确处理民族关系，追求文化统一是一个政权长治久安的根本。中国自古就是一个多民族的国家，西周时期华夏族居住在中原地区，东有夷，西有戎，北有狄，南有蛮，多民族杂居，唯有"四海之内皆兄弟"④ 才是最为合理的方法与策略。尽管在历史上也曾出现过"非我族类，其心必异"⑤ 的论调，但中国历代有识之士已经清晰地认识到文化统一对强国的重要性，像唐太宗"自古皆贵中华，贱夷狄，朕独爱之如一"⑥、雍正皇帝"中国之一统，始于秦；塞外之一统，始于元，而极盛于我朝，自古中外一家"⑦、孙中山"汉族当牺牲其血统、历史与夫自尊自大之名称，而与满、蒙、回、藏之人民相见于诚，合一炉而冶之，以成一中华民族之新主义"⑧ 等理念就是文化统一的最好阐述。在我国推进社会主义强国建设的今天，处理好国内多民族之间的关系，推动中华民族伟大复兴，同时发展同各国的外交关系和经济、文化交流，推动构建人类命运共同体，是全球华人的梦想。

首先，弘扬"和"的思想，处理好各种关系。中华民族是一个智慧的

① 刘尚慈. 春秋公羊传译注［M］. 北京：中华书局，2010：1.
② 班固. 汉书［M］. 北京：中华书局，1962：2523.
③ 房玄龄. 晋书［M］. 北京：中华书局，1974：2911.
④ 杨伯峻. 论语译注［M］. 北京：中华书局，2006：140.
⑤ 杨伯峻. 春秋左传注［M］. 北京：中华书局，2015：818.
⑥ 吴兢. 贞观政要［M］. 北京：中华书局，2009：236.
⑦ 鄂尔泰、张廷玉. 清实录·清世宗实录［M］. 北京：中华书局，1985：836.
⑧ 孙中山. 孙中山选集［M］. 北京：人民出版社 1981：90.

民族，"和"是其处理各种关系的法宝。"和"是万物自然之常态，"道生一，一生二，二生三，三生万物。万物负阴而抱阳，冲气以为和"①，万物有阴有阳，阴阳调和，和谐自然；"和"是人之本性，"喜怒哀乐之未发，谓之中；发而皆中节，谓之和。中也者，天下之大本也；和也者，天下之达道也。致中和，天地位焉，万物育焉"②，人的情感要有所节制，达到中和，才能处理好天、地、人的关系，方可化育万物；"和"是治国之方略，"一、有天维国，二、有地维义，三、同好维乐，四、同恶维哀，五、远方不争"③，法天治国，因地制义，乐其所乐，哀其所哀，怀柔远方，此"五和"是治国之术。中国古人这种以"和"为贵的思想运用到人与自然、人与社会、民族与民族、国家与国家的各种关系上，以期形成一个"协和万邦""万国咸宁"的世界。在目前社会转型时期，以"和"为贵的思想具有重要的启发意义。我们要以此为出发点，化解社会矛盾，处理不同利益群体之间的关系，构建和谐发展的外部环境，推动国家与民族持续稳定发展。

其次，正确处理传统义利观，增强人民幸福感，推进社会主义国家持续、快速发展。义利之辩是中国古代争议颇大的话题，各家观点差异较大。儒家是重义轻利。孔子赞扬颜回"贤哉，回也！一箪食，一瓢饮，在陋巷，人不堪其忧，回也不改其乐"④ 的安贫乐道精神，肯定了义的重要性。孟子进而明确指出："何必曰利，亦有仁义而已矣。王曰'何以利吾国？'大夫曰'何以利吾家？'士庶人曰'何以利吾身？'上下交征利而国危矣。"⑤ 国君要以义为重，否则国家就会处于危险的境地。道家亦不看重利益，如老子就说"绝圣弃智，民利百倍。绝仁弃义，民复孝慈。绝巧弃利，盗贼无有"⑥，抛弃利益，是治理国家的策略之一。法家重视利益，提出"利之所在，虽千仞之山，无所不上，深源之下，无所不入焉"⑦ 的主张，肯定人们追逐利益的正当要求。同时却强调国家之公利，杜绝人民之

① 陈鼓应. 老子今注今译 [M]. 北京：商务印书馆，2016：233.
② 朱熹. 四书章句集注·中庸章句 [M]. 北京：中华书局，1983：18.
③ 黄怀信，等. 逸周书汇校集注 [M]. 上海：上海古籍出版社，1995：279.
④ 杨伯峻. 论语译注 [M]. 北京：中华书局，2006：65
⑤ 杨伯峻. 孟子译注 [M]. 北京：中华书局，1960：1.
⑥ 高亨. 老子注译 [M]. 郑州：河南人民出版社，1980：51.
⑦ 戴望. 管子校正 [M]. 上海：上海书店出版社，1986：291.

私利。墨家也重视人民的利益，如墨子就直言"发以为刑政，观其中国家百姓人民之利"①，肯定人民逐利的行为，却又称"圣王之道，天下之大利也"②。"惠君、忠臣、慈父、孝子、友兄、悌弟"③ 这些圣王之道，才是天下之大利。由此看来，儒、道、墨、法四家为了寻求自己的思想与治理国家的契合，均不重视人民利益。在物质文明和市场经济高度发展的今天，就需要对传统义利观进行改造。毛泽东曾经说过："我们是无产阶级的革命的功利主义者，我们是以占人口百分之九十以上的最广大群众的目前利益和将来利益的统一为出发点的，所以我们是以最广和最远为目标的革命的功利主义者，而不是只看到局部和目前的狭隘的功利主义者。"④ 为人民谋福利，是社会主义国家的目标。因此，在社会转型时期，促进社会主义物质文明持续、高速发展，积聚社会财富，增加人民收入，才会使人民幸福感增强，使国家发展壮大。

再次，整合中国传统优秀文化资源，加强国民素质教育，弘扬社会主义核心价值观。中国几千年的思想，其主体是儒学。在进行现代化建设过程中，儒学的局限性逐渐显现出来，"传统儒学之不利于现代化，不仅在于它在思维方式上形成的一种因循保守、墨守成规的传统，更重要的是传统儒学的制度化，形成与皇权结构相互支持的官学制度……要知道，作为儒学支撑的旧制度的完全解体，是战后东亚各国和地区重新发展的条件"⑤。我们要打破这种藩篱，吸取其精髓，并与其他思想融会贯通，从而为社会主义现代化建设服务。中华文化强调"民惟邦本""天人合一""和而不同"，强调"天行健，君子以自强不息""大道之行也，天下为公"；强调"天下兴亡，匹夫有责"，主张以德治国、以文化人；强调"君子喻于义""君子坦荡荡""君子义以为质"；强调"言必信，行必果""人而无信，不知其可也"；强调"德不孤，必有邻""仁者爱人""与人为善""己所不欲，勿施于人""出入相友，守望相助""老吾老以及人之老，幼吾幼

---

① 孙诒让. 墨子闲诂 [M]. 北京：中华书局，2001：265.
② 孙诒让. 墨子闲诂 [M]. 北京：中华书局，2001：162.
③ 孙诒让. 墨子闲诂 [M]. 北京：中华书局，2001：121.
④ 毛泽东. 在延安文艺座谈会上的讲话 [M] //毛泽东选集（第 3 卷）. 北京：人民出版社，1953：866.
⑤ 罗荣渠. 现代化新论：世界与中国的现代化进程（增订版） [M]. 北京：商务印书馆，2004：534.

以及人之幼""扶贫济困""不患寡而患不均"。这些理念已经根植于中国人内心，影响着其思想方式和行为方式。"仓廪实则知礼节，衣食足则知荣辱"①。在物质文明日益丰富的今天，更要在思想上进行引导，强化国民素质，以形成社会主义先进文化。

早在 1935 年，王新命、何炳松等人倡导中国本位文化，"不守旧，不盲从，根据中国本位，采取批评态度，应用科学方法来检讨过去，把握现在，创造未来"②。如今处于社会转型时期的中国，应该根据时代特点，重新定位国学，发掘其中的优秀传统文化为社会主义现代化建设服务，引导人们树立正确的人生观和价值观，满足人们的精神消费需求，更新国学概念，服务社会大众，这才是国学发展的大势。

---

① 戴望. 管子校正 [M]. 上海：上海书店出版社，1986：1.
② 王新命，何炳松，武堉干. 中国本位的文化建设宣言 [J]. 文化建设，1935，1 (4).

# 中国传统民俗文化的现代
# 转化：以中秋节为例

黄意明①　孙伯翰②

## 一、中秋节的形成与文化内涵

文人中秋赏月的习俗最早见于魏晋时期，《晋书》卷九十二曰："谢尚时镇牛渚，秋夜乘月。率尔与左右微服泛江。"③ 欧阳詹《玩月》云："玩月，古也，谢赋、鲍诗、朓之'庭前'、亮之'楼中'，皆玩月也。"④ 可见在魏晋南北朝时期的中秋时节，已经出现了有组织的文人赏月活动，这种赏月活动是与民间信仰及官方的祭月仪式不同的自由的审美活动，是中秋习俗形成的来源之一。到了宋代，拜月与赏月，共同构成了中秋节民俗活动的两个方面。

从宋代开始，中秋节放假一天，民间团圆娱乐，加上自周以来祭月活动及文人赏月活动的影响，这几种因素汇聚在一起造就了为今人所熟知的中秋节的样态。这是中秋作为民俗节日正式形成的首要标志。中秋节正式形成的第二个标志在于民间信仰在宋代已经融入中秋活动中。苏轼《望海楼晚景五绝》诗曰："楼下谁家烧夜香，玉笙哀怨弄初凉。临风有客吟秋扇，拜月无人见晚妆。"已经提到了民间拜月这一行为。在宋代，中秋之夜，人们"登楼或于中庭焚香拜月。各有所期：男则愿早步

① 黄意明：上海戏剧学院人文社科部教授。
② 孙伯翰：云南艺术学院教师。
③ 房玄龄. 晋书 [M]. 北京：中华书局，1974：2391.
④ 陈梦雷. 古今图书集成·岁功典 [M]. 北京：中华书局，1986：33.

蟾宫……女则愿貌似嫦娥。"① 由此可见，民间信仰已经对中秋节造成较为广泛的影响。宋代被认定为中秋节正式形成的时期，是因为其"团圆"属性最早是在这一时期出现的，这也是中秋节正式形成的第三个标志。南宋吴自牧《梦粱录》中所载家家户户"安排家宴，团圆子女"。② 这证明了在宋代，中秋节已经具有了团圆的含义。考察影响中秋节形成的三种标志，官方祭祀活动产生最早，但是其目的在于塑造社会秩序，因此参与人群有限，因此文人赏月活动和民间拜月活动对作为民俗活动的中秋节影响更为重要一些。综上，作为民俗活动的中秋节应当起源于魏晋时期的文人赏月，发展于唐，后与民间的拜月仪式相结合，在得到官方认定后最终形成于宋。

在明清时期，中秋拜月较前代有了进一步发展。这一时期的文献相较于之前，更为详尽地记录了当时中秋拜月的过程。《帝京景物略》记载："八月十五日祭月，其祭果饼必圆，分瓜必牙，错瓣刻之如莲华。纸肆市月光纸，绩满月像，跌坐莲华者，月光遍照菩萨也。华下月轮桂殿，有兔杵而人立，捣药臼中。纸小者三寸，大者丈，致工者金碧缤纷。家设月光位，于月所出方，向月供而拜，则焚月光纸，撤所供，散家之人必遍。"③此外，《北京岁华记》记载："中秋夜，人家各置月宫符像，符上兔如人立，陈瓜果于庭……男女肃拜烧香，旦而焚之。"④ 从这些材料可以看到，相比于前代，明清时期拜月已经形成了一套规定的流程，摆祭案于月出的方向，置画有蟾兔、月宫或是月光菩萨的月光纸于案上，焚香而拜，最后以烧月光纸，向家人分食祭品为结束。这一时期的话本小说中也出现了对赏月和拜月的情况的描述。《红楼梦》第一回就出现了贾雨村赏月的情形，而第七十五回描述了众人拜月的情境，作者笔下"园之正门俱已大开，挂着羊角大红。嘉荫堂前月台上，焚着斗香，秉着风烛，陈献着瓜饼及各色果品。邢夫人等一干女客皆在里面久候。真是月明灯彩，人气香烟，晶艳氤氲，不可形状。地下铺着拜毯锦褥。贾母盥手上香拜毕，于是大家皆拜过。"后文中又提到，"贾母因见月至中天，比先越发精彩可爱，因说：

---

① 宋盈之. 新编醉翁谈录 [M]. 沈阳：辽宁教育出版社，1998：16.
② 吴自牧. 梦粱录 [M]. 杭州：浙江人民出版社，1980：161.
③ 刘侗，于奕正. 帝京景物略 [M]. 北京：故宫出版社，2013：64.
④ 陈梦雷，等. 古今图书集成·岁功典 [M]. 北京：中华书局，1934：40.

'如此好月，不可不闻笛'。"① 这同时也说明了，在明清时期，诗意的赏月活动并未因拜月活动兴起而衰微，赏月与拜月是中秋节活动的共同组成。此外，明清时期，中秋赏月已经成了整个中华民族共有的活动而见于各地。"西乡县'中秋夜，置酒赏月桂，男泛舟，登红崖，妇女亦设佳筵。'……句容县'八月中秋大会亲朋玩月。'……温州府'中秋是夜邀宾朋赏月，或至江干看潮'"②。这类例子还有很多，均反映了明清时代中秋节全国各地阖家团圆、赏月游玩的盛景。

考察民俗节日中秋节的内核，团圆、平等、诗意、生命意识都成为其重要内涵，而团圆又是最为核心的内涵。《梦粱录》中的"安排家宴，团圆子女"及《西湖游览志余》中的"八月十五日谓中秋，民间以月饼相送，取团圆之意"③，都揭示出中秋团圆的主题。中华民族一向有追求和谐圆满的理想，而中秋节的形成正满足了人民的这一愿望。唐人殷文圭的"万里无云镜九州，最团圆夜是中秋"和宋人高登"但愿团圆三十秋，不计东西与南北"的诗句，非常恰当地反映出中国人渴望团圆的深层心理。历史上，中秋团圆的意愿，增强了家族、朋友的凝聚力，起到很好的社会调节作用，最典型的例子便是苏轼与苏辙兄弟二人。两人在中秋以诗的形式互通书信，《中秋见月和子由》与《中秋见月寄子瞻》两诗看似只是在相互诉说他们所见到的景色、经历的事情，实质却是在中秋这个阖家团圆的时候，以诗意联系起兄弟二人的情感。唐人王建的《十五夜望月寄杜郎中》、宋人司马光的《八月十五日夜寄友人》这类诗皆反映了作者在中秋节以诗歌的形式借中秋之景与朋友交流情感、增进友谊。

贯穿中秋文化的另一核心内涵，则是平等的观念。宋人金盈之《醉翁谈录》记载当时京师赏月："倾城人家子女，不以贫富，自能行至十二三，皆以成人之服服饰之。登楼，或于中庭焚香拜月，各有所期。"④《梦粱录》也提到，中秋节属于贫富同乐的日子，"虽陋巷贫窭之人，解衣市酒，勉强迎欢，不肯虚度"。⑤ 这就使中秋节完全摆脱了古代祭月礼的贵族性和某

---

① 曹雪芹，高鹗. 红楼梦 [M]. 长春：吉林大学出版社，2007：第七十五回与第七十六回.
② 陈梦雷，等. 古今图书集成·岁功典 [M]. 北京：中华书局，1934：29.
③ 田汝成. 西湖游览志余 [M]. 上海：上海古籍出版社，1980：361.
④ 宋盈之. 新编醉翁谈录 [M]. 沈阳：辽宁教育出版社，1998：16.
⑤ 孟元老. 东京梦华录 [M]. 上海：古典文学出版社，1957：161.

些节日的小众特点，成为全民平等欢乐的节日，所谓"风露清，月华明，明月万家欢笑声"。在明清北京城的拜月仪式中，人们将西瓜切成莲花状，在上面供奉月光遍照菩萨，月光平等普照，因此月光菩萨本就有平等的意味，月光也象征着光明，是众生所渴望的事物，佛家常以月来指人的清净本性。而在佛光普照、平等不二的信仰背后，体现出中秋节日精神的平等性。

还值得一提的是，诗情画意也是中秋的内涵。中国的传统节日，贯穿着中国人的时间意识，体现着自然和生命的节律，代表着中国人天人合一的生活理想，所以向来不乏诗情画意，其中尤以中秋为最。"人有悲欢离合，月有阴晴圆缺，此事古难全。但愿人长久，千里共婵娟"的词句，既代表着古人对人生的达观态度，又寄托着他们对人生的美好期待。而"但愿团圆三十秋，不计东西与南北""共看明月应垂泪，一夜乡心五处同"等诗句，通过对人类共通情感的抒发，起到抚慰心灵的效果。至于"素月分辉，明河共影，表里俱澄澈。悠然心会，妙处难与君说"，则体现了人在与自然的交融中，领会生命的澄明之境。诚如林语堂所言，中国人的诗歌中有着宗教境界，"诗教给中国人一种旷达的人生观，一种慈悲的意识，一种丰富的爱好自然的态度和艺术的忍受性。"唐人崔备诗中的"清景同千里，寒光尽一年……四时皆有月，一夜独当秋。照耀初含露，裴回正满楼……愿以清光末，年年许从游。"刘禹锡的"尘中见月心亦闲，况是清秋仙府间……金霞昕昕渐东上，轮欹影促犹频望。绝景良时难再并，他年此日应惆怅。"这些如梦如幻的诗，将对人生的感慨、思考与中秋的月色结合在一起，融于诗歌当中，使人生充满了诗意。因此，在中秋这样一个美好的日子里，我们理应放下手中的工作，放松身心，试着体验诗意栖居的美好。

最后，中秋的内涵还包含中华文化的生命意识。前文提到，与中秋相关的符号、神话，体现出了中国人的生命意识。西王母、月桂、蟾蜍、月兔本身都是长生的符号。嫦娥奔月、吴刚伐桂则体现出中国人对生命永恒与精神生生不息的追求。"但愿人长久"就是中秋时刻对生命长久的美好祈愿。中秋的其他意义，如团圆、平等、诗意均是人们对世俗生活的美好祝愿，而健康长寿，则是一切美好生活的前提。

## 二、当代中秋内涵的创造性转化

传统节日在当今社会的影响力正在逐渐减弱，这是一个不争的事实。对此，不少学者表示出忧虑。他们认为，传统文化浓缩了中华民族的文化因子，凝聚着中华民族的群体感情，体现着中国人的生存方式，传统节日的衰微无疑甚为可惜。但也有学者以为，传统节日的产生，有其社会历史背景，它们和农业社会的生存方式密切相关，随着社会的发展、生存方式的改变，传统节日逐渐淡出人们的生活是无可奈何却又自然而然的事。笔者以为，节日从表面上看，无疑和一定的生活方式紧密相连，可以说是一种"生活相"，因而传统节日也似乎代表着传统的生活方式。但从较深远的层面而言，它其实是一种人类心灵的展现方式。节日虽与生活方式及生产方式有相关性，但更多的是一种心灵的需要。不管任何民族，也不管古人今人，都有着自己的节日，节日是情感的寄托，既为辛苦劳作后的短暂停顿，又为生命的再出发积蓄能量。所以，我们需要节日。这些年一些外来节日的流行，同样说明了这一点。

现在的问题是，我们究竟应该让传统节日重焕青春，以实现节日的心理和文化功能，还是拿来主义地用洋节来替代或再设立新的节日。一般而言，创设新节的可行性不大，洋节则功能较为单一，比如情人节的主题是恋爱，主体是恋爱中的青年男女；圣诞节因和基督教有关，其过节者便多为受西方文化影响的人士。相比之下，中国传统节日往往是复合型节日，其功能呈现出多样性。例如中秋节就包含着团圆、平等的理想与哲理诗意的内容。其历史悠久，影响广泛，更加具有全民性。因此笔者认为，对传统节日功能进行再开发，使之焕发新的生命力以适应新的社会形势，从而形成一种新颖的节日文化，将更为有效。以中秋为例，就有很多文章可做。

前文提到，中秋节带有平等的内涵，就数千年的等级社会而言，平等是相对和有限的，而历史发展到今天，人与人平等、阶层与阶层平等则理应成为社会的共同价值，但毋庸讳言，现在的社会各阶层之间、集团之间、贫富之间依然有着诸多壁垒需要消除。对此，政府相关部门应利用中秋节，通过媒体报刊等多种形式，营造平等和谐的中秋文化；文艺工作者也可积极创新中秋艺术；学校社区则可利用假日举行文艺活动。但这些行为举措都应有一个共同的特质即群体的参与。只有群体参与其中，才能形成平等的氛围。所以开展文艺活动可采取参与者自主互动的方式，无须预设表演者和观众，人人都是表演者，形式则宜多样化。从功能上说，中秋节的群体性更强，这和春节注重家庭、重阳节面向老人是有所不同的。

今天，随着社会经济的发展，城市化已经成为普遍趋势，人口流动也越来越频繁，很多务工者、求学者长期离家在外，漂泊成为一种常态。因此我们更应注重节庆的社会调节功能。由于现在的中秋国定假期只有一天，纯粹意义上的回家团圆很难做到，因而注重中秋团圆内涵中的"家园感"就显得特别重要。李白诗云："但使主人能醉客，不知何处是他乡"，人生漂泊本属无奈，但"家园感"能让人们融入此时此地的群体之中，获得一种归属感。这种感觉有时甚至比回家团圆更具现实意义。因此政府部门如文明办、媒体等可利用中秋节日，在舆论上做一些全社会层面上的沟通工作，以营造家园气氛；乡镇街道乃至文化馆及社区居委会等民间组织，则可以做一些民间文化和公共文化的建设工作，消除邻里之间的隔阂，建立温馨的社区文化和宜居环境。招收外来务工者子弟的学校，也应做好学生的引导工作，让孩子们爱上"新家园"；而拥有学术资源和文化优势的高校，应为来自五湖四海的学生，努力建设和谐的校区家园文化，可让广大学子在获得家园感的同时，逐渐形成社会责任感，这对将来社会的良性发展意义巨大。学校领导和广大教师应该有创设校园节日文化的意识。

如上文所说，中秋还体现了中国人内心的生命感及对长生的梦想，然而，死亡是人们必须要面对的事情。中国文化中虽有以庄子为代表的豁达面对生死的道家文化，和将生死看作是存在的想象而非本质的佛教文化，以及以留名青史为生命意义的儒家文化，但是对于当今中国的多数人来说，死亡仍然令人恐惧，许多老人因为生命的衰老而越来越感到不安，整日处于忧虑当中，无法安然享受退休的时光。老龄化程度的加深则加剧了这种社会的群体焦虑，因而，加强生命教育是迫在眉睫的事情。在中秋这一特别的时刻，应当采取一些手段，重新引发人们对生命感的思考。例如，社区或学校可以将祖孙两代人组织起来，通过讲故事，甚至是排演戏剧的形式，组织参与者亲自扮演角色，既可以演出或讲述自己人生中的故事，通过一系列从年少到年老的故事，让参与者感受生命的过程，从而更为自然地将生命看作是一种自然规律；也可以演出庄子的故事，让参与者在扮演中感受庄子豁达的生命观。无论哪种形式，都是要让参与者能够更为达观地看待生死，让儿童了解生命的历程与意义，让老人建立更为乐观的生命观。此外，还可以利用这个机会，组织一些健康讲座，不仅针对老人，也针对长期忍受工作、学习压力，处于亚健康状态或慢性疾病中的人群，通过医学知识讲座及心理健康讲座等手段提高他们的生活质量。

中秋节习俗的重建还应当将空间范围从现实拓展到网络，仪式活动并非只有在真实空间中才可进行。现代社会中，社会分工导致了家庭规模缩小，以及家庭成员之间的物理距离不断拉大，中秋仪式不可能违背社会趋势，在真实空间将分散的家庭成员重新组织，并把较小的两口之家、三口之家或是四口之家重聚为大的家族。这就导致了以团聚为目的的中秋仪式在现实中较难维系，而不受物理空间限制的网络则为中秋仪式提供了新的平台。当下，由于社交媒体的出现，曾经一度难以在现实中维系的大家族在虚拟空间中被重新组织起来，微博、微信群组为家族关系的维系提供了超越物理的空间。另外，近年来，春节期间的抢红包活动、各类公祭日开展的网上祭祀活动，其实质就是仪式或是仪式的一部分。在网络上重建中秋活动，其本质依然是"团圆""平等""诗意""长生"。

网络平台的组织者可以在微信群、微博这些平台组织中秋活动，宣传中秋文化，以积分或抢红包作为吸引人群参与活动的手段，组织各家庭群组之间或是家庭群组内部的答题、竞猜活动，题目可以是与中秋相关的内容，也可以扩展到其他传统文化，如传统习俗、中医知识、历史常识，利用这些题目让众人了解中国传统文化，通过竞猜增加节日气氛。这类活动可以使平日里较少交流沟通的家族成员，甚至是相互陌生的不同家族，重新凝聚起来。正所谓五湖四海皆兄弟，在这些网络活动中，人们不再像日常生活中那样被物理空间所限制，大家共同参与活动，在网络空间中重新建立起联系，这既增加了家人、朋友甚至是民族的整体凝聚力，又体现出中秋节"团圆"的内涵。在古代，相隔异地的亲人朋友在中秋佳节以互赠诗赋来增加凝聚力，而今天，网络平台的出现能让中秋诗歌更具有时效性，组织者可以在网络论坛中组织与中秋相关的诗歌创作大赛，让五湖四海的人们能够相聚在一起，通过赋诗的形式体会中国文化中人与自然和谐相处的理想，领悟人生的意义。此外，在今天，拜月活动同样可以放在网上进行，组织者可以将"月光纸"搬到网络上，在网站页面设置月光菩萨像或是嫦娥月兔，与此同时，通过直播的形式，将最好的月亮图像实时呈现在屏幕上。这样，即使是阴雨天气，人们也可以在家中赏月、拜月。这种网络拜月更大的优点在于，在网站上可以用弹幕或是留言板的形式，让大家相互祝福，把对家人、朋友、国家的祝愿在网络中共同表达出来，使人们共享亲人团聚、身体健康、生命长久的美好祝愿，书写下中国人的生命意识。除了这些手段以外，也可以利用众多的在线游戏平台，组织一些与中秋相关的线上活动。在这些活动中，有了众人跨越距离的相聚，大家共同参与游戏，不分老幼贵贱，中秋节"平等"的内涵自然就体现出来了。

要想复兴中秋节与传统文化，政府要起到引导作用。以上述中秋创意活动为例，只有有了政府的支持，社区活动才能够顺利开展，不同网络平台的相关活动才能统筹起来。政府各级部门可以利用行政力量，利用电视台、报纸、街边海报栏等传统媒体组织宣传活动；当然，民间力量、社会团体、优秀企业也要承担社会责任，积极对中秋在内的各类传统节庆活动进行宣传，可以通过制作影视、音乐、舞蹈等艺术作品扩大影响，也可以制作动漫、微电影投放到门户网站、社交平台，以及通过快手、抖音这类新媒体进行宣传；甚至还可以在具有娱乐、商业性质的动漫、电影、电视剧中植入该类内容，在潜移默化中扩大中秋节在内的传统文化对大众人群的影响力，使中国人建立起对中华传统文化的自信。

# 第四编

## 跨文化传播与
## 比较哲学

秦始皇兵马俑

# 当代中国社会多态文化的博弈
# 格局及其传播战略选择

荆学民[①]  施惠玲[②]

## 一、中国现代社会转型对文化精神统摄的期盼

对现代社会转型的理解，说它是人的理想性的历史自觉活动，还只是就它的深层的抽象的根本性质而言的。若走出它的抽象的深层结构，从人类社会整体状貌流变的层面上进行审视，就应看到，它既不是社会整体结构的某一层面或系统的发展与变化，也不是整个社会结构要素的僵硬的位移，而是一种社会结构的整体化转型，即社会结构运作机制的转型。笔者认为，理解文化精神在现代社会转型的运作机制中占统摄地位，是把握这个问题的根本点。

自从人类社会从传统的农业文明向现代工业文明转变以来，多数以资本主义社会形式实现其转型的国家和民族，把社会转型和社会发展近乎完全地理解成了经济转型和经济增长；多数以社会主义社会形式实现其转型的国家和民族，把社会转型和社会发展近乎完全地理解成了政治转型和政治进步。前者可以称为单纯经济转型的社会转型，后者可以称为单纯政治激变的社会转型。

单纯经济转型的社会转型形成的深刻社会基础是，这些国家和民族的现代化过程是以经济结构的改变和物质财富的迅猛增长为显性标志的。众

① 荆学民：中国传媒大学政治传播研究所所长。
② 施惠玲：北京交通大学人文社会科学学院教授。

所周知，工业革命作为历史发展的火车头，带领这些民族和国家乃至整个世界进入了迈向现代化的现代社会转型过程。人们看到，工业革命所造就的现代工业生产方式，使资产阶级在不到一百年的阶级统治中所创造的生产力，比过去所有世纪创造的全部生产力还要多。这样，由于工业革命所造就的经济效应的巨大遮蔽性，导致在经济动荡的光影下，看不到社会转型对政治、文化结构转型的要求，便误认为历史的发展和社会的进步就只是经济的发展和物质财富的无限增长，从而社会转型被完全地等同于经济转型。

单纯政治激变的社会转型形成的深刻社会基础是，这些国家和民族的现代化过程是以政治制度的改变为显性标志的。众所周知，社会主义在一些国家和民族的实现与资本主义的实现形式恰恰不同，它不是以经济制度的改变为开端，而是以政治制度在整个社会的强制确立为开端的。如果说，一些社会主义国家也不同程度地以社会主义的社会形式实现了其社会转型，实现了其现代化，那么，如同工业革命在资本主义的普遍实现中发挥的强大作用一样，政治革命在社会主义的普遍实现中同样发挥了巨大的作用；如果说单纯经济转型的社会转型来源对经济结构变革的偏爱，那么单纯政治激变的社会转型则来源对政治结构变革的偏爱；如果说，单纯经济转型的社会转型所确认的社会运作和社会转型机制是以经济结构的改变来带动政治结构和文化结构的改变，那么，单纯政治激变的社会转型所确认的社会转型和社会运作机制，则是以政治制度的改变来带动经济结构和文化结构的改变。

在经过数十年的社会实践之后，历史已经证明，以资本主义社会形式实现现代社会转型的国家和民族，在经济制度确立并有效地运作起来以后遇到的障碍是它的政治体制；以社会主义社会形式实现现代社会转型的国家和民族，在政治制度确立并有效地运作起来后遇到的障碍则是它的经济体制。与此相映成趣的是，资本主义在它的市场经济体制由自由竞争时期的市场经济，到垄断时期的市场经济，再到现代市场经济的发展过程中，其不断改变和改革的是它的政治体制；社会主义在它的公有制的政治制度从以计划经济为基础的公有制，到以有计划的商品经济为基础的公有制，再到以市场经济为基础的公有制的发展中，其不断改变和改革的是它的经济体制。这说明，偏狭的经济转型论和偏狭的政治激变论在实践中都是行不通的。

应该指出，当前世界的多数民族和国家仍然是处在现代社会转型之中的。就现代社会转型的当代境况而言，需要在理论上提出警告的是，对于以资本主义社会形式实现其社会转型的国家和民族来说，要防止其从偏狭的经济转型滑入另一端即政治激变论；对于以社会主义形式实现其社会转型的国家和民族来说，要防止其从偏狭的政治激变论滑向另一端即经济转型论。这一点对以社会主义社会形式实现现代社会转型的国家和民族来说，尤为重要。

众所周知，社会主义是无产阶级的伟大事业。无产阶级的指导思想是马克思主义，正像一些人在过去极度片面地把马克思主义的上层建筑的反作用无条件地夸大从而导致政治激变论的出现一样，另一些人是把马克思主义作为社会发展的经济决定论而信仰的。这里必须指出，马克思、恩格斯当年创立唯物史观时就曾声明，那种把经济因素看作是历史的唯一决定性因素的观点只不过是一种荒诞无稽和抽象无物的空话而已。在他们看来，社会转型的"整个伟大的发展过程是在相互作用的形式中进行的（虽然相互作用的力量很不均衡；其中经济运动是更有力得多的、最原始的、最有决定性的），这里没有任何绝对的东西，一切都是相对的"①。

单纯经济转型的社会转型论和单纯政治激变的社会转型论，其共同的缺陷是没有从社会整体性结构变革来把握现代社会转型中的重要作用。这并不是说，像单纯经济转型或单纯政治激变的社会转型过程就没有它的文化精神作为支撑，恰恰相反，前者是以"理性万能"或按流行的说法是"工具理性"为它的文化精神；后者是以"政治是统帅是灵魂""革命上去了，生产就自然而然地上去了"的浪漫型政治信仰为它的文化精神。这种所谓的文化精神虽然在一定的历史条件下有它特定的积极意义，但从总体上背离了"人类社会发展是人的全面自由的发展"这种终极理想意义。

事实上，我们已经看到，对这种现代社会转型和社会发展之文化精神的急切渴求，已成为正在面临社会转型的国家和民族的普遍需要。而且，

---

① 马克思，恩格斯. 马克思恩格斯选集（第 4 卷）［M］. 北京：人民出版社，1966：487.

这些渴求和需要，已被一些敏感的心灵所捕捉，像韦伯的理论，不但以现有的事实为出发点，而且试图重新反思当年促使西方世界现代化的资本主义的文化精神，表明他从文化精神和实践效应相结合的角度对西方社会乃至整个世界社会转型的文化矫正和精神救疗所做的努力；像帕森斯和艾森斯塔德的理论，则是试图从重新诠释社会结构和社会运作机制以确立价值观念在社会转型中的作用入手，来帮助人们重新建立使人的文化精神在社会转型中的作用更为突出的社会发展观。应该说，这些观点和理论无论对于何种类型和处于何种阶段的民族与国家的社会转型，都具有非常实在的指导意义。

就此而言，我们应把问题的理解推进到这样一个深度，即就现代社会转型而言，实践已经证明，偏重经济转型的"经济—政治—文化"的运作机制和偏重政治激变的"政治—经济—文化"的运作机制都有较大缺陷。因此，目前的社会转型，是社会整体结构之运作机制的转变，即大体上可以理解为由"经济—政治—文化"或"政治—经济—文化"的机制模式向"文化—政治—经济"的机制模式转变。

当然，对于现代社会转型期以文化为中心的社会结构运作机制的观点，并不能把它理解成一般意义上的"文化决定论"。它主要蕴含着如下一些基本的思想。第一，从最根本的意义上说，经济增长、政治进步和社会发展并非其目的，真正的目标是人的全面自由和全面发展。对人的全面自由和全面发展来说，物质财富虽然是基础，但精神的自由和解放才是根本。精神自由和解放之理想境界的实现对任何一个社会而言，最终仰赖的是文化。第二，自人类诞生以来，文化就是生产活动的重要组成部分。随着社会生产力的不断发展，脑力劳动和知识因素在社会生产领域中的作用日益增大，经济的发展越来越依赖于人的文化素质的提高。与此同时，文化在国际市场竞争中及综合国力诸要素中的地位不断上升。重视文化发展在经济增长和社会发展中的作用，已成为世界性的现象。因此，以文化为社会发展中心地位的现代发展观符合时代的潮流和要求。第三，更具体地讲，在现代社会中，经济发展已由自然资源和经济资源为主转向以人力资源和智力资源为主。社会生产的科技化和经济管理的软件化表明，经济的竞争主要表现为人的科技素质的竞争，经济和社会的发展日益取决于人的文化素质和能力的发展。文化对经济及政治的强力渗透，使过去文化对经济和政治的被动依赖机制向以文化为轴心的机制转变。第四，现代社会发展愈来愈由自发向自觉转变，现代社会转型本身就是一种自觉行为。自觉是在某种理想目标牵引下的自觉，而对社会理想的持有和把握依靠的正是文化，因此可以说，整个社会结构的运作都是在某种文化力量的牵引下的运作过程，这样的过程无不表明文化在社会运作机制的中心作用。需要指出的是，这已不仅仅只是我们在理论上的热情和向往，且已被现代社会转型的事实所证明。

## 二、当前中国社会转型期本土文化的多元状貌

文化作为人类精神的载体，它的独特品质在于，虽然随着经济、政治的发展与更替，其整体状貌会发生相应的变化，但其某种精神气质一定在经济、政治的变迁中传承下来。正因如此，在目前的市场经济社会中，就中国的本土文化而言，也是多元并举的。当然，多种文化之间的主次、轻重、范围是不同的，但它们同时对我们产生着影响：制约我们的选择，规限着我们的信仰。这种多元文化大体可以归结为以下三种。

1. 伦理性文化

如果我们对传统文化中的儒、道、释、法等诸多学说流派可以"忽略不计"（事实上当儒学占统治地位以后，其他的学派也均成为"儒学之补"），那么，传统文化可以说是以儒学为主干的"一元"文化（这里的"一元"是指没有整体上和它相对立的文化）。我们认为，中国传统文化的特点，是把文化"伦理化"，因而可以称其为"伦理性"文化。在学界的讨论中，有人不同意把中国传统文化称为"伦理性"文化，而主张"伦理政治型"文化的提法。其实，这是一种误解，因为在儒学文化的理想结构中，伦理与政治是同构的，家与国是同质的；家是国的微型形态，国是家的扩大形态。个人与国的关系是个人与家的关系的合理外推。父母相当于君王，兄姐相当于上司，妻室相当于同僚，弟妹相当于下级，子女相当于子民。反之亦然。这种文化中，所谓参与政治，主要是把用之于家的伦理情感施之于国，在家孝父母，出仕忠君王，始于事父，终于事君。这就是说，虽然人们从事着繁忙的政治活动，但政治活动没有形成自己独特的文化，或者说，政治并没有像计划经济时期那样对文化形成"霸

权"。人们从事的是政治活动，通贯的却是伦理精神。所以，与其说中国传统文化的特质是"伦理政治型文化"，不如说是"伦理性文化"来得更为彻底。

当然，众所周知，从鸦片战争开始，经洋务运动和辛亥革命，到五四运动，中国这种伦理性的本土文化经历了一个土崩瓦解的过程。最初，在洋枪洋炮的轰击下，人们仍固守于中国传统文化的优越性，只是在器物层面上接受西方文化，试图"师夷长技以制夷"。其后，随着中西文化冲突的进一步展开，特别是中国在激烈的军事和经济竞争中失利，人们开始部分地怀疑中国本土文化的优越性，并逐步认同和学习西方文化，力图在政治制度层面上建立起与西方相似的民主政治制度。最后，随着清王朝帝制的覆灭和西方文化的大量涌入，在五四运动的新文化运动时期，中国本土文化在"打倒孔家店"的旗帜下受到全面的冲击。其间也出现一些诸如"中体西用"或"西体中用"的文化调和主义，以及一些坚守传统文化的文化保守主义，但都无法阻止本土文化的整体败落。

1949 年以后，取而代之的是"政治性文化"。但是原来的伦理性文化并没有完全消失，它以某种特定的形式仍然支配、制约着人们的行为。更为重要的是，市场经济使文化获得了相应的解放，进入市场经济的人们面临着古今中外多元文化的冲撞与挤压，在这种情况下，本已被现代文化解构的传统伦理性文化，在首先被西方后现代文化从特定的角度和意义上看好的情况下，又被不加限制的"阐扬"和"光大"，甚至大有"重振雄风"占据文化霸权地位之势。在这种情况下，由于中国社会发展的一些弊端和西方进入后发展时期的一些弊端在形式上的同构性，中国这种传统的伦理性文化，在目前中国人的精神世界中，具有十分强劲的影响，甚至成为目前在人们多元文化选择中"行情"较高的文化形态。

2. 政治性文化

如果说，传统社会中，政治并没有真正形成文化的霸主地位，而是附着于伦理精神。那么，当传统文化被整体性地解构以后，这种政治性文化便真正地形成了。基于计划经济社会对资源高效整合的要求，政治占据了整个社会结构的"中心地位"。经济活动在某种意义上是按政治上的权力关系来运行的，经济发展的速度也是按政治目标的需要来确定的。如果说在过去是伦理精神通贯于政治活动，那么这个时期就正好相反，是政治精神通贯于伦理活动。

进入市场经济时期，这种文化失去了赖以存在的"基础"，却仍然顽强地存在着。这是因为，第一，从社会制度发展上看，中国的社会主义市场经济正是从长期的计划经济中脱胎而来，就单纯的经济制度而言，尚没有度过转型期，更莫说社会的政治结构及相应的思想观念了。计划经济时期所造就的政治性文化相比于传统的伦理性文化，更加直接地影响着已处于市场经济社会的人们。第二，从社会主体的角度看，由于计划经济和市场经济的"短兵相接"，它们的"社会主体"直接重合。更何况，有许多人是计划经济时代的利益既得者，这就更加剧了政治性文化对人们精神世界的影响。

### 3. 经济性文化

如果传统文化是一种伦理至上的文化，计划经济时期的文化是一种政治至上的文化，那么，市场经济条件下的文化则是一种被完全"经济化"的文化，可以简称为"经济性文化"。这种文化完全是市场经济的产物，也是市场经济时期的主流文化。这种文化，建立在对传统伦理性文化和计划经济时期政治性文化的整体扬弃之上。这种文化的基础是物质利益驱动论，人们活动的动机就是谋取物质利益；其核心是效率和效益的最优化原则；其价值取向是绝对的市场化价值取向。如果说伦理性文化和政治性文化多少还保留一些精神追求（不管是什么样的精神追求），那么，经济性文化则是地道的世俗性文化。

## 三、当前中国社会转型期西方文化的多元状貌

改革开放的今天，西方文化已"多姿多彩"地存在于我们的生活之中。从文化形态学的角度看，不同形态的西方文化特点鲜明。

### 1. 古典性文化

所谓古典性文化，是西方的"传统文化"。若从空间结构和文化性质上，以现在颇为流行的"传统就是现代"或"传统蕴含在现代之中"的方法来考察，是很难给它一个明确的规定的。但是，在文化历史的历时性维度上它是很清晰的，这就是文艺复兴、启蒙运动之前的"前现代性文化"。有学者称其为"神圣性文化"。它以三种精神构架而成：一是希腊哲学的理

性精神，二是希伯来的宗教精神，三是罗马的法制精神①。虽然经过以文艺复兴和启蒙运动为标志的人类精神（和文化）的世俗化运动的清洗和荡涤，古典性文化被视为几乎等同于"神学文化"而受到了毁灭性的打击，但是，正像怀特海所说："两千五百年的西洋哲学不过是柏拉图的一连串注脚"，这种古典性文化或被"改头换面"（如宗教改革），或被"抽取吸纳"，它的精神气质在一定的形式中却延流至今。众所周知，韦伯竟然从它的身上（基督教为内核）找到了"资本主义精神"的发源地，从而被视为"巨大贡献"而在整个文化界掀起狂风巨澜。不仅如此，当在彻底否定古典性文化基础上平地起家的现代性文化，经过几百年的辉煌发展而耗尽能量并越来越暴露出它不可克服的弊端的时候，古典性文化便冲破包裹它的现代化形式直接地显露出来，紧接着，显露出来的古典性文化，又被以否定和清算现代性文化之弊端为使命的后现代性文化作为其价值征战的"开采地"（这一点非常类似于"新文化保守主义"对中国传统文化价值的阐扬光大）。古典性文化终以比它的原始装束更加光彩照人的面目呈现在当代人的面前。

2. 现代性文化

现代性文化是指以文艺复兴和启蒙运动为开端的，在否定古典神圣性文化基础上所形成的崭新形态的文化。现在人们已经习惯于把它规定为以"理性主义和人本主义"为基本内涵（这里的"理性"相对于"神性"，"人本"相对于"神本"）。从社会发展的角度看，现代性文化是伴随世界历史的形成，即从传统农业社会（文明）到现代工业社会（文明）的现代社会转型而形成的，同时也是支撑现代社会转型的最根本的"文化精神"。它的形成是人类文化和文明发展的质的飞跃。众所周知，在它作为一种"文化精神"的支撑下，西方资本主义世界才得以形成，而资产阶级正是仰赖于它所造就的现代工业生产方式。生产力的发展又使人类创获了辉煌无比的物质和精神财富。因此，如果说古典性文化崇尚的是理想价值，那么，现代性文化完全崇尚的是世俗生活。

当然，现代性文化正是在它崇尚世俗生活的过程中，被片面地作为

① 赵敦华. 超越后现代性：神圣文化和世俗文化相结合的一种可能性［J］. 哲学研究，1994（11）：22-28.

"理性工具"无限制地开采和征用人类世界（物质世界、精神世界），因而暴露了它难以克服的弊端。马克思的"异化理论"，可以看作是对这种弊端的最有力的揭示和批判。正是在这种情况下，后现代性文化才闪亮登场，以各种各样的姿态和方式，甚至不惜以怪异荒诞的方式，对现代性文化进行了尖刻讽刺、无情玩弄和激烈批判。它们试图给人类营造一种福祉无限的新型文化。

但是，正像现代性文化并不能全盘否定古典性文化的价值一样，后现代性文化同样不能完全否定现代性文化的价值，甚至连现代性文化在目前仍然占据着当代人精神世界的核心和主流地位这一点都不能否定。对于目前正处于从传统农业社会向现代工业社会转型的中国社会而言，就更是如此。尽管我们已经能够理性自觉地审视古今中外的各种文化，但占据社会主流的，在历史文化运作的时空中和我们所确立的市场经济相"吻合"的，应该说仍是这个现代性文化。

3. 后现代性文化

后现代化性文化究竟是什么性质的一种文化，它能否成为一种独立的文化形态，学界对此的认识并不统一。有人认为，后现代主义虽然对现代性文化持激烈的批判态度，但它并不是现代性文化的后继者，毋宁说，它只是现代主义的极端化。这种观点陈述了三条理由，第一条理由是后现代性文化继承了现代性文化反传统的激进批判精神，像启蒙学者反对神圣文化传统那样反对一切文化传统；第二条理由是后现代性文化并不像它所想象的那样割裂了与传统的联系，它与一些"现代文化"思潮有明显的承袭关系；第三条理由是后现代性文化可以看作是现代性发展的必然结果[①]。稍仔细地辨析便会看到，这种观点是自相矛盾的。因为，后现代性文化究竟是反传统还是不反传统？第一条理由说它"反对一切文化传统"，第二条理由马上又说它并没有"割裂与传统的联系""有明显的承袭关系"；第三条，后现代性文化到底是"现代主义的极端化"，还是"现代性发展的必然结果"？持论者把这当作一回事来理解，但显然这是两个不同的命题。

在我们看来，问题就出在持论者极力想否定"后现代性文化"作为一

---

① 赵敦华. 超越后现代性：神圣文化和世俗文化相结合的一种可能性［J］. 哲学研究，1994（11）22-28.

种文化形态的相对独立性。但是，毫无疑问，后现代性文化已成为一种相对独立的文化形态。它脱胎于现代性文化，是现代性文化发展的"必然结果"，但绝不是"承袭"了现代性文化。它主要是反"现代性文化"这个传统，而不是反对"一切文化传统"。其"内在精神气质"或"终极的目的"或"最深刻的动机"是在否定之否定的层面上向"古典性文化"上回归。

那么，后现代性文化作为一种相对独立的文化形态，究竟是否影响着目前处于社会转型期的中国人？如前所述，若仅仅从"理论建树"上而言，毋宁说，后现代性文化所主张的流浪者的思维、哲学的终结、中心的消解、基础的塌陷、理性的陨落、结构的颠覆、价值的削平、视角的多元化、解释的游戏化、方法的反传统化等，和目前中国人的现实生活相去甚远，因而对于有深厚传统文化积淀和对现代性文化尚有急切渴望的中国人来说，无异于一种荒诞不经的怪异之说，只能从总体上遭到暂时拒绝和悬置。也就是说，后现代性文化之所以在市场经济条件下，成为目前在人们精神生活中占有一定地位、产生相当影响的文化形态，并不是因为它本身提出了多少高明伟大的理论——在这方面它和古典性文化相差甚远；也不是因为它对人类社会的发展产生了多么巨大的实际影响（它还仅仅停留在思想观念层）——在这方面它又和现代性文化相差甚远，而是因为它在向西方传统文化回归的同时，又从"外来文化"的角度对中国传统文化十分"看好"，也就是说，它在某种精神气质上和中国传统文化有一些"暗合"之处，这样，随着中国传统文化在当代社会中的价值显现，它又被中国人在这种特殊的意义上接受。

## 四、当前中国社会转型期本土文化与西方文化的博弈格局

以上我们只是从逻辑上把文化划分为中西两大系列，并陈述了它们各自的"多元"。对于中国来说，近代百年的历史正是古今中外文化冲撞、交流与融合的历史。中西多元文化的支流"条条道路通罗马"，全汇集到了处于转型期的当代中国社会之中。因此，要想探索它对人们的信仰危机产生了怎样的作用，还须对这种文化的总体格局做出梳理。

第一，从中西文化融合的态势看是交错对接。通过前面的论述，我们

体会到，中国的伦理性文化、政治性文化、经济性文化，西方的古典性文化、现代性文化、后现代性文化，虽然都是一种文化历时态的"流化"，但当它们汇集到当代中国社会中，却并不按历史的顺序汇合对接，而是错位对接。具体地说，西方的后现代性文化对接的是中国传统的伦理性文化；中国的经济性文化对接的却是西方的现代性文化；而中国的政治性文化和西方的古典性文化则有相当的"亲和"之处。这是非常奇妙的文化景观。应该说，它的主导原因乃在于中西社会发展中的巨大时代落差。

第二，从相互交融后的文化"重量"上看是外来文化大于本土文化。众所周知，在百年的文化交流中，中国本土文化一直处于被动的地位。由于经济落后和不断挨打的根本原因，参照和模仿西方文化已深深地积淀到我们的心理结构中。看一看如今市场经济社会的现实生活状态就可以证明这一点；在中国政治性文化与西方古典性文化的对接中，人们则更着眼于对特定时代的中国政治性文化的批判和否定。

第三，从文化驻足并作用于社会的方式上看是文化创新强于文化继承。无论中西古今文化是怎样地交错与对接，它们绝不会回归于某一文化的原始形态，一定会因新时代的因素汇入而呈现出崭新的姿态。那种热衷于对传统文化的发扬与阐释，也坚决地声明要"综合创新""现代转换"；那种对现代性文化的追求与模仿，也绝不是"照猫画虎""照葫芦画瓢"。中国传统文化之所以是传统文化，不仅因为它是"过去的"，更因为它是"历史悠久"的，而之所以是历史悠久的，正是因为它所赖以存在的社会基础是那样的"大一统""超稳定"，因而在它的运作机制中总是传承大于创新。然而，当代社会，经济发展飞速，政治变革频繁，文化转瞬即逝，传统文化即使被"传承"也仅只能占"一席之地"，文化的整体态势是"向前看"。

### 五、当前中国社会转型期的文化选择迷茫

第一个迷茫是文化认同的迷茫。目前文化的总体格局的特点之一是西方文化根深蒂固，在不少人心目中甚至重于本土文化。那么，就西方文化本身而言，不管是全盘接受，部分接纳，还是完全拒绝，都一定有相应的诸如"极端的保守主义""温和的激进主义或自由主义"或"当代虚无主

义"等"帽子"向你扣来！也许有人会认为这是言过其实。在他们看来，近百年来古今中西文化虽然多有冲撞，但总体来说，在不断交流、结合并产生新变化。尤其是当马克思主义中国化并成为中国社会的主导文化以后就更是如此。

马克思主义传入中国，与中国革命实践相结合，深刻地改变了中国现代历史的进程，使中国社会实现了划时代的发展，文化也呈之以新的面貌。同样地，马克思主义的基本原理必须与中华优秀传统文化相结合，"两个结合"的提出为我们认识该问题指明了方向。

第二个迷茫是价值选择的迷茫。价值观念是文化的核心，所以文化认同的困惑必然导致价值选择的迷茫。

价值选择的迷茫，包括两个层面：第一层面是现实价值选择的迷茫。人们现实生活的法律、道德、艺术、教育乃至于维持基本生存的功利活动，都仰赖于人们的现实价值选择。然而，多元文化并存，给社会生活的各个领域同时树立了多种价值标准，整个社会失去了一个至高无上的文化权威，因而人们的政治行为、经济行为、道德行为找不到唯一的解释标准。人们赖以解释自己行为的文化根基发生了分裂。比如，"法律面前人人平等"本是法律领域唯一的价值标准，然而在文化多元的冲击下，由于权力关系、亲情关系，甚至金钱关系（政治性文化、伦理性文化、经济性文化的表现）的渗透和干扰，这一价值标准却往往失去范力，遭到扭曲，以至于人、权、法、情、钱的关系仍是市场经济下的"热门话题"和"理论难题"。如果说这种价值选择的迷茫，在过去主要表现为选择机会的匮乏，那么现在却是选择尺度的遗失。选择尺度的遗失，使人只能"跟着感觉走"，而当选择仅仅依赖于感觉时，也就没有选择了。可见，现实价值选择迷茫，在现实中往往有两种极端的形式：要么是别无选择，要么是"什么都行"。两极相斥相通，将人置身于价值选择的"真空"状态。

价值选择迷茫的第二个层面是终极价值选择的迷茫。多元的文化尚使现实价值的选择陷入困境，也就更不用说终极价值的选择了。一方面，目前的文化从总体上就没有给我们很好地提供一种"终极价值关怀"。这有两个原因：其一是由于总体文化格局的"现代文化大于传统文化"的特点，使蕴含在传统文化中的"终极价值关怀"被淡化、稀释、瓦解；其二是受当代"解构神圣价值"的种种哲学社会思潮的影响，目前的文化本身，就极少提供一种"终极价值关怀"。另一方面，即使目前的某种文化提供一种"终极价值关怀"，也因在文化整体选择上的困境所限制，不能轻易地被我们所接受。

第三个迷茫是人格崇拜的迷茫。人是以个体形式存在的，但人的本质又是社会的，因此，人格中最基本的矛盾应是个人和社会的矛盾。如果人格已无法塑形，那么，毫无疑问，文化必然危机。目前的多元文化都有人格的蕴含，都有关于个人、社会及其关系的看法，但是构架不同，理路不同，追求的目标更为不同。前文陈述过诸多的"文化"，它们对人的自我形象的塑造都各有主张。比如，中国的传统文化中的"以社会群体为本位"的文化，源远流长，绵延不息，从旧时代的"伦理性文化"一直延续到计划经济时代的"政治性文化"之中；再如，改革开放了，个性解放了，极端的个人主义的现代性文化又占据了文化的主战场，如此等等。蕴含在古今中外文化之争底层的，实质上是人格塑造的分歧，或展开说是处理个人与社会关系的模式和路径的分歧，因而可以说，有多少文化，就有多少人格形象，就有多少个人与社会关系的模式。

### 六、中国文化向外传播的基本战略略论

基本战略有三。

第一，实行文化选择的"综合创新"，即在现代国家的理念基础上，综合前文所提到六种文化的合理内核和合理要素，创立和培育真正适合中国特色社会主义的文化形态，以实现整个社会的文化精神统摄和引领。

第二，在这种"综合创新"的文化形态构成中，并不是糅成一个"文化大杂烩"（美其名曰"文化融合"），而是要在不断完善的社会主义市场经济的基石上，坚定不移地选择现代性文化作为"综合创新"文化形态的轴心。应该指出，中国现代性文化还没有充分地展示它的生命力，便处于某种危机之中，这种状况是极为危险的，它有可能断送中国来之不易的现代化前程。

第三，社会转型造成了中国文化选择上的困境，现在的中国社会，狂躁喧闹，津津乐道于未经任何价值转换和形态创新的所谓"传统文化"，

依据中国传统文化的美德，恰恰是"己所不欲，勿施于人"，如果自己都不选择，那有何理由"传播"给别人？所以，中国文化向外传播，不能仅在传播技巧上下功夫，而是要向世界传播经过我们精心过滤和解释且一定适应被传播对象需求的中华文化经典。

# 关于中国对外文化传播
# 现状与未来的思考

## ——以中国影视产品"走出去"为例

程曼丽[①]

在由国家主导的一国对外信息传播中，文化交流占有很大的比重，而在各种形式的文化交流中，影视作品的分量显而易见。正因为影视作品具有象征性的符号意义，能够有效影响人们的认知与判断，各国政府纷纷将其作为推进国家战略和外交政策的辅助性手段。

例如好莱坞在美国的全球战略（向世界推销美国）中就扮演着重要的角色。从 20 世纪第一个 10 年起，好莱坞制片人就开始在国外主要市场设立办事处。第一次世界大战爆发后，趁欧洲陷入战争混乱时，美国逐渐取代法国、英国、德国等传统的欧洲电影基地，形成国际化的电影市场。第二次世界大战则将美国的电影工业进一步推向世界领先地位。这一地位至今无人超越。如今，好莱坞无处不在，美国电影几乎成为世界电影的代名词。而随着好莱坞影片向全球的大规模推广，美国的生活、思维方式，以及美式价值观也传遍世界各个角落，成为具有"普世性"的"范本"。可以说，今天的好莱坞不仅为美国创造着巨大的经济利益，而且创造着美国式的"世界口味"。这正是美国全球战略的题中应有之义。

而以影视产品为主体的"韩流"更是韩国"文化立国"战略的有机组成部分。1997 年，在韩国遭到亚洲金融风暴的重创后，其政府认识到，不能单靠重工业来支撑经济，还要通过文化产业或知识型产业提升国家的竞

---

① 程曼丽：北京大学国家战略传播研究院教授。

争力。为了推动文化产业的发展，韩国成立了文化产业专责机构，加大创意创新力度，并以进入国际市场为目标。1998 年，韩国正式提出"文化立国"的方针，并从 1999 年到 2002 年先后出台一系列扶持文化产业发展的法律文件和政策规定。也就是在从 1999 年到 2001 年这三年的时间里，以大众流行文化为代表的韩流一举进入并占领中国的文化娱乐市场（包括亚洲市场），形成一波接一波的热潮，中国也出现了人数众多的"哈韩族"。韩流的主打产品为电视剧、电影、游戏。影视剧演员都是精心挑选和培养出来的，影视作品中的亲情、伦理、家庭观念能够引发共鸣，这些都使韩流拥有巨大的市场。韩国因为韩流受益匪浅：韩流带动了韩国的旅游热、化妆品热，带动了整容业的兴盛，带动了服装和饮食业的出口，还带动了韩国家电、汽车、手机、电脑等产品的热销。韩流不仅为韩国赚取了大笔外汇，更为国家形象的提升立下了汗马功劳。

那么，中国影视产品"走出去"起于何时，经历了怎样的过程，又遇到了哪些问题与挑战？

## 一、"走出去"的缘起及现状

改革开放以后，当中国在经济领域以更为积极的姿态活跃在世界舞台上时，政府有关部门启动了广播影视"走出去工程"，目的是通过多种题材、类型的影视作品，展现当代中国的精神风貌、生活图景，让世界更好地了解中国。

中国影视产品"走出去"经历了这样一个过程，从最初（20 世纪 80 年代）以文化交流为主，发展到目前的文化交流与商业运作相结合。商业运作主要包括自办发行，参加影视节目展览、交易会，委托代理发行，合作拍片等形式。由于自办海外发行风险大，制片公司主要还是通过节目交易（会）、委托代理方式进行海外发行。目前越来越多的中国影视企业积极参加国内外的影视节目展，通过展览会推介影视产品，形成出口意向或直接签署出版合同。

虽然中国影视产品的出口形式多种多样，但合作拍片始终是中国电影海外票房的主力军。从 2001 年到 2010 年，中国与美国、法国、英国等合作拍摄了 130 多部影片，包括《英雄》《赤壁（上）》《木乃伊 3》《功夫梦》等，这些影片都在海外热映。2010 年有 47 部影片出口海外，其中合拍片占 46 部。近年来，中外合拍片在内地电影市场的比重持续增加。2016 年，立项合拍片多达 96 部，其中审核通过 71 部。而在 2006 年之前，中国电影合作制片公司每年受理立项的影片仅有十几部。

出口电影延续了一贯的特征，即以功夫片为主。2010 年，中国电影海外票房前 10 名中有 8 部影片是功夫片，这 8 部影片的销售额占中国电影出口额的 80％以上。近年来，中国在海外发行的影片类型逐渐增加，如喜剧片《非诚勿扰 2》等，但是真正叫座的还是功夫片，让人印象深刻的也主要是功夫片。电视节目的出口早先主要是纪录片，后来电视产品的类型逐渐增加，除纪录片之外还有电视剧、动画片和各种娱乐节目，但是电视节目出口的主力军是电视剧和动画片。

## 二、"走出去"面临的问题与挑战

2018 年 5 月 18 日，国家广播电视总局国际合作司司长马黎在"中国影视的国际化之路"——影视文化进出口企业协作体系列活动中分享了影视文化走出去工作取得的进展和未来的工作规划。她讲道，近年来，在中宣部的领导下，配合国家外交大局，影视节目出口额连年实现递增，据不完全统计，2017 年全国影视内容产品和服务出口超过 4 亿美金，出口规模不断扩大，类型也不断丰富，出口的市场从东南亚不断向非洲、中东、欧美等地区迅速拓展。同时，出口的形式也从单一节目销售发展为海外集成落地，实现了由卖节目向开时段、建频道的飞跃。①

我们同时也看到基于数据统计之下的分析：我国电影年产量六七百部、电视剧年产量一万多集、网剧年产量十几万分钟，已成为世界第二大电影市场，第一大电视剧、网剧生产国。然而，令人尴尬的是，如此之多的影视作品能传播到海外的仍然是少数，能获得海外观众认可的更是凤毛麟角。②

问题出在哪里？原因何在？笔者认为主要有以下几点。

---

① 参见 2018 年 5 月 18 日中央广电总台国际在线，记者冯雪："抱团出海助力中国影视文化走出去。"
② 参见 2017 年 4 月 26 日《光明日报》。

第一是影视产品"走出去"的国家战略意识不足。所谓国家战略就是整体战略、协同战略、一盘棋的战略。韩国的影视产业之所以形成规模效益，除了专业方面的努力之外，还有一条清晰的路径，就是国家在适当的时机实施了相应的扶持政策和企业策略。早在 2000 年，韩国政府为促进文化产品出口，专门成立了影音分轨公司，对韩文翻译为外语和此类产品的制作几乎给予全额补助，开始了开拓国际市场的强大攻势。2001 年，韩国政府成立了文化产业振兴院，每年该院可得到政府资助 5 000 万美元。目前该院已经在中、日、美、英等国设立了办事处，建成横跨亚、欧和北美主要市场的联络体系。此外，韩国对电视剧出口实行免税制度，出口电视剧的利润由电视台和制作公司五五分成；同时设立出口奖励制度，大力发展海外营销网。这些整体性的战略使韩国开拓国际市场的努力如虎添翼，取得了显著成效。我国也有影视产品走出去的扶持政策，但这一政策主要体现在 2009 年开始的中国主流媒体国际传播能力建设的投入中，对影视剧的出口支持只是其中的一部分，尚未形成一体化的战略格局。

第二是内容的适应性不强。几年前，笔者曾经参加清华大学一位博士生的学位论文答辩，她的论文《中国电视的海外市场进入模式——基于节目出口的研究》给人留下深刻印象。在她经调研后编制的国产电视节目（以电视剧为主）海外发行地区的列表中发现，我国国产完成片的境外播出地绝大部分是中华文化圈或中华文化影响圈，非华语文化圈很少进入。从论文提供的资料中可以看到，我们在前两个圈子取得的优势也是自然形成的，靠的是拍摄实景多，台湾地区和东南亚拍不过我们。凭借这种天然优势，国内很多制片人不会重视海外市场，一般等一部剧作拍好之后再来看能否销售出去；在剧本创作和制作过程中也没有针对性地融合海外市场所欢迎的元素。所以，即便是销往中华文化圈的电视节目，当地观众能否接受和理解，仍然是一个未知数。至于非华语文化圈中国电视节目的出口，问题就更大一些。应当说，中国的一些电视片，尤其是历史人文题材的纪录片在欧美国家的电视市场还是很受欢迎的，但是这类电视片售出后有一个共同特点——它们不是以原始制作形态播出，而是经过了当地电视台的二次加工。例如，12 集的历史题材纪录片《故宫》被美国国家地理频道买下后，该频道淡化了其建筑艺术、馆藏文物、历史变迁等方面的内容，而以这座建筑内曾经鲜活的人物命运和神秘的宫廷生活为聚焦点，邀请曾在奥斯卡获奖影片《末代皇帝》中扮演婉容皇后的演员担任"故事叙述人"，并将其改名为《解密紫禁城》，在全球 164 个国家播出。类似的改编还有《郑和下西洋》。德国电视二台（ZDF）购得该片后，安排属下制作公司的签约导演按照每隔 3～5 分钟就有一个兴奋点的结构重新剪辑，最大限度地强化了该片对于欧美观众的吸引力。试想一下，如果国外的电视机构不对原片进行适应当地观众收视习惯的改造制作，那么中国电视片进入非华语文化圈的数量将会更少。

第三是对受众群体缺乏细分。例如，2008 年好莱坞梦工厂的《功夫熊猫》在中国上映，一举拿下两亿人民币的票房；2011 年 5 月 8 日《功夫熊猫 2》在中国上映，上映首日票房就超过 6 000 万元。而与《功夫熊猫》《功夫熊猫 2》上映同时出现的，是一股抵制它的风潮，抵制的理由是好莱坞披着中国文化的外衣赚中国人的钱，是美国人对中国的一种"文化侵略"。

而为什么国人对于美国的"文化侵略"来者不拒，心甘情愿被"征服"呢？其中是否蕴含着某些值得我们深入思考的问题呢？

传播学中有一个简单的道理，传播者所传信息的内容与受传播者知识、经验的重叠范围越大，传播效果越好。《功夫熊猫》的成功，恰恰应了这个道理（我们自己的影视作品受欢迎，也是应了这个理）。为了制作出符合中国观众口味的影片，《功夫熊猫》的主创人员历时 8 年研究中国文化（包括研究香港功夫片），到中国采风，走访北京、山西平遥、河南少林寺及四川成都，将大量的中国文化元素融入影片中，为中国观众营造了一个仿佛置身其间的熟悉环境。再加上该片主创人员巧妙的构思，精准的定位，高科技的制作以及专业化的运营，《功夫熊猫》和《功夫熊猫 2》能够赚取高票房就不足为奇了。

反观我国的影视产品出口就没有如此幸运了。原因是多方面的，问题之一就出在传播内容与受众知识、经验的重合度上。我们长期以来面临的一个困境是，在对外传播中，欧美国家一直被视为重要的目标群体，但是由于地域阻隔和中西文化差异的存在，我们对这一部分受众的了解远未达到令人满意的程度，传播效果自然会大打折扣。而对于与我们文化背景相同或相近的汉语言文化圈和中华文化影响圈的受众，我们也没有做细致的划分，所提供的是一般性的内容产品，甚至把国内的传播内容直接拿到国外去，受众难以理解，效果也会打折扣。由此想到"文化帝国主义"的问题。"文化帝国主义"是一种宏大叙事，我们面对的却是十分具体的问题。上述事实告诉我们，中国影视产品的出口，不排除有来自"帝国主义"的遏制，但同样也有自己走不出去的尴尬。它所反映的是我们的制作群体在受众定位、内容创新、市场运作、专业化水准等方面存在的问题和差距。因此，当我们还没有把自己的事情做好的时候，"文化帝国主义"更像是自我开脱的一种借口。我想，对于中国的对外传播而言，这是将来一段时间急需解决的问题。

第四是海外发行渠道拓展不足。目前中国影视产品向外的发行渠道具有一定的局限性。例如展销会和电影节在旺季过后就冷清了，常态性不够；合作拍片的好处是成本低，市场风险小，不足之处是丰厚的海外发行利润被合作者拿走了，我们的商家只是赚了个吆喝。更为关键的一点是：通过他人去发行，我们总是远离市场，永远培养不起来对市场的敏锐感觉。所以，下一步的努力方向是在国外建立自己的发行渠道。具体操作是灵活的，可以由影视文化企业自己组建专业的海外发行公司，或者收购外国现有的发行公司，政府有关部门在市场调研、资金方面给予支持。当然，也可以依托其他行业有实力的跨国公司已经建立起来的国际销售网络，进行增值服务。目前靠单打独斗进军海外市场难以形成气候，必须建立现代企业制度，将海外营销、发行等纳入产业链，进行专业化地运作。这样，中国影视"走出去"才有可能产生实效。

### 三、"走出去"的影视产品如何致效

以上种种问题，包括战略意识不足、内容适应性不强、受众细分不够、发行渠道不畅等，可以归结到一个主要的问题上来，就是如何在确认目标受众的基础上，进行精心制作和精准传播。

如前所述，我们在影视文化产品的出口方面带有一定的随意性，比如片子拍好后，有人认为它适宜出口，就加上某个国家的字幕推出去；也有一些国外电视台，看到某部片子适合在自己国家播放，就加上字幕引进来。这就容易产生一个问题：国内观众和国外观众对文化产品内容的认知与需求是不一样的，这使许多国内热映的电视剧在国外无法找到观众。最近这些年在中国热播的电视剧，有以《潜伏》《暗算》为代表的谍战片，

有以《蜗居》《新结婚时代》等为代表的反映当今中国人生活状况的电视剧。谍战片惊险刺激，非常吸引国内观众；《新结婚时代》等电视剧很贴近地反映现实生活，也能引起电视观众的共鸣。

但是谍战片所反映的历史背景及当代都市片所反映的生活场景，对于许多欧美观众来说都是相当陌生的。他们可能知道第二次世界大战，知道日本人偷袭珍珠港，但是对于中日战争、中国的解放战争等都知之甚少。同时，由于东西方文化差异的存在，有些内容也是难以理解的。比如在欧美国家，孩子到了18岁就脱离家庭独立生活了，在中国电视剧中普遍存在的婆媳矛盾及两代人在第三代培养上的争执等，在这些国家几乎不存在。此外，美国的电视剧主要以喜剧为主，大多诙谐幽默，剧情紧凑；中国的电视剧比较追求思想性和意义开掘，涉及的内容可能就相对冗长、沉闷一些，与欧美观众的接收心理不太吻合。这就使得中国影视产品在欧美市场的文化折扣比较高。

文化折扣的概念最早是由加拿大学者霍斯金斯和米卢斯提出来的，其意是指在确定文化产品交易的经济价值时，必须考虑其中的文化差异因素。由于文化差异和文化认知程度的不同，受众在接受异质文化产品时，其兴趣、认同度、理解程度等都会大打折扣，产品价值也会大大降低。因为，任何一种文化产品的内容都源于来源地的某种文化，对于那些在此种文化中生活的受众无疑会具有较强的吸引力，而对那些不熟悉者来说，其吸引力则会大为降低。

根据这样的一个理论阐释，传播主体对自己的受众就要有所划分，区别对待。在对外传播中尤其如此。

笔者曾经写过一篇文章《中国电视对外传播的受众观》[①]。在这篇文章里，把中国电视对外传播的受众大致分为三类。

第一类是汉语言文化圈。历史上就有所谓的"汉字文化圈"之说。进入现代社会以后，汉语言文化圈更多的是指海峡两岸民众及散居世界各地的懂汉语的华人、华侨。电视对外传播主要面对的是后一部分人群。由于这一部分受众与中华民族有着天然的血脉联系，对中华文化有着较为深入的了解，因而是对外传播最容易影响的人群。中央电视台中文对外电视频

---

① 程曼丽. 中国电视对外传播的受众观 [J]. 新闻与写作，2010 (8)：58-59.

道的电视信号基本上覆盖了这一部分受众。

第二类是中华文化影响圈。所谓中华文化影响圈，是指历史上曾经深受中华文化影响的国家，包括日本、越南、韩国、缅甸、泰国、柬埔寨、老挝、蒙古等。这些国家的受众不一定懂汉语，却对中华文化有一种息息相通的亲近感，接受起来没有太大的障碍。20世纪末期中国电视剧《渴望》在越南、朝鲜播出时万人空巷，蒙古电视台制作了一个该剧的蒙古版，照样引起轰动，就充分说明了这一点。通过签订协议，一些国家（如东盟国家）还可以通过有线电视网直接收看中国邻近省份电视台的有线电视节目。

第三类是中华文化影响圈之外的国家。所谓中华文化影响圈之外的国家，主要是指西方发达国家，这些国家是传统意义上我国对外传播所要影响的主要对象（因而才有持续多年的英语战略）。如果说面向中华文化影响圈的传播主要是跨语言传播的话，那么，面向这一部分受众的传播就是跨语言、跨文化传播，由此带来的隔阂与差异使这一传播具有相当大的难度。国际舆论中时常出现的对中国的误读与偏见，大都来自这类国家。改变这种状况，不是增加一两个外语频道能够奏效的，而需要长时期的努力。

通过受众分类可以看出，汉语言文化圈和中华文化影响圈是中华民族独有的资源，也是我国对外传播最容易到达和最易产生影响的部分，因此，这两部分受众应当成为中国影视对外传播最重要的受众群体，不能忽视。中华文化影响圈之外的国家，是我们在对外传播中向来十分重视的，但是由于存在地域、语言、文化以及其他方面的差异，面向这一部分受众的传播不能求立竿见影之效果，而应通过长期的努力，通过跨语言、跨文化的编码和再创作，使所传播内容产生预期的效果。

精心制作是精准传播的必要条件。事实证明，只要面向目标受众进行精心制作就会产生良好的效果。例如2011年，中国电视剧《媳妇的美好时代》被加工制作成36集的斯瓦希里语版电视剧，在坦桑尼亚播出，一炮打响。虽然中坦两国地处两大洲，有着文化上的差异，但当地的民众和中国人民一样，有着根深蒂固的家族、家庭观念，这使他们在这部电视剧中能够看到与自己生活相似的场景和家庭关系，从而能够产生强烈的情感共鸣。除此之外还有一个更为重要的原因：《媳妇的美好时代》是国家广播电视总局"中国优秀电视剧走进东非"项目的开局之作。此前当地观众也看过一些中国电视节目，但由于语言不通，不能充分理解，这些节目没有产生多大的影响。《媳妇的美好时代》是第一部翻译成非洲本土语言并在非洲国家的国家电视台播出的中国电视剧，电视剧的男女主角分别由肯尼亚两名最有号召力的巨星担纲配音，重新演绎。中国国际广播电台斯瓦希里语部工作人员承担了其他角色的配音任务。经过这样一番改造制作，该剧才能在坦桑尼亚成为热播剧。《媳妇的美好时代》在坦桑尼亚播出后，周边的非洲国家纷纷购买该剧版权，在自己国家播放，效果可见一斑。

精准传播的另一个说法是"精心运作的传播"，它来自 2010 年 3 月美国前总统奥巴马向参众两院提交的《国家战略传播构架》报告。在这份报告中奥巴马指出，美国政府历来十分重视文化对传播效果的影响，他在阐述战略传播概念时强调，要实行"精心运作的传播"，就需要全面深入了解受众的身份、态度、文化、利益和行为动机，增进各级政府和境内外民间社会团体之间的联系，有效融合发展与战略传播相关的学科知识和专业技术。由此可见，一方面，精准传播或精心运作的传播本身就具有国家战略意义；另一方面，精准传播亦有助于国家战略的实施。

美国涉外影视产品的制作，就体现了这种"精心运作的传播"。早年美国官方曾推出《中国电影市场》报告，专门研究中国人的观影口味，确认"美国电影比任何其他国家的电影都受中国人的欢迎，中国人喜欢我们大多数电影结尾的'永恒幸福'和'邪不压正'"。《功夫熊猫》《花木兰》等就是在中国市场调查的基础上，经过好莱坞梦工厂的制作，从而被中国观众认可并喜爱的。借鉴美国的经验，我们首先要做好国际影视市场的调研，对海外不同区域观众的接收心理、观影习惯及消费类型进行细化研究，使"走出去"的中国影视产品实现精准对接，在创造经济效益的同时，讲好中国故事，传播好中国声音，更好地弘扬中华文化。

# 儒家的制作图式及其
# 与道家的分判

## ——以中国早期哲学为中心

闫月珍①

在中国早期哲学中，人们对物之成器与成形途径之看法，有两条线索：一条线索是以儒家为代表的制作图式，另一条线索是以道家为代表的生长图式。前者发现物之材需依于人工，通过切磋、琢磨而成器；后者认为物之性需依其本然，任其自由、自然生长。事实上，这两种图式是中国早期哲学探讨的两个基本问题，主导和构成了早期各派思想家据以言说和确立其观点的公共话题。

## 一、制作图式

在中国早期哲学中，儒家对文化之起源的看法，是以对"制"和"作"的思考展开的。人们以制作为隐喻，展开了其思想论说。史载宗周建国之初，周公"制礼作乐"（《礼记·明堂位》），对各级贵族配享、列鼎、乐舞和用诗之方式进行了严格规定。战国秦汉学者将著作权归诸周公名下的，计有《七月》《鸱鸮》《常棣》《文王》《清庙》《时迈》《酌》诸篇。在此一礼乐背景中，"作"被用于文化建构的层面：一方面，"作"被限定于圣人所为或礼乐之用；另一方面，"作"也被用于道德评判。如《论语·季氏》说：

---

① 闫月珍：暨南大学文学院教授。

> 天下有道，则礼乐征伐自天子出；天下无道，则礼乐征伐自诸侯
> 出。自诸侯出，盖十世希不失矣；自大夫出，五世希不失矣；陪臣执
> 国命，三世希不失矣。天下有道，则政不在大夫，天下有道，则庶人
> 不议。

这就暗含了天子之"作"的合法性，礼乐表演和征战讨伐都应由天子
来制作和决定。

至于孔子为何自称为"述"，而非"作"，我们可以从儒家对于先贤的
评价中发现其用意。孔子对于古圣先师"尧"就有如下陈述：

> 子曰："大哉，尧之为君也！巍巍乎，唯天为大，唯尧则之。荡
> 荡乎，民无能名焉。巍巍乎，其有成功也。焕乎，其有文章。"（《论
> 语·泰伯》）

尧的统治是伟大的，因为他取法于天，因此，他的文章焕然有采，是
值得仿效的。作为第一个圣人，尧取法于天，以为人们立法。

《论语·子罕》也同样以此表述对于文王的评价：

> 子畏于匡，曰："文王既没，文不在兹乎？天之将丧斯文也，后死者
> 不得与于斯文也。天之未丧斯文也，匡人其如予何？"

尽管文王已逝，他的文章却存留下来。它们最初是由圣人取法于天
的，能被传之后世也是因上天之功。在孔子看来，圣人才是创制者，而他
本人只是一个转述者。《论语·述而》也曰："述而不作，信而好古，窃比
于我老彭。"这表明孔子非常认同周代礼乐制度对后世的垂范意义。在孔
子看来，圣人因其创制能力，被赋予了神圣的地位。这表明了孔子对于传
统的敬畏，他强调遵循过往之重要。因此，孔子拒绝称自己为圣人，否认
自己有"作"这样极其崇高的行为。事实上，这是对圣人和"作"的肯
定。在这一修辞策略中，虽然孔子言自己未"作"，但他其实非常看重
"作"。孔子声称他不欲言，欲仿效于天。表面上孔子选择"述"圣为己
任，实则上更怀"作"圣之志。"述"是通过语言复制上天首创的法则，

也就是说被"述"的是规律性的行为。总之，孔子认为"天"是一切法则和规律的开始，而尧和文王作为圣人是在"述"此一原初。事实上，一方面，儒家取法于天，将事物的起因归于"天"；另一方面，儒家又极重视"作"，将其看作传送"天"之意志的手段。这也可以解释为何孟子称孔子是在"作"：

> 世衰道微，邪说暴行有作，臣弑其君者有之，子弑其父者有之，孔子惧，作《春秋》。《春秋》，天子之事也。是故孔子曰："知我者其惟《春秋》乎！罪我者其惟《春秋》乎。"（《孟子·滕文公下》）

孟子认为孔子是圣人，因为他在礼乐崩坏之际作出了《春秋》，这是不同凡响的举动。唯有圣人才能"作"的观念，在中国早期观念中可谓一以贯之。

儒家对"作"的重视，体现在对物之制作的重视和对物之形式的喜好，其实质在于对社会之范形和体制具有强烈的设计欲——以礼乐制度统筹一切社会行为和社会制度。《论语·阳货》中："子曰：'礼云礼云，玉帛云乎哉？乐云乐云，钟鼓云乎哉？'"这其实是说礼乐制度与玉帛钟鼓这样的器物有一定的关联。儒家还有非常典型的佩玉方式，《诗经》描述为"有玱葱珩"（《小雅·采芑》）、"鞙鞙佩璲"（《小雅·大东》）。由于玉相互撞击发出悦耳的声音，人们的行步也随之得以调节，这表明了佩玉是礼制的体现，甚至有着特定的佩戴场合和佩戴方式。

孔子向往周代制礼作乐的盛世，《论语·八佾》曰："子语鲁大师乐，曰：'乐其可知也：始作，翕如也；从之，纯如也，皦如也，绎如也，以成。'"孔子非常认同以乐辅政之意义，音乐开始演奏时，和谐协调；乐曲展开以后，声音美好，节奏分明，余音袅袅不绝，直至演奏完成。进而言之，我们可以从儒家的叙述策略中，发现其所向往的周代礼乐文明之"物"体系，以及其背后所隐含的制作图式。

第一，"玉"成为儒家理想人格之象征物。玉是石之精华，以玉为上，意味着物是有比对、有差别的。即使对于颜色和光泽都比石鲜明的玉，人们也不惜对其进行琢磨和切磋，通过人工制作雕刻出精美的花纹和规范的形状。人们甚至将这种对形状和制作的欲望扩展到政治和知识领域，所谓"玉不琢不成器，人不学不知道。是故古之王者建国君民，教学为先"（《礼记·学记》）。总之，儒家对物之形状和制作有着强烈的喜好，并且通过以玉比德的方式，表明理想的人格典范和社会形态。

第二，"金"成为儒家理想社会制度之象征物。在儒家所向往的周代社会，器物往往以青铜器为上，无论是作为容器的鼎，还是作为乐器的钟，无不显示了"金"尊贵的社会属性。这是因为青铜器的制作凝聚了贵重的材料和精美的工艺，从而使青铜器成为上层社会标明身份的用物，甚至象征着国家政治权力。如周代的毛公鼎，铸有铭文 32 行，计 499 字，为现存青铜器中铭文最长的一件。该鼎铭记述了周宣王的告诫，是一篇完整的敕命。可见，青铜器已不仅仅是实用器物，更承载着重要的国家事件。

第三，"帛"成为儒家理想文化形态之象征物。如果我们进行追溯，会发现最具形而上特征的文化形态，竟然是以最为直观的"帛"来言说的。我们今天所言文学意义上的"文章"，在上古时期一般指祭祀、庆典中用的礼服、族旗，甚至被用以象征整个礼仪制度，如前文《论语·泰伯》说："子曰：大哉，尧之为君也！巍巍乎，唯天为大，唯尧则之。荡荡乎，民无能名焉。巍巍乎，其有成功也。焕乎，其有文章。"这里，"文章"用以表明礼仪制度的美好。

总之，儒家主张通过雕琢来实现文明和教化的进步，而雕琢之首要条件在于"才美工巧"。一方面，"才"要经得起琢磨，如《论语·公冶长》言："子曰：'朽木不可雕也，粪土之墙不可圬也。于予与何诛？'"材质伪劣，纵使有雕琢之工也是徒劳。另一方面，"工"要专精而细腻，荀子说："人之于文学也，犹玉之于琢磨也。《诗》曰：'如切如磋，如琢如磨。'"（《荀子·大略》）通过雕琢和整治实现个人德性的提高和社会文明的进步，是上述思想的共同之处。

无论是金、玉、帛，还是瑚琏、瓠，在儒家语境中无不隐喻了鲜明的意识形态性质。如何成为既具有德性，又具有技艺的人，始终是儒家考虑的一个问题。即使是视觉意义上的花纹，也并不是纯粹的装饰，而是被赋予了文明和人文的意味。

## 二、生长图式①

中国哲学的生长图式，是指中国哲学关于事物成器或成形的认知，依据自然物特别是木和水的生长规律和内在形态而形成的思维图式，实质是以自然物隐喻人们对社会的看法。

生长图式主要出现于道家思想中，这是因为宇宙生成论是道家最为核心的一个问题。道家所阐述的宇宙生成论有三种模式，包括"他生""相生""自生"。首先，"他生"强调生成者与被生成者的关系，称为"创生"模式。其次，"相生"强调万物依据怎样的机理、通过怎样的方式化生出来。最后，"自生"强调万物的产生主要不依赖于"造物者"的作用，而依赖万物自身的力量。② 事实上，"他生""相生""自生"往往相互重合，如《老子》将道看作具有无穷创生可能性的原发性基础，又肯定了在这一原发性基础之上，产生了其他的力量以支持新事物的产生，如老子说："道生一，一生二，二生三，三生万物。"（《老子》第四十二章）"大道氾兮，其可左右，万物恃之而生而不辞。"（《老子》第三十四章）可见，道家在论说"道"时，依据生长图式展开了其主要观点。因此，他们对社会层面之制作器物和创造文化的现象进行了否定，如《老子》：

> 小国寡民，使有什伯之器而不用，使民重死而不远徙。虽有舟舆，无所乘之；虽有甲兵，无所陈之。使民复结绳而用之。

《老子》反对有意之创造和人类之机巧，甚至对器物的用途提出怀疑。老子建议治国者阻止人们使用那些已经人工创制的器物，如车、船和兵器。但在《墨子》中，这些恰恰是人类文化起始时期最为重要的器物。

---

① 李约瑟曾注意到，在诸子的思想表达素材中，道家是最重视技艺与手工业操作的流派。（参见李约瑟，陈立夫译，《中国之科学与文明》第 2 册，台北商务印书馆，1980 年，第 182—192 页。）其实，道家是通过对技艺的论述而达到反技艺的目的，而非真正崇尚技艺。

② 曹峰. "自生"观念的发生与演变：以《恒先》为契机［J］. 中国哲学史，2016（2）：18-26.

因此，道家对生长图式的肯定，基于对自然和社会之他生、互生和自生、自为的认可。上博简《恒先》从"作"与"生"的比对中，将"自为"提到了核心的地位：

> 祥义、利巧、采物出于作，作焉有事，不作无事。

祥义、利巧、采物所代表的礼仪等级制度均出于"作"（人为），这是不自然的造作行为。有作（人为）就会有事（人事），不作（人为）就不会有事（人事）。"天下之事""天下之名""天下之作""天下之为""天下之生"都应是自发自为的，所以对于这些事物，不要去指定、不要去干预，要让天下的作为都成为自发之行为，那么万事万物就都能得到"各复归其根"的效果。① 可见，《恒先》对社会之自为进行了肯定。

在战国末期的道家思想中，也有主张自为而与天地为一的观念，如《鹖冠子·天则》："不创不作，与天地合德。节玺相信，如月应日。""《天则》即'天之则'，亦即自然的法则。'天'之'则'从根本上说，当然是依'道'而行。"② 不同于《周礼·考工记》将圣人描述为既"创"且"作"的典范，《鹖冠子》否认了"创"和"作"的可能和必要：圣人与天地之德合一，而不创造任何事物。

上述"道"之生长形态，呈现出的认知原型是水和木。如果我们进一步探溯道家哲学的表述方式，会发现其关于生长图式的言说主要依据水和木，如艾兰说："第一个假定的本喻当然是植物生命，这个隐喻在'命'的观念中得到体现；第二个假定的本喻是以'气'的概念展现出来的水。两者都是'道'的体现。"③ 如果没有这两个认识原型，道家就无法展开其对生命意义的还原，更无法展开其对生命本身的还原。

首先，道家维护"木"之自然生长，认为砍伐、雕琢是损毁生长的行为，更是残害天性的行为，如《老子》说："朴散则为器，圣人用之，则

---

① "祥"指与神相关之事，"义"指与人相关之事；"采物"指的是区别等级的旌旗、衣物，即礼仪制度。（参见曹峰《〈恒先〉研读》，《国学学刊》，2014年第2期）

② 高华平. 战国后期楚国的道家思想：鹖冠子其人其书及其思想新论 [J]. 诸子学刊，2015：179 - 199.

③ 艾兰. 水之道与德之端：中国早期哲学思想的本喻（增订版）[M]. 张海晏，译. 北京：商务印书馆，2010：167 - 168.

为官长，故大制不割。"① 在老子看来，成器往往造成原初的分解和生命的离散，所以以大道制御天下，则不能割离万物之原初。在庄子看来，生于原野之树，是生命的本真状态，而如毁于工匠之斤斧、中于工匠之绳墨，则失却了"树"之根性，更何谈"芸芸"之生机。②《庄子·天地》也说："百年之木，破为牺尊，青黄而文之，其断在沟中。比牺尊于沟中之断，则美恶有间矣，其于失性一也。"③"牺尊"乃酒器，商周时是用青铜制的，周代也有木制的，形状像牛，牛是祭祀的动物。"牺尊"在此就是朴木的人为产物。木之一段被用以作器，供奉在宗庙；另一段则被遗弃于山涧。前者徒有青黄之纹饰，被人们所敬奉；后者则于山涧中腐朽，被人们所忽略。这两者其实是一样的，都是失去本原本根的结果。

其次，道家将"道"追溯至"水"，水的存在形态有"溪""谷""江海""川""冰"等。④ 一方面，水显现着"道"，《老子》曰："譬'道'之在天下，犹川谷之于江海。"；另一方面，水孕育着物，如《老子》言："'道'冲，而用之或不盈。渊兮，似万物之宗""大道泛兮，其可左右。万物恃之而生而不辞，功成而不有。"

以水为原型，道家认为道是不争的，也是柔弱的，却能以不争去怨尤，以柔弱克坚强，如《老子》说：

> 上善若水。水善利万物而不争，处众人之所恶，故几于道。居善地，心善渊，与善仁，言善信，政善治，事善能，动善时。夫唯不争，故无尤。
>
> 天下莫柔弱于水，而攻坚强者莫之能胜，以其无以易之。弱之胜强，柔之胜刚，天下莫不知，莫能行。

---

① 徐志钧注释"大制"如下："大制，《说文》：'制，裁也。一曰止也。'《定声》：'以刀断木，从未犹木也，古文从彡，像斫木纹。'制，古文有以刀斫木之义。《淮南子·主术训》：'犹巧工之制木也。'"（参见徐志钧《老子帛书校注》，学林出版社，2002年，第248页）

② 《淮南子》说："芸草可以死复生。"谓芸草可以使死者复生。

③ 庄子的这一思想被后世典籍所继承和发挥，如《淮南子·俶真训》说："百围之木，斩而为牺尊。镂之以剞劂，杂之以青黄，华藻镈鲜，龙蛇虎豹，曲成文章，然其断在沟中，壹比牺尊、沟中之断，则丑美有间矣。然而失木性钧也。"牺尊纵有华丽之纹饰、青黄之色彩，也是对木之本性的破坏。

④ 与道家之老子、庄子相比，孔子和孟子也有诸多水喻，这些水喻主要用以比拟人之仁、义、礼、智、信的伦理标准，而非谈论物之生长属性。

　　在老子看来坚强意味着灭亡，"草木之生也柔脆，其死也枯槁。故坚强者死之徒，柔弱者生之徒。是以兵强则灭，木强则折"。（《老子》第七十六章）在军事和制作领域，都体现了水之以柔克刚的属性。

　　道家通过水这一认知原型，抽绎出了清、静、善、弱这些具体的德性，并将这些德性推广到对人类社会的思考。对此，艾兰说："'道'的概念，作为一条溪流，作为一条指导人们行为道路的方向原则，由此，'道'的概念被拓展延伸，蕴含了这样一个条件状态，每一事物都应因循自然规律而动。在《老子》和《庄子》中，'道'观念的构造不仅源于溪流及其水道，而且其所有特征都源之于水自身。"① 艾兰探索了早期中国人的概念思维依据的原型，也发现水是历代中国思想的本喻，这一意象与概念渗透于哲学、文学、艺术与美学等所有领域。②

　　所以，道家依据生长图式，否认了工匠和技艺的意义，更否认了器物之用，认为制作方面的行为是对本真的背离。

　　显然，生长图式描述的是自然之原始状态，制作图式描述的是社会之人为规范。在社会思想领域，这两者成为两种不同的人文理想。③

　　第一，原始主义倾向往往反对人为创造文化。老子和庄子以水、木为原型的认知图式，将事物看成具有自身生长规律的有机体，而非被生硬肢解和雕琢的对象。与此相反，制作和人为意味着与自然的潜在分离。

　　第二，儒家将事物看成可被加工和改造的原始材料，肯定人类社会的文明进程，以及技艺层面加工和创制的意义。荀子认为文化的出现应归因于圣人，在回应孟子"性本善"观点的过程中，荀子全面阐释了圣人是如何创制文化的问题。在他看来，礼仪和道德并非源于自然，而是圣人有意为之的结果。

　　我们从"斧斤"这一器物更能看出儒道两家的鲜明立场。"斧斤"是儒家思想中最为重要的礼器，甚至被看作是王权的象征。甲骨文"王"来

------

　　① 艾兰. 水之道与德之端：中国早期哲学思想的本喻（增订版）[M]. 张海晏，译. 北京：商务印书馆，2010：79.
　　② 艾兰. 水之道与德之端：中国早期哲学思想的本喻（增订版）[M]. 张海晏，译. 北京：商务印书馆，2010：171 - 172.
　　③ 孔子也提倡"生"，如《论语·阳货》："子曰：'天何言哉？四时行焉，百物生焉，天何言哉？'"显然，此处之"生"是天之规律，并未探及生长或生育的源头和可能。

自斧形，吴其昌认为："王字之本义斧也。"[1] 斧成为王权的象征，和帝王有关的器物常取斧形，这些器物或作为服饰或作为陈设，以显现身份和其权力。帝王最为隆重的服饰上有十二章，其中黼纹绘的就是白黑相间的花纹，意为临事决断；在国事活动中，帝王使用的屏风"黼扆"之上也绘有斧头，如《周礼·司几筵》曰："凡大朝觐、大飨射，凡封国、命诸侯，王位设黼依。"郑玄注曰："斧谓之黼，其绣黑白采，以绛帛为质。依，其制如屏风然。"[2]《仪礼·觐礼》也曰："天子设斧依于户牖之间，左右几。天子衮冕，负斧依。"《诗经·七月》曰："七月流火，八月萑苇。蚕月条桑，取彼斧斨，以伐远扬，猗彼女桑。"方玉润解释此诗旨为"陈王业所自始也"。[3] 这也说明斧斨"作为王权的象征物之前，它本是军事民主制时期军事酋长的权杖"。[4] 可见，儒家以周代文化为原型，赞颂周公之制礼作乐，提倡对社会之器物、制度和观念进行礼乐化的完善，因此赞同制作之于人类文明的意义。而在道家看来，斧斤是对自然的损毁，如庄子就指出斧斤对树木之砍伐，其结果是"材之患"，是违于天道的：

> 宋有荆氏者，宜楸柏桑。其拱把而上者，求狙猴之杙者斩之；三围四围，求高名之丽者斩之；七围八围，贵人富商之家求樿傍者斩之。故未终其天年，而中道之夭于斧斤，此材之患也。（《庄子·人间世》）

木之生长是木的属性，即使木被雕琢成器物，也是对木的属性的破坏。道家否定了人文之器，认为制作其实是对木之自然本性的破坏。总之，儒家对礼器的重视恰与道家对之的否定形成立场的鲜明对比。

### 三、"作"与"生"成为公共话题

对"作"与"生"的比对，凝聚了人们对事物之起源的基本看法。它构成和主导了中国早期各派思想家据以言说的公共话题。

---

① 参见吴其昌《金文名象疏证·兵器篇》，《武大文哲季刊》，1936 年五卷三期。
② 郑玄. 周礼注疏［M］. 北京：北京大学出版社，1999：524.
③ 方玉润. 诗经原始［M］. 北京：中华书局，1986：304.
④ 林沄. 说"王"［J］. 考古，1965（6）：311－312.

关于事物之起源的论述，形成了技艺与自然之分别。

自然意味着事物之自为，而技艺则意味着事物被塑形而成器。如前所述，通过技艺的类比，荀子虽沿袭了墨家的创制理论，但他用礼义和道德限定文化。与孔子声称文化起始于圣人模仿天道有别，荀子认为文化起始于圣人之创制，并由此反对老子对人为的否定；同理，荀子认为礼义和法度也是圣人所造。与荀子不同，墨子叙述了圣人创制宫室、衣服、农业、舟车和战车等，以改善人类的生活。其中，《墨子·节用上》叙述圣人如何发明甲、盾等兵器；不同于孔子，墨子认为圣人之所以为圣人，一个重要的品行就在于其创制器物：

> 又曰："君子循而不作。"应之曰："古者羿作弓，伃作甲，奚仲作车，巧垂作舟，然则今之鲍、函、车、匠皆君子也，而羿、伃、奚仲、巧垂，皆小人邪？且其所循，人必或作之，然则其所循，皆小人道也。"（《墨子·非儒下》）

墨子推演出这样一种荒诞的逻辑——如果君子不"作"，那么必然小人制作而圣人遵循，这就通过证伪说明是君子"作"。因此，在君子"作"这一点上，儒家与墨家是一致的。此外，墨子认为君子应该"述""作"兼修：

> 公孟子曰："君子不作，术而已。"子墨子曰："不然，人之其不君子者，古之善者不诛，今也善者不作。其次不君子者，古之善者不遂，己有善则作之，欲善之自己出也。今诛而不作，是无所异于不好遂而作者矣。吾以为古之善者则诛之，今之善者则作之，欲善之益多也。"（《墨子·耕柱》）①

极端没有品行的人，不转述古代的善行，也不创作现在的善行；此外，没有君子品格的人，对古代的善行不转述，对自己的善行则创作，希望善行能出自自己的创作；但转述而不创作，这与不喜好转述却喜好创作

---

① "术""诛""遂"当为"述"。

没有什么区别。墨子认为君子应该既转述古代的善行和善言，也创作现在的善行和善言。

《乐记》呈现出综合"作"和"生"两者的态度。一方面，《乐记》说明了圣人的独特之处在于制作，"故知礼乐之情者能作，识礼乐之文者能述。作者之谓圣，述者之谓明。明圣者，述作之谓也"。但另一方面，《乐记》却将天、地叙述为"作"者：

> 乐者，天地之和也。礼者，天地之序也。和故百物皆化，序故群物皆别。

此处以"和"来定义乐，以"序"来定义礼，圣人将他们对礼乐的创制分别建立在天和地的基础上：

> 乐由天作，礼以地制。过制则乱，过作则暴。明于天地，然后能兴礼乐也。

圣人有"作"的能力，因为他们通晓礼乐的根本，但这并非与人工技艺有关。这是因为圣人将乐的创作基于天，将礼的创作基于地。这里"作"和"制"的表述是有意味的，"作"有强烈的建构意味，"制"有调节的含义。"作"其实是"使生"之意，而非墨子意义上的有意识的创制行为——圣人通过模仿自然而作，即通过建构行为而作。在关于"乐"的讨论中，《乐记》交替使用"作"和"兴"，在"使生"的意义上使用"作"。一方面，"作"意味着创制，如"王者功成作乐，治定制礼"（《乐记》）；另一方面，"兴"意味着自然发生：

> 天高地下，万物散殊，而礼制行矣。流而不息，合同而化，而乐兴焉。（《乐记》）

"礼"仍被描述为"制"，但"乐"被描述为"兴"。圣人没有强制地制乐，而是将自然的调和以音乐的形式带给人类。

圣人制作礼乐是为了分别和符合天与地，这样制礼作乐就成为与天地相谐之事。因此，礼乐不是圣人有意之作，而是全部基于天地而生的。

总之，在"作"和"生"的话题中，《荀子》《墨子》《乐记》承接了相关话题，但也呈现出分化。可见，与《论语》隐含地承认圣人的制作不同，《荀子》《墨子》明确阐述了圣人的制作之功。与上述两者不同，《乐记》则试图融合"作"和"生"两者，认为由圣人始创的文化是用以成就天地的。

当生长图式为制作图式所取代时，人们往往忽视"物"自身生长的规律，而以是否符合制作的需要来确定"物"的有用性，这其实是工具思维和技术理性对自然和社会的极度渗透和控制。人们在进行价值判断时，往往以是否有用、是否成器作为标准，由此造成了自然和社会的异化。[①] 如果我们注意到生长图式，即物的生长有其内在的节奏，既要给它提供阳光、水分和空气，更需要尊重其自然规律而不是武断地将其砍伐为制作的原料。正如柳宗悦所说："与其说是工艺选择材料，还不如说是材料选择工艺。如果不能守护自然，就没有工艺之美……左右着美之惊喜的，是某种材料所蕴含的造化之妙。"[②] 回归物之纯粹本性，而非其所能带来的功利，正是生长图式的意义所在。

## 四、结论

物究竟如何成器和成形，是早期思想家们探讨的公共话题。其中，对制作图式和生长图式两条线索的追究，竟然共同围绕着一个核心问题——制作和技艺，这说明制作和技艺是人们考察和解释世界的物质原型。通过上述两种图式的对比，我们可以廓清如下问题。

首先，早期中国哲学关于事物起源的描述是多元的。在关于物之成器和成形的问题上，汉学界比较重视"生"而忽略了"作"，即制作和技艺的意义。如汉学家本杰明·史华兹认为："这个事实是，在后来的中国高层文化对于人类起源或宇宙起源的论述中，占主导地位的隐喻是繁殖或出生；而不是赋予形状的隐喻或创造的隐喻，难道它与后来的高层文化思想

---

① 罗传芳认为："老子将人与外部世界统统纳入一个系统和共同原则（道、自然）下求得解释，从而使系统的各个部分只有在相互依存和相互对待的前提下才具有存在意义。这种整体依存的宇宙观与现代人追求人与自然和谐共生的科学的生态及环境理论，具有极大的融通性和理论的一致性。"参见罗传芳《老子哲学的生存论特征及与儒家的分判》，《哲学研究》，2017年第1期。

② 柳宗悦. 工艺之道 [M]. 徐艺乙，译. 桂林：广西师范大学出版社，2011：69.

中被某些学者称为'一元论'和'有机论'的取向之间没有某种关联吗？关于这一点，我仅限于提出这些问题。"① 一方面，史华兹忽视了中国文化起源论中的生长图式，而仅以繁殖或出生隐喻进行概括；另一方面，他忽视了中国文化起源论中的制作图式，得出中国缺乏赋予形状或创造的隐喻的结论，并将之归因于中国哲学的一元论和有机论思维。通过对中国早期哲学之制作图式和生长图式的考察，我们发现史华兹所说的繁殖或出生隐喻只是其中的一个分支，② 而生长和制作的隐喻是更为基础的隐喻。

其次，早期中国哲学并未忽略技艺，对技艺的探讨是人们表述知识和信仰的一种方式。人们参照工匠之制器描述事物和文化的起始，这为中西哲学比较提供了一个有意义的话题。值得注意的是，早期中国哲学将"作"限定在了礼乐制度范围之内，认为"作"是为天、地和人确立的法则。在古希腊哲学中，关于制作和技艺问题是人们据以展开哲学讨论的一条线索。在古希腊，技艺（tekhnē）是任何人为控制的生产活动。③ 古希腊的柏拉图、亚里士多德就是以物之制作为中心，展开其思想论述的。古希腊人把事物的生成分成两类，自然界中的生成叫"生长"，人工的生成（或生产）叫"制作"。前者遵循自然本身的规律，后者依靠人工技艺的力量。技艺既包括生产实用器物的技术，也包括创作艺术的技术。④ 可见，轴心时代的哲学家们，以制作和技艺为中心，展开了各自的思想论述。古希腊哲学和中国哲学对制作的关注是一致的，但他们的最终旨趣分

---

① 本杰明・史华兹. 古代中国的思想世界［M］. 程钢，译. 南京：江苏人民出版社，2008：35.

② 在国内学术界，周予同认为儒家的根本思想生发于生殖崇拜。（周予同. "孝"与"生殖器崇拜"［M］//周予同经学史论著选集. 上海：上海人民出版社，1983：70‐91.）而赵国华认为道家的根本思想同样生发于生殖崇拜，他说："中国传统哲学中的阴阳二元论和太极一元论，都源于生殖崇拜"（赵国华. 生殖崇拜文化略论［J］. 中国社会科学，1988（1）.）

③ 亚里士多德. 诗学［M］. 陈中梅，译. 北京：商务印书馆，1996：234‐235.

④ 在古希腊哲学领域，人们对这一问题的探讨较为充分。陈中梅发现在希腊人看来任何受制控的有目的的生成、维系、改良和促进活动都是包含 Technē 的"行动"。（陈中梅. 论古希腊哲学思辨中的 Technē［J］. 哲学研究，1995（2）.）徐长福发现制作活动对古希腊哲学产生了非常重要的影响，那就是人们对世界的普遍性认识是以制作图式为底本的，他说："作为最低价值层次的创制却给价值层次最高的理论提供了一种最基本的图式（或称意象、范式等）"。因而，希腊人在很大程度上是按照制作一件物品的样子来想象世界的原理。徐长福还发现古希腊哲学思维的制作图式的形态有两个，一个是柏拉图的"原本‐摹本"图式，一个是亚里士多德的"形式‐质料"图式。也就是人们在想问题的时候脑子里面往往有一个制作图式，即想象着匠人制造物品的样子，然后用这个图式的结构去对比他们要理解的对象，包括整个世界。（徐长福. 希腊哲学思维的制作图式［J］. 学习与探索，2005（2）.）。

道扬镳：儒家的器物是礼器，而不仅仅是一般的器物。正是在这个意义上，在钟鸣鼎食氛围中的礼器背后潜藏着一整套礼乐系统。[①] 而道家哲学的生长图式分明提供了一个不同的思想维度——在对形式和质料进行关注之外，道家所言的技艺并非如亚里士多德所言，先有超验的形式，然后再将形式加于质料之上，以制造出实用之器物。在道家看来，器物的形式和质料乃是由其本性产生的，工匠应顺着木的本性进行劳作。[②] 这就消解了对"材"和"形"的关注，还原了物之本质属性和本然姿势。

---

① 　关于中国哲学之"作"，宇文所安认为《论语》之"作"指"为礼乐之性的先在知识提供系统表述"，这种做法更接近经验层面。而亚里士多德式的制作者根据故事"应该的样子"来重写故事。（宇文所安. 中国文论：英译与评论［M］. 上海：上海社会科学院出版社，2003.）由此，宇文所安推导出了中国的"非虚构文学传统"，认为中国文学中语言与语言所指的事实不存在分离。与此观点不同，张隆溪发现"那种认为中国之文是彻底的写实主义的观点更值得怀疑"，并质疑了中西文学与文化的二分法。（张隆溪. 文为何物，且如此怪异?［J］. 中外文化与文论，1997（3）.）

② 　曾春海认为制作者先有形式，然后去选材，这是西方传统美学"形式/物质"二分的思考。（曾春海. 庄子的形神观及其依道制器之艺术实践观［J］. 哲学与文化，2007（8）.）

# 儒家义的观念与西方
# 古典正义观念之异同

王 云[①]


儒家义的观念与西方古典正义观念既相似又略有差异。约翰·穆勒强调"个人权利的概念""构成了正义观念之本质的概念"。[②]所谓正义观念，也即关乎权利和义务的观念。于社会而言，它是确立合理分配权利和义务标准的观念；于个人而言，它是强调享有正当权利，履行应尽义务的观念。[③]义的观念同样关乎权利和义务。以此观之，义的观念是某一种正义观。[④] 儒家义的观念与西方古典正义观念之异同主要体现在以下方面：

一

"义"和"正义"皆可用"善"来界定。何谓义？《礼记·中庸》记孔子语曰：

> 义者，宜也。

① 王云：上海戏剧学院教授。
② 约翰·穆勒. 功利主义 [M]. 徐大建，译. 上海：上海人民出版社，2008：60.
③ 王海明认为："社会公正的根本问题是社会对于每个人的权利义务的分配；个人公正的根本问题是个人对社会所分配的权利之行使与社会所分配的义务之履行。"（王海明. 新伦理学（中册）[M]. 北京：商务印书馆，2008：862.）他所谓的"公正"即"正义"。
④ 某些中国学者将儒家义的学说称为正义学说，如黄玉顺《中国正义论的形成：周孔孟荀的制度伦理学传统》（东方出版社 2015 年版）等，这大致是正确的。

以"宜"训"义"的传统在中国古代源远流长。郭店楚墓竹简《语丛三》、贾谊《新书》、韩愈《原道》、朱熹《孟子章句集注》、王阳明《传习录》和方东树《原义》等皆如是训释"义"。由此可知，所谓义，也即应该的事、合适的事，或者应该做的事、合适做的事。怎样的事才是应该的事、合适的事？做了怎样的事才算做了应该做的事、合适做的事？这是见仁见智的问题。若不用其他范畴对这个太宽泛、太飘忽不定、太具主观性的"义"进行规范，人们就无法赋予其确切含义。

先秦儒家往往将仁义并举，实质上就是以"仁"来规范"义"的内涵。《孟子·离娄上》记孟子语曰：

> 仁，人之安宅也；义，人之正路也。旷安宅而弗居，舍正路而不由，哀哉！①

仁是人居住的安全场所，而义则是人前行的正确道路。要踏上义这条正路，还得从仁这个安宅出发。若不从这个安宅出发，就无法找到这条正路。此言要旨，孟子不止一次地用四个字概括过，即"居仁由义"（《孟子·尽心上》等）。这四个字若换成"二程"之言，那便是"孟子言仁，必以义配，盖仁者体也，义者用也"（《河南程氏遗书》卷四）。在儒家看来，仁才是根本的道德范畴，义只不过是仁的具体表现。

仁又为何物呢？《论语·颜渊》言："樊迟问仁，子曰'爱人'。"关于仁，孟子比孔子说得更具体可感。《孟子·公孙丑上》和《孟子·告子上》记孟子语曰："所以谓人皆有不忍人之心者，今人乍见孺子将入于井，皆有怵惕恻隐之心……由是观之，无恻隐之心，非人也；无羞恶之心，非人也……恻隐之心，仁之端也；羞恶之心，义之端也。"由"仁"而及"义"，由"爱人之心""不忍人之心""恻隐之心"而及"羞恶之心"，"义"便有了道德意义和善的价值，而非游移不定或宽泛无边的"宜"了。

儒家又是如何阐述"善"（道德善，下同）与"义"之关系的呢？郭店楚墓竹简《性自命出》曰：

---

① 《孟子·告子上》和《孟子·尽心上》记孟子语曰："仁，人心也；义，人路也。舍其路而弗由，放其心而不知求，哀哉！""居恶在？仁是也；路恶在？义是也。"

　　义也者，群善之蕰也。①

　　许慎《说文解字》曰："善，吉也，从言从羊，此与义、美同意。"②徐铉和段玉裁注曰："此（指义）与善美有意，故从羊。"朱熹《孟子集注》如是阐释"羞恶之心"："羞，耻己之不善也。恶，憎人之不善也。"显见古代中国人也以"善"来训释"义"。

　　孟子等以"仁"来界定"义"；而《性自命出》等则以"善"来界定"义"。那么，善和仁又有怎样的关系？它们是否属于同一范畴？善是道德的总原则，是所有道德行为所体现出来的道德品质的终极价值。以如是原理来推断，"善"和"仁"一定不是同一范畴。孟子确实如是理解善和仁之关系。《孟子·告子上》记孟子语曰："乃若其情，则可以为善矣，乃所谓善也。若夫为不善，非才之罪也。恻隐之心，人皆有之；羞恶之心，人皆有之；恭敬之心，人皆有之；是非之心，人皆有之。恻隐之心，仁也；羞恶之心，义也；恭敬之心，礼也；是非之心，智也。仁义礼智，非由外铄我也，我固有之也。"孟子意谓，人性本善，故仁义礼智，人皆有之。

　　就善与仁义礼之关系而言，戴震说得更直截了当。《原善》如是开宗明义：

　　善：曰仁，曰礼，曰义，斯三者，天下之大衡也。

　　《原善》还说："是故谓之天德者三：曰仁，曰礼，曰义，善之大目也，行之所节中也。"戴震明确告诉我们，仁义礼皆为善之外延，皆为善之重要德目。这不就等于说，善是仁义礼的上位范畴。

　　从表面看，在儒家四德五常中，仁仅为其中一个德目，与义礼智信相并列。实际上，仁往往被视作兼容并包的全德或者融会贯通的通德，往往僭越至与善庶几相同的地位。正是在这样的意义上，朱熹认为，"仁包四德"（《朱子语类》卷六），"仁包五常"（《论语或问》卷十五）。"二程"也认为，"仁义礼智信，五者性也；仁者全体，四者四支"（《河南程氏遗书》

---

　　① 《性自命出》是郭店楚墓竹简中十四篇先秦儒家文献之一。
　　② "此与义、美同意"，即善字从羊与义字从羊、美字从羊的意思相同。段玉裁："按，羊，祥也。"

卷二上）。这无异于说，仁是众德之总纲，兼摄一切美德。但善不也同样是众德之总纲吗？

何谓正义？东罗马帝国查士丁尼钦定的《法学总论》第一卷如是开宗明义：

> 正义是给予每个人他应得到的部分的这种坚定而恒久的愿望。①

在西方历史上，"正义"最初获得的内涵是"得所当得"，换言之，正义是"传统上由拉丁语俗语'各人的东西归各人'定义的概念"。②若模仿"义者，宜也"之句式，我们完全可以说，"正义者，得所当得也"。

与"宜"一样，得所当得也是一个见仁见智的问题。若不用其他范畴对这个太宽泛、太飘忽不定、太具主观性的"正义"进行规范，人们同样无法赋予其确切含义。于是便有了古希腊哲学家关于善与正义之关系的论述。在《理想国》中，柏拉图借苏格拉底之口对阿得曼托斯说：

> 你多次听我说过，善的理念是最大的知识问题，关于正义等等的知识只有从它演绎出来的才能是有用的和有益的。③

阿得曼托斯对苏格拉底说，"你认为正义是至善之一，是世上最好的东西之一""正义确是最善"。听了这番话，苏格拉底的回应是"我对于格劳孔和阿得曼托斯的天赋才能向来钦佩。不过我从来没有像今天听他们讲了这些话以后这样高兴。"④ 亚里士多德以政治学意义上的善来定义政治学意义上的正义："政治学上的善就是'正义'，正义以公共利益为依归。"⑤古希腊哲学家视善为正义的上位范畴，实质上也就是以善来规范正义的内涵。要之，"善"既是儒家学说中"义"的价值基础，也是西方古典学说中"正义"的价值基础。

---

① 查士丁尼. 法学总论［M］. 张企泰，译. 北京：商务印书馆，1989：5.
② 安东尼·弗卢. 新哲学词典［M］. 黄颂杰，等译. 上海：上海译文出版社，1992：268.
③ 柏拉图. 理想国［M］. 郭斌和，译. 北京：商务印书馆，1986：260.
④ 柏拉图. 理想国［M］. 郭斌和，译. 北京：商务印书馆，1986：54－56.
⑤ 亚里士多德. 政治学［M］. 吴寿彭，译. 北京：商务印书馆，1965：152.

## 二

义和正义皆由善经"（不）应然""（不）应为"而落实于"（不）为"。义者，宜也；正义者，得所当得也。"宜"与"当"的词义基本相同：皆可作"应当"、"合适"和"合宜"之解。道德意义上的"应当"也即正当。善是"（不）应然"、"（不）应为"和"（不）为"的逻辑起点。善首先决定了一个预期中的结果——应当或不应当如此，符合善的价值之预期结果是应当如此的，不符合善的价值之预期结果是不应当如此的；继而决定了当事人应当或不应当去促成或规避这一预期结果；最终决定了当事人行动或不行动。不过，在善——（不）应然——（不）应为——（不）为这一逻辑链上，儒家义的观念似乎强调"（不）应为"，而西方古典正义观念似乎强调"（不）应然"。这又是怎么回事？

得所当得也即每个人都得到他应当得到的东西。一个人最应当得到什么东西？简言之，即权利和义务。约翰·穆勒强调：

> 任何情况，只要存在着权利问题，便属于正义的问题……①

罗斯科·庞德说："权利还可以被用在纯伦理意义上来指什么是正义的。"②对于社会来说，所谓正义也即在社会成员中合理地分配权利，让他们都得到其应该得到的权利。既然正义与权利密不可分，也就意味着正义与义务密不可分。根据现代权利义务观，一个人的权利与义务应该是统一的。马克思说："没有无义务的权利，也没有无权利的义务。"③一个社会在赋予其成员权利时，也将相应的义务加诸他们身上，因此享有权利也就意味着履行义务。反之，若一个社会成员不履行他应当履行的义务，也就意味着他在一定程度上侵犯了其他社会成员的权利。显见"得所当得"的确切含义不外乎是让人人享有应当享有的权利，履行应当履行的义务。人的

---

①　约翰·穆勒. 功利主义［M］. 徐大建，译. 上海：上海人民出版社，2008：51.
②　罗斯科·庞德. 通过法律的社会控制：法律的任务［M］. 沈宗灵，董世忠，译. 北京：商务印书馆，1984：48.
③　马克思，恩格斯. 马克思恩格斯选集（第2卷）［M］. 北京：人民出版社，1972：137.

权利有基本权利和非基本权利之别。基本权利也即通常所谓的人权，按照政治文明的理念，这是人人都应当享有的权利，是应当在社会成员中平均分配的权利。而非基本权利则因人而异。

如前所引，正义一词传统的含义是"各人的东西归各人"。这里的"东西"最初是一些具体东西，譬如，这一个苹果是你的，那一堆债务是他的。但诸如苹果和债务之具体东西的背后正是权利和义务。你应该占有这个苹果，指的是你应该享有占有这个苹果的权利；他必须偿还这堆债务，指的是他必须履行偿还这堆债务的义务。约翰·穆勒说："如果一个人在我们看来有充分的理由……要求社会保证他拥有某种东西，那么我们会说，他有权利拥有这种东西。"①

从表面看，"义"强调的是事，强调的是做应该做的事、合适做的事；而"正义"强调的是权利和义务，强调的是享有（行使、维护）正当权利，履行应尽义务。它们所偏重的层面不同，前者偏重道德行为，后者偏重道德准则，但其实异曲同工。做应该做的事、合适做的事，关乎正当性，这就必然涉及权利和义务，涉及道德准则；享有正当权利、履行应尽义务，关乎实践性，也即诉诸实践的问题，这就必然涉及做应该做的事、合适做的事，涉及道德行为。

关于道德行为与道德准则及能为所有理性人接纳的道德准则，即"普遍法则"之间的关系，康德《道德形而上学的奠基》（或译《道德形上学探本》）的表述最简洁明了："要只按照你同时能够愿意它成为一个普遍法则的那个准则去行动。"②任何道德行为都是在（行为者或清晰意识或朦胧感受到的）道德准则的指导下发生的，真正意义上的道德行为是在"普遍法则"的指导下发生的；反过来说，任何道德准则都会在道德行为中彰显出来，"普遍法则"则会在真正意义上的道德行为中彰显出来。

实际上，儒家义的观念倾向于以定性的标准，以良知等道德直觉来衡定（不）应然，而西方古典正义观念倾向于以定量的标准，以权利和义务等道德规范来衡定（不）应然。一方面道德直觉在一定程度上具有模糊性，因而重心便移至（不）应为；另一方面道德规范比较明晰，因

---

① 约翰·穆勒. 功利主义 [M]. 徐大建，译. 上海：上海人民出版社，2008：54.
② 李秋零. 康德著作全集 [M]. 北京：人民出版社，2006：797.

而（不）应为就成了不言而喻的问题。

三

儒家义的观念与西方古典正义观念皆内含浓厚等级色彩。义在受到仁规范的同时，还受到了礼的规范。《论语·卫灵公》和《礼记·礼运》记孔子语曰："君子义以为质，礼以行之""故礼也者，义之实也……仁者，义之本也。"孔子意谓，仁具体化为义，并最终实践为礼。《孟子·万章下》记孟子语曰：

> 夫义，路也；礼，门也。惟君子能由是路，出入是门也。

前文曾引用孟子关于仁与义之关系的话，它们大意是说，如果不从仁这个安宅出发，就无法找到义这条正路。现在孟子又说，不仅要走义这条正路，而且须穿越礼这一道门。

看似义规范了礼，实则礼同时也规范了义，甚至前者可能有名无实，后者反倒有名有实。义这条路必须穿越礼这道门，不穿越又如何？孔孟都没有直接回答过，倒是他们的后学荀子心直口快。《荀子·大略》曰：

> 义有门……义非其门而由之，非义也……行义以礼，义也。

他说得很明白，不穿越礼这道门，那所谓的义就不是真正意义上的义。荀子之言看似孟子之言的翻版，其实重心全然不同。孟子强调的是义对礼的规范，而荀子强调的则是礼对义的规范。类似观点也见于《国语·周语上》："行礼不疚，义也。"

从仁这一安宅出发，才能踏上义这条正路，而这条正路最终必须归结至礼这道门。两点一线，义要受到仁和礼的双重制约。实际上，义受到仁的制约有时名副其实，有时不过虚晃一枪而已，而义受到礼的制约才是全面落到实处。《礼记·乐记》曰："春作夏长，仁也；秋敛冬藏，义也。仁近于乐，义近于礼。"这话委实点中要害。

即便作为根本的道德范畴的仁，同样也要受到礼的制约。在儒家四德或五常中，重要的是仁义礼，而其中最具民族特色且决定了仁义礼整体面貌或伦理走向的是礼。作为哲学范畴，仁和义分别接近于西方人的善和正义，而发挥关键作用的礼却无法在西方哲学中找到相对应或接近的范畴。钱穆先生曾敏锐地指出：

> 在西方语言中没有"礼"的同义词。它是整个中国人世界里一切习俗行为的准则，标志着中国的特殊性。
> 中国的核心思想就是"礼"。①

在仁义礼这一系统中，按理说这三个范畴是相互制约的，但实际上礼制约仁和义是实实在在的，而仁和义制约礼却往往徒有虚名。《礼记·曲礼上》曰："道德仁义，非礼不成。"而《论语·颜渊》则云：

> 颜渊问仁。子曰："克己复礼为仁。一日克己复礼，天下归仁焉！"

按朱熹"仁包四德"或"仁包五常"的说法，仁是统摄仁义礼智的关键性范畴。前者是"全体"，后四者是"四支"。然在孔子看来，"克己复礼"也就是仁，一旦这样做了，天下人也就归向了仁这一境界。显见孔子是多么地看重礼。②

《左传·昭公二十五年》记子产语曰："夫礼，天之经也，地之义也，民之行也……礼，上下之纪，天地之经纬也，民之所以生也。"《荀子》曰："礼者，人道之极也。"北宋李觏认为"曰乐，曰政，曰刑，礼之支也""曰仁，曰义，曰智，曰信，礼之别名也。"（《直讲李先生文集·礼论第一》）这三段话都把礼视作中国古代社会政治制度、生活方式和道德规范之根本或总体。

何谓礼？按照通常理解，礼即中国古代的宗法等级制度及与此相对应的礼节仪式和道德规范。礼的最大功用是维护甚至固化宗法等级制度及由

---

① 邓尔麟. 钱穆与七房桥世界 ［M］. 蓝桦，译. 北京：社会科学文献出版社，1998：8 - 9.
② 梁家荣："根据对有关文本证据的分析，我们认为孔子关于'仁'与'礼'的论说，并没有互相矛盾，而是'一以贯之'的；大体而言，'礼'才是孔子之道的核心，而'仁'则只是'礼'的必要条件，因此行事以仁，而动之不以礼，孔子仍然以为'未善'。"（梁家荣. 仁礼之辨：孔子之道的再释与重估 ［M］. 北京：北京大学出版社，2010：9.）

此衍生而来的社会等级制度。①故《礼记·哀公问》曰：

　　非礼无以辨君臣、上下、长幼之位也。

《荀子·礼论》曰："礼使'贵贱有等，长幼有差，贫富轻重皆有称者
也'"。礼使贵贱有等，无礼则使贵贱无序。《左传·昭公二十九年》记孔
子语曰："贵贱无序，何以为国？"这也就是孔子如此看重礼的真正原因。
要做到贵贱有等，关键是规范贱者，故《国语·鲁语上》记曹刿语曰：
"夫礼，所以正民也。""民"可不是"人"，民者，普通百姓之谓也。
　　礼有怎样的功用，被礼规范过的义也有怎样的功用。《礼记·祭义》曰：

　　天下之礼……致义也……致义，则上下不悖逆矣。

《礼记·乐记》曰："礼义立，则贵贱等矣。"②而《孔子家语·五刑解》
则曰；"义所以别贵贱，明尊卑也。贵贱有别，尊卑有序，则民莫不尊上
敬长。"无礼义又如何？孟子一言以蔽之："无礼义，则上下乱。"（《孟
子·尽心下》）"礼别异"（《荀子》），"礼者为异"（《礼记》），礼就是要
把人分成各色人等。礼如此，义亦如此。
　　礼有怎样的外延？《左传·昭公二十六年》记晏子语曰：

　　父慈子孝，兄爱弟敬，夫和妻柔，姑慈妇听，礼也。

《荀子·大略》曰："礼也者，贵者敬焉，老者孝焉，长者弟焉，幼者
慈焉，贱者惠焉。"礼有怎样的外延，被礼规范过的义就有怎样的外延。
《礼记·礼运》记孔子语曰：

　　何谓人义？父慈、子孝、兄良、弟弟、夫义、妇听、长惠、幼
　　顺、君仁、臣忠十者，谓之人义。

---

　　① 宗法等级制度和社会等级制度实质上是一回事。这便是冯友兰"中国的社会制度便是家
族制度"（《中国哲学简史》）一语的要义。
　　② 这里的"等"是"分等级"而非"等同"。

　　《荀子·非十二子》曰："遇君则修臣下之义，遇乡则修长幼之义，遇长则修子弟之义，遇友则修礼节辞让之义，遇贱而少者则修告导宽容之义。"多么美好的社会图景！高位的人对低位的人有义务，而低位的人对高位的人也有义务。上下和谐，尊卑共处，一派祥和气象。鲁迅先生何来"吃人"之说？然而，如此美好的社会图景只不过是根本无法实现的社会愿景。但凡在强调等级制度的社会中，最终被弱化甚至被虚化的永远是高位的人对低位的人的义务，被强化的永远是低位的人对高位的人的义务。中国古代的地方官员往往被称为"父母官"，试问有多少地方官员对老百姓履行过父母一般的义务？

　　即使在理论上也并非一碗水端平。这就涉及广义的"义"与狭义的"义"之差异了。广义的"义"之外延如前所引，即"父慈、子孝、兄良、弟弟、夫义、妇听、长惠、幼顺、君仁、臣忠"，或诸如此类。狭义的"义"的外延可见于以下语录。《礼记·祭义》记曾子语曰："义者，宜此（指孝）者也。"《礼记·丧服四制》曰："贵贵，尊尊，义之大者也。"《孟子·尽心上》和《孟子·离娄上》记孟子语曰："敬长，义也。""义之实，从兄是也。"《荀子·大略》曰：

　　　　贵贵、尊尊、贤贤、老老、长长，义之伦也。

　　广义的"义"既强调低位的人对高位的人有义务，也强调高位的人对低位的人有义务，而狭义的"义"只强调低位的人对高位的人有义务。你说"义"的重心应该在哪里呢？明白义的重心所在，也就不难理解中国古人津津乐道的为何总是忠臣而非仁君，为何总是义仆而非明主。忠臣如隐于首阳山，"义不食周粟"（《史记·伯夷列传》）的伯夷和叔齐等，义仆如挖空心思为知伯复仇，"以明君臣之义"（《战国策·赵策一》）的豫让等。[①]天平本已微微倾斜，等到汉儒的"君为臣纲，父为子纲，夫为妻纲"确立于

---

　　① 事实上豫让是门客中的佼佼者。门客自然与家仆不同，但他们都是奴才，只是不同类型的奴才而已；就替主人效力、效命、效死而言，前者要远甚于后者。"士为知己者死，女为悦己者容"不就是豫让的名言吗？因此，把前者说成后者都可能低估了前者在践履"义"方面的价值。李珺平："门客文化，在本质上，体现的是门与客之间的一种以'知己'为呈现形式的不等量的价值交换关系。门，即为主；客，即为奴（又可分为奴隶、奴才……）。"（李珺平. 春秋战国门客文化与秦汉致用文艺观［M］. 北京：中国社会科学出版社，2001：64.）

世，天平则完全倾斜，因为狭义的"义"完全占据了主流地位。

## 四

陈弱水《说"义"三则》说：

> 与中国古代的"义"明显不同的是，*dikē* 所代表的核心价值是平等①……以"平等"为 *dikē* 内涵的思想，在 *dikē* 正式成为哲学议题前就已出现，到亚里士多德将其作了清楚而有系统的发挥，这个取向，往后成为西方正义观念的基石。中国古典的"义"，重点在维护既有的阶层秩序，古希腊也非绝无仅有，柏拉图的思想就有此倾向，但在希腊是异数。②

柏拉图正义观念确有浓厚等级色彩，诚如卡尔·波普尔所言："柏拉图把正义与阶级统治和阶级特权原则等同起来，因为各个阶级各司其职，各尽其责的原则，简洁明白地意味着：只要统治者统治，工人们工作，而奴隶们被奴役，国家就是正义的。"③在此问题上中西学者有高度共识，故不赘言。

陈弱水显然过高评价了亚里士多德（下称"亚氏"）及此后两千多年的西方正义观念。就浓厚等级色彩而言，亚氏正义观念不遑多让。与柏拉图不同的是，亚氏发表过不少关于平等的主张："按照一般的认识，正义是某些事物的'平等'（均等）观念""所谓'公正'，④ 它的真实意义，主要在于'平等'。如果要说'平等的公正'，这就得以城邦整个利益以及全体公民的共同善业为依据""在同类的人们所组成的社会中，大家就应享

---

① *dikē* 是拉丁化希腊词，意即 justice（正义）。
② 陈弱水. 公共意识与中国文化［M］. 北京：新星出版社，2006：185.
③ 波普尔. 开放社会及其敌人（第 1 卷）［M］. 陆衡，张群群，杨光明，等，译. 北京：中国社会科学出版社，1999：177.
④ 冯契主编《哲学大辞典》（修订本）"正义"条："（正义）也称'公正'。"（上海辞书出版社 2001 年版）王海明："公正、正义、公平、公道是同一概念，但以公正最为典型和常用，因而可以统称为公正。"这些概念之细微差异，可参见王海明《新伦理学（中册）》，商务印书馆，2008 年版。

有平等的权利；凡不符合正义（违反平等原则）的政体一定难以久长。"①
在西方正义观念史上，平等成为正义的另一内涵，与亚氏倡导有莫大关
系，兹事甚大，厥功甚伟。但我们一定不要因此而误读了亚氏。他所谓的
平等绝对不是今天意义上的平等，它不过是特定条件下的平等，也就是有
着浓厚等级色彩的平等。我们应特别注意上引第三段话的状语分句"在同
类的人们所组成的社会中"，其中大有玄机。

　　亚氏是奴隶制度的坚定维护者。他说："至于'工具'有些无生命，
有些有生命……奴隶，于是，也是一宗有生命的财产；一切从属的人们都
可算作优先于其他'无生命'工具的'有生命'工具""……牛，在穷苦
家庭中就相当于奴隶"②"奴隶是有生命的工具，工具是无生命的奴隶。"③
既然只是"一宗有生命的财产"或"有生命的工具"，奴隶自然就不应该
是希腊城邦的公民，自然不应该赋予其公民所享有的包括政治权利在内的
一切权利。亚氏不仅视奴隶为"财产""工具""用品""他人的所有物"，
还竭力为奴隶制度辩护。在他看来，出于"不具备自由意志"等原因，有
些人"自然而为奴隶"或"天然是奴隶"，④ 而奴隶制度则是"合法的制
度"或"有益而合乎正义"的制度。⑤

　　"自由人"是与"奴隶"相对的概念。奴隶不是公民，不享有公民权
利。那自由人是否都应该是公民，都应该被赋予公民所享有的一切权利？
亚氏的答案是否定的："理想政体应该是城邦凭以实现最大幸福的政体，
这种政体……要是没有善行和善业，就不能存在。依据这些原则，组成最
优良政体的城邦诸分子便应是绝对正义的人们，而不是仅和某些标准相符
就自称为正义的人们；这样的城邦就显然不能以从事贱业为生而行动有碍
善德的工匠和商贩为公民。忙于田畴的人们也不能作为理想城邦的公民，
因为他们没有闲暇，而培育善德从事政治活动，却必须有充分的闲暇"
"最优良的城邦型式应当是不把工匠作为公民的。"⑥ 亚氏意谓，固然应赋

――――――――――

　　① 亚里士多德. 政治学 ［M］. 吴寿彭，译. 北京：商务印书馆，1965：152、157、392.
　　② 亚里士多德. 政治学 ［M］. 吴寿彭，译. 北京：商务印书馆，1965：12、6.
　　③ 亚里士多德. 尼各马可伦理学 ［M］. 廖申白，译注. 北京：商务印书馆，2003：250.
　　④ 卢梭："亚里士多德也这样说过：人不是天然平等的，有些人生来就是做奴隶的，而另一
些人天生就是来统治的。"（卢梭. 社会契约论 ［M］. 北京：商务印书馆，2011：7.）
　　⑤ 亚里士多德. 政治学 ［M］. 吴寿彭，译. 北京：商务印书馆，1965：5、13 - 19.
　　⑥ 亚里士多德. 政治学 ［M］. 吴寿彭，译. 北京：商务印书馆，1965：372、130.

予工匠、商贩、农夫和佣工以自由人权利，但不应赋予其以公民政治权利。

同为公民总该有同等政治权利吧？亚氏的答案仍然是否定的。要说清楚这一点，还得从他最推崇的政体说起。在他看来，古希腊有六种城邦政体，即君主政体、贵族政体、共和政体、僭主政体、寡头政体和平民政体。前三种为正宗政体，后三种为分别对应于前三种之变态政体。对于前者，亚氏基本上持肯定态度，而对于后者则基本上持否定态度。在正宗政体中，出于对中产阶级的重视，他最推崇由中产阶级主导的共和政体。①

"在一个共和国内大家认为所有的公民完全平等，没有任何差别。"②"大家认为"的道理并非亚氏认可的道理，因为他主张为公民担任公职设置一些门槛，其中最具定量性质的是财产标准：不具有一定量财产的公民只有选举和监察公职人员的权利，具有一定量财产的公民不仅有如是权利，还有担任公职人员的权利。他说："政治权利的分配必须以人们对于构成城邦各要素的贡献的大小为依据。所以，只有人们的具有门望（优良血统）、自由身份或财富，才可以作为要求官职和荣誉（名位）的理由……除了财富和自由之外，正义的品德和军人的习性（勇毅）也是不可缺少的要素。"在"确定……分配职司和荣誉的正当依据"方面，"城邦还应该计及优良的生活而要求大家都具有文化和善德，那么这两者才应该是最正当的依据。"③

正因为有些公民可享有全部政治权利，而有些只能享有部分政治权利，所以他把前者称为"全称的公民""真正的公民""好公民""十足公民"或"具有充分政治权利的公民"，而把后者称为"偏称"的公民等。④

同样是人，有些可享有人应享有的权利，而有些却不能；同样是自由人，有些可享有公民应享有的权利，而有些却不能；即使同为公民，他们享有的政治权利也是不平等的。既要主张平等，又主张把人分成三六九

---

① 亚里士多德. 政治学［M］. 吴寿彭，译. 北京：商务印书馆，1965：208－215.
② 亚里士多德. 政治学［M］. 吴寿彭，译. 北京：商务印书馆，1965：37.
③ 亚里士多德. 政治学［M］. 吴寿彭，译. 北京：商务印书馆，1965：154.
④ 亚里士多德. 政治学［M］. 吴寿彭，译. 北京：商务印书馆，1965：114、129、271、276、334.

等，从而赋予或不赋予相应权利。这其中的矛盾又该如何消弭呢？为自圆其说，亚氏自有一套关于平等的哲学观：

> 公正被认为是，而且事实上也是平等，但并非是对所有人而言，而是对于彼此平等的人而言；不平等被认为是，而且事实上也是公正的，不过也不是对所有人而是对彼此不平等的人而言。
>
> 人人都把公正看作某种平等……公正是什么的问题与对什么人而言有关，平等的人们应该享有平等的权利。[①]

亚氏明确告诉我们，奴隶与自由人、不同的自由人与不同的公民"彼此不平等"，因而他们在享有权利方面理应不平等，而这在他看来恰恰就是正义的。这也就是上引"在同类的人们所组成的社会中，大家就应享有平等的权利"一语的玄机：同为人，同为自由人或同为公民并非"同类的人们"，而同一等级的人、自由人或公民才是"同类的人们"，他们才"享有平等的权利"。由此可见，亚氏正义观念与柏拉图正义观念还真有一脉相承之处。

古希腊是西方正义观念发源的时代，无论柏拉图和亚氏多么伟大，他们的正义观念不可避免地带有时代局限性，甚至阶级局限性（这两种局限性在物质产品极不丰富的时代往往是一致的）。皮埃尔·勒鲁《论平等》指出：

> 在古人当中，柏拉图、亚里士多德和他们的弟子们都不能清楚地认识什么是权利。他们生活在经常处于战争的小国中和建筑在奴隶制基础上的社会里，其中最多只有三十分之一的人享有自由，他们怎么能懂得权利呢？无论他们何等伟大，在这样的环境里，他们无法上升到人类平等观念的高度；而既然他们缺乏这种观念，他们对于社会的权利根本就无法论证，除非只依据一些武断的观点来论证。[②]

---

① 亚里士多德. 政治学［M］. 颜一，秦典华，译. 北京：中国人民大学出版社，2003：87、95－96.

② 皮埃尔·勒鲁. 论平等［M］. 王允道，译. 北京：商务印书馆，1988：78.

通过以上论述，我们可以清晰地看到，如同儒家义的观念，西方古典正义观念同样有着浓厚的等级色彩。

五

儒家义的观念与西方古典正义观念毕竟是中西民族不同文化的产物，因而也形成了一些差异。前文曾以不少篇幅论及了它们的一些"同中之异"，它们还有哪些差异呢？

正义兼顾了强制性规范（法律等社会制度）与非强制性规范（道德规范），而义则偏重非强制性规范。古希腊正义学说几乎同时从政治哲学和伦理学这两个领域发端，所以西方后世的伦理学、政治（哲）学、法（哲）学和政治经济学都把正义作为主要问题来讨论，然而，义主要是中国古代伦理学讨论的问题。先秦儒家倡导以德治国（以礼治国），[①]西汉儒家进而倡导以礼入法，[②]既然要治国和入法，儒家的义就不可能不涉及政治（哲）学和法（哲）学，但我们也应看到，即使儒家的义涉及政治（哲）学和法（哲）学，也是从伦理学这一原点辐射的结果。[③]

正义偏重权利，由权利而及义务，而义则偏重义务，由义务而及权利。换言之，正义偏重以它自认为合理的方式分配权利，而义则偏重以它自认为合理的方式分配义务。董仲舒《春秋繁露·仁义法》曰："仁之法在爱人，不在爱我；义之法在正我，不在正人。"可见儒家的义强调的是义务。当然，权利和义务不过是一枚硬币的两面，无法分割，而且儒家的义本身就包含着维护他人权利的义务。

---

①　《论语·为政》记孔子语："道之以政，齐之以刑，民免而无耻；道之以德，齐之以礼，有耻且格。"《礼记·礼运》记孔子语："治国不以礼，犹无耜而耕也。"

②　《论语·子路》记孔子语："礼乐不兴，则刑罚不中；刑罚不中，则民无所措手足。"这说明以礼入法的思想早在春秋时代就出现了。《后汉书·应劭传》："故胶东相董仲舒老病致仕，朝廷每有政议，数遣廷尉张汤亲至陋巷，问其得失，于是作《春秋决狱》二百三十二事，动以经对，言之详矣。""春秋决狱"即"经义断狱"，也即今人所谓的引经决狱。这是儒家以礼入法的最初尝试，也应被视作儒家倡导以礼入法的肇始。

③　尽管战国时期法家的义一开始就是法家政治（哲）学和法（哲）学的重要组成部分，但也是从儒家伦理学尤其是从儒家以德治国的思想中引申而来的。在漫长的古代中国，比之于儒家的义之学说，法家的义之学说非但不是主流，甚至发展历史也非常短暂。

# 六

如果以约翰·洛克《政府论》下篇之问世作为标志性事件，那么西方古典正义观念演化为西方现代正义观念大约始于19世纪末。西方现代正义观念与西方古典正义观念的最大差异是，它们分别内含"平等"和"差等"之因素。《政府论》下篇说："人们既然都是平等的和独立的，任何人就不得侵害他人的生命、健康、自由或财产。"①卢梭《社会契约论》则强调："如果我们努力探索全体人民的最大幸福……究竟是什么，那么，我们将发现它可以归结为两个主要的目标，即自由与平等。"②与欧洲政治哲学著作遥相呼应的是美洲政治宣言。美洲弗吉尼亚《权利宣言》说："人人生来自由、平等与独立，并享有某些天赋人权……"美国《独立宣言》则强调："我们认为下面这些真理是不言而喻的：人人生而平等，造物主赋予他们若干不可剥夺的权利，其中包括生命权、自由权和追求幸福的权利。"③

西方正义观念的这一重大进步是两希文明互相借鉴的结果。基督教在其发端时基本上只是穷人等弱势群体的宗教。"以前的基督教会几乎全部由贫苦阶层组成，绝大多数基督徒都是农民、匠人、妇女、儿童、乞丐、奴隶。"④因而基督教正义观念内含极其鲜明的平等因素。⑤平等因素之所以会成为西方现代正义观念的重要组成部分，首先要归功于基督教正义观念。洛克是第一个全面阐述现代正义观念的哲学家。J.沃尔德伦如是阐述洛克平等观念的基督教基础："洛克所倡导的'人类基本平等'最终也不能脱离洛克引来支持基本平等的那些宗教理由。""洛克对基本平等赋予了一

---

① 洛克. 政府论（下篇）[M]. 叶启芳，翟菊农，译. 北京：商务印书馆，1964：4.

② 卢梭. 社会契约论 [M]. 李平沤，译. 北京：商务印书馆，2011：58.

③ 格奥尔格·耶里内克.《人权与公民权利宣言》：现代宪法史论 [M]. 李锦辉，译. 北京：商务印书馆，2013：63、70.

④ 参见王晓朝《中译本导言》，德尔图良《护教篇》，上海三联书店2007年版，导言第 iii 页。王晓朝注："参 E. Gibbon, *The History of the Decline and Fall of the Roman Empire*（《罗马帝国衰亡史》），七卷本，卷二，London，1896—1900，页65."

⑤ 《使徒行传》第10章、《雅各书》第2章、《加拉太书》第3章、《马太福音》第23章、《新约全书·罗马书》第3章等。汉译本《旧约全书》和《新约全书》中常见的是"公义"。洛克说，基督教所谓的"'公义'就是'正义'一词的转译"。（参见洛克《论基督教的合理性》，《理性时代的宗教观》，中国基督教协会2013年版，第119页）

个原则能够具有的最强有力的基础：它是一条神学公理……"①

始于 16 世纪的资本主义生产方式，尤其是始于 18 世纪 30 年代的工业革命极大地提高了社会生产力，从而促使了生产关系和经济基础的变革，继而又促使了包括意识形态在内的上层建筑的变革。为了巩固资本主义商品生产关系，沿着洛克开创的路径，发扬光大以"得所当得"和"平等"为两大支柱的现代正义观念便成了 18 世纪下半叶西方思想界的当务之急，而在这过程中，基督教正义观念依然发挥了关键性作用，《独立宣言》中的"造物主"一词即为著例。对这一段思想史，勒鲁有一个总体评价：

> 耶稣是西方的菩萨，是社会等级的摧毁人。十八个世纪后苏醒了的世界对他作出反响，把他尊为最崇高的革命者，法兰西革命承认他为革命的准则和源泉。他是体现博爱精神的立法者，他一边期待着平等的实现，一边来到世界传播人类统一的学说。世界在十八个世纪中虽然崇拜他，但并不理解他，而只有当人们对他不再迷信的时候，他才真正被理解。②

基督教正义观念从神学意义到世俗意义的延伸是西方现代正义观念得以产生的重要前提。

西方古典正义观念遇上了基督教正义观念这样一个对手，它们从互相冲突走向互相借鉴，导致了西方现代正义观念的问世。同样，儒家义的观念也遇上一个对手，那便是墨家义的观念。墨家与基督教堪作比较。墨子和耶稣皆出身低贱。墨家一派最初的成员大多为下层手工业者，最多也就是墨子所谓的"农与工肆之人"及下层士人。因此，墨子心里最放不下的是民之三患："饥者不得食，寒者不得衣，劳者不得息。"（《墨子·非乐上》）这与耶稣要"传福音给贫穷的人"如出一辙。墨家的义以"兼"（平等）为核心要素之一，基督教的正义以"平等"为核心要素之一，这与墨家和早期基督教的信徒皆为草根阶层有直接的因果关联。

《墨子·贵义》和《墨子·耕柱》分别记墨子语曰："万事莫贵于义。"

① 沃尔德伦. 上帝、洛克与平等：洛克政治思想的基督教基础 [M]. 郭威，赵雪纲，等. 北京：华夏出版社，2015：7、58.
② 皮埃尔·勒鲁. 论平等 [M]. 王允道，译. 北京：商务印书馆，1988：130.

"义，天下之良宝也。"墨家"义"的核心要素之一是平等，用墨子自己的话来说，即"兼以易别"（用"兼"来替代"别"，《兼爱下》），"别非而兼是"（否定"别"而肯定"兼"，《兼爱下》）。所谓兼，也就是平等，也就是对人对己一视同仁，[①] 对待他人如同对待自己（"为彼犹为己"），热爱他人如同热爱自己（"爱人若爱其身"）。正因为墨家之义的核心要素之一是"兼"，所以反过来说，"兼即仁矣，义矣"（《兼爱下》）。

　　遗憾的是，只见儒家义的观念与墨家义的观念互相冲突，而从未见它们互相借鉴。结果导致西汉以降义的观念缺乏实质性的进步。陈弱水《说"义"三则》说："前文以西周至前汉为范围，检讨'义'的要旨，在其后的时代，'义'在学术思想中的地位似乎一直不振，很难想到有什么思潮或个别思想家以'义'为主要问题。"[②]在从 17 世纪末至法国大革命这近百年时间中，当西方古典正义观念演化为现代正义观念后，儒家的义和西方现代的正义便成了两个有着天渊之别的范畴：前者即受到善和平等双重规范的"得所当得"；而后者则是受到仁（近乎善）和礼（差等）双重规范的"宜"。墨家义的观念可是比基督教正义观念早问世四百多年，但只有很小部分人把它视作中国最值得珍视的政治思想或伦理思想资源之一。这既是政治思想建设之不幸，更是社会发展之不幸。借鉴西方古典正义观念和基督教正义观念互鉴的经验，促成儒家义的观念和墨家义的观念之互鉴，不论就继承民族文化而言，还是就更新民族文化而言，都是十分必要的。[③]

---

　　① 侯外庐等："我们以为他的理论的政治要求是企图得出古代社会的人类之平等义（兼＝平等）罢了。"（参见侯外庐等《中国思想通史》第 1 卷，人民出版社 1957 年版，第 203 页）

　　② 陈弱水. 公共意识与中国文化［M］. 北京：新星出版社，2006：186.

　　③ "余论"不详之处，可参见拙著《正义与义：〈赵氏孤儿〉的跨文化阐释》，上海书店出版社 2015 年版。

# 孔子与苏格拉底揭示超越性
# 道德的不同进路

对于超越性道德的揭示，孔子与苏格拉底无疑都具有无可取代的重要性。这种重要性被雅斯贝尔斯以"轴心时代"来形容。孔子与苏格拉底取得了近似一致的结论，而其一致性也具有同样的超越性，如陆象山所揭示："东海有圣人出焉，此心同也，此理同也；西海有圣人出焉，此心同也，此理同也。"但是，他们在获取一致性前，却经历了不同的进路。本文在这种一致性的背景下，分别指出两种进路。这样的进路或许为当代学者所忽略，指出亦有一定意义，至于其深层原因与相互比较，尚待进一步思考，暂不述及。

孔子对道德超越性的意识，来自对周礼制度的反思。面对春秋时代的"礼崩乐坏"，老子和孔子的思考截然不同。老子看到周礼制度的"虚文"一面，揭示其强权利益色彩。孔子则寻求其超越根据，揭示其中永恒性的合理意义。将之放在宇宙论背景之下，在道家和儒家哲学的对比中，其超越性意义就更为突出了。

现象界不息的迁移流转，本是历来贤哲对于宇宙人生共有的基本认知。所以，孔子"逝者如斯夫，不舍昼夜"（《论语·子罕》）的慨叹，佛陀"一切有为法，如梦幻泡影，如露亦如电，应作如是观"（《金刚经》）的达观，赫拉克利特"一切皆流，无物常驻"（《克拉底鲁》）的睿智，都在表达同样的看法。大致来说，"天地之道，一阳一阴"，是儒家和道家都

---

可以认同的。《周易·系辞传》明确指出过："一阴一阳之谓道。"（《系辞传》第五章）老子也说："万物负阴而抱阳。"（《老子》第四十二章）不过，这里的"道"并非指超越性的，它来自一个古今哲人对于宇宙人生共有的基本认知——现象界是流变的。流变源于对立，"阴阳"就是对立的普遍概括。所以，这里的"道"思考的是现象界，是通过归纳得到的经验性原理。

作为经验性原理的"天地之道，一阳一阴"，阳和阴本是平等的。然而在平等的阴阳之间却可看到儒道两家的不同侧重：儒家之道"扶阳抑阴"，道家之道"主柔宾刚"。继而从不同的侧重中看到不平等：儒家之道"刚健中正"，道家之道"其机则杀"（魏源《老子本义》）。这样一个判别比起通常以"入世出世"来判别儒道，显然更为深入。但是，如何从本是平等的阴阳中合理诠释"扶阳抑阴"呢？

这里的曲折在于道本有两个层面的不同：当"天地之道，一阳一阴"时，道是经验性原理；当"圣人之道，扶阳抑阴"时，道却是超越性原理。道的经验性原理，是儒道两家共同的认知，但是由于对待这个原理的不同态度，造成了两种不同的超越性原理。

道家对"天地之道，一阳一阴"，也即现象界的迁移流转，有其深刻洞见：由于人的功利心，本无不齐的万物由此不齐。所以老子说："天下皆知美之为美，斯恶已；皆知善之为善，斯不善已。故有无相生，难易相成，长短相形，高下相倾，音声相和，前后相随。"（《老子》第二章）由此洞见，道家特别能感受沉浮于功利之中的人生无常。儒家则有着和道家完全不同的态度，儒家认为，道家和佛教将迁移流转这一点过度强化，导向虚无。如同王夫之所说："若释氏之教，以现在为不可得，使与过去、未来同销归于幻妄，则至者未至，而终者杳不知其终矣。"[①] 于是，在面对现象界的迁移流转中，儒家和道家构建着不同的本体。

在道家看来，一旦自我超越利害，对立不齐就不复存在，变化无常也就没有必要了。这时一种超越了时空变化的心灵境界得以展现，仿佛是迁移流转现象之外的一个不变本体。牟宗三把道家的本体构建过程把握得很准确，他说："'无'就主观方面讲是一个境界形态的'无'，那就是说，

① 王夫之. 周易外传［M］. 北京：中华书局，1990：10—11.

它是一个作用层上的字眼，是主观心境上的一个作用。把这主观心境上的一个作用视作本，进一步视作本体，这便好像它是一个客观的实有，它好像有'实有'的意义，要成为实有层上的一个本，成为有实有层意义的本体。其实这只是一个姿态。"[1]

儒家并没有特别强调功利心致使万物不齐这一点，而是严辨义利，以义为本，以利为末。倘使自我能够执守仁义本体，现象界的迁移流转就变得无关紧要了。于是儒家在迁移流转的现象界之上构建的本体，就和道家不同，不再是一个作用层的心灵境界，而是确有一个实有层的道德本体。儒家和道家超越性原理之同在于，都是对自我利害心的超越，即具有本体意义的自由。不同的是，儒家的自由本体是积极意义上的，道家的则是消极意义上的。

相对于道家的消极色彩，儒家的积极意义就显出其优势。如魏源所说的"圣人之道，恒以扶阳抑阴为事"，阴阳就不再是对立原则的普遍概括，而是道家消极色彩和儒家积极意义的象喻。从儒家的积极意义上讲"阳"，则是因为儒家之学"无欲则刚"。而道家善于静观默察，面对将要来临的变化，显得特别慎重。"飘风不终朝，骤雨不终日。孰为此者？天地。天地尚不能久，而况于人乎？"（《老子》第二十三章）究其所以，必有功利欲望在焉。儒家则因为对功利的完全超越，显得无比坦荡，"君子素其位而行，不愿乎其外。素富贵，行乎富贵；素贫贱，行乎贫贱；素夷狄，行乎夷狄；素患难，行乎患难；君子无入而不自得焉。在上位，不陵下；在下位，不援上，正己而不求于人，则无怨。上不怨天，下不尤人。"（《中庸》第十四章）《中庸》描绘的这种境界，就是儒学"无欲则刚"的生动注脚。"圣人之道，恒以扶阳抑阴为事"，就是在面对"天地之道，一阳一阴"的经验性原理时，对自身道德本体的高扬，而对功利欲望的贬抑。由此，一个合理的社会秩序才得以可能，魏源对于儒学的判断的确深中肯綮："乾道纯阳，刚健中正，而后足以纲维三才，主张皇极。"

苏格拉底则通过对经验归纳定义的考察完成道德的超越性揭示。

"当苏格拉底专注于伦理和美德时，并且与它们相联系，他首先提出了普遍的定义的问题……对于苏格拉底来说试图寻求一个事物是什么，这

---

① 牟宗三. 中国哲学十九讲［M］. 上海：上海古籍出版社，1997：120.

是很自然的，因为他寻求逻辑的推论，而所有逻辑的推论的出发点就是一个事物是什么……有两件事情可以公正地归之于苏格拉底——归纳论证和普遍定义，这两者都是关于科学的出发点的。"① 亚里士多德《形而上学》中的这段论述，深远地影响了后世哲学家对一些哲学概念的论断。黑格尔完全认可苏格拉底"首先提出了普遍的定义的问题"，将定义直接视为"苏格拉底方法"，即"从具体的事例发展到普遍的原则，并使潜在于人们意识中的概念明确呈现出来。"② 文德尔班同样肯定定义关乎"科学的出发点"，认为定义就是科学工作："所有科学工作的任务是规定概念的本质，即下定义。"③ 所以，苏格拉底的定义也就隶属于科学："苏格拉底的这种概念形成过程是归纳推理的过程或归纳法的过程。它利用特殊观点和个别感官表象的对比而导致一般概念；它力求排除万难确定一般概念，从而解决个别具体问题。这就要靠搜集类似例证，要靠找出相邻关系才能做到。这样得到的一般概念就可用来解决提出的特殊问题，由此而制定的特殊从属于一般就是科学知识的基本关系。"④ 定义与认识论密切相关，文德尔班如此看待苏格拉底的道德研究和定义之间的关系显得极为自然。

　　然而在康德哲学中，我们却窥见另外的问题。用康德的术语来说，科学和知识属于思辨理性的领域，伦理和美德属于实践理性的领域。康德在《纯粹理性批判》中殚精竭虑地得出的结论是，思辨理性"永远不能超出可能经验的限度"；⑤ 但是在"理性的一种绝对必要的实践用途，即道德的用途"上，"理性就必然越出感性的限度"⑥。定义既然来自经验归纳，它的适用领域仅在思辨理性之内。如果苏格拉底通过定义专注于伦理和美德的实践理性领域，他实际走在一条错误的道路上。何况科学与伦理处在两个完全不同的领域，"道德意识彻底明确地作为认识论基本原理"几乎不可能。在康德哲学中，必须在超越科学和知识之后才能够正视道德，所以康德有句名言："我因此就得扬弃知识，以便替信念留有余地。"⑦

---

① 亚里士多德. 形而上学［M］. 李真，译. 上海：上海人民出版社，2005：398-399.
② 黑格尔. 哲学史讲演录（第二册）［M］. 贺麟，王太庆，译. 北京：商务印书馆，1997：53.
③ 文德尔班. 哲学史教程（上卷）［M］. 罗达仁. 北京：商务印书馆，1987：133.
④ 文德尔班. 哲学史教程（上卷）［M］. 罗达仁. 北京：商务印书馆，1987：135.
⑤ 康德. 纯粹理性批判［M］. 韦卓民，译. 武汉：华中师范大学出版社，1991：19.
⑥ 康德. 纯粹理性批判［M］. 韦卓民，译. 武汉：华中师范大学出版社，1991：22.
⑦ 康德. 纯粹理性批判［M］. 韦卓民，译. 武汉：华中师范大学出版社，1991：25.

定义的有效性和无效性，这个差异关乎定义所遭遇的康德意义上的幻象。

在康德看来，幻象是对理性能力的误用而造成的矛盾。对理性能力的误用不同，造成幻象的性质也不同。理性能力有矫作的（erkünstelt）①误用和自然的（natürliche）②误用，相对应的幻象有逻辑幻象（der logische schein）和先验幻象（der transzendentale schein）。理性能力的矫作的误用就是逻辑的误用，它造成的逻辑幻象在逻辑学内部就可以解决。康德说："逻辑的幻象是理性形式的单纯模仿（形式谬误的幻象）。这种幻象的发生完全是由于对逻辑的规则不够注意。一经注意到当前的真相，这种幻象就完全消逝。"③麻烦的是理性能力的自然的误用，它与人类理性的两种自然而不可避免的倾向有关。在康德哲学里，理性在经验界限之内的用途是内在的（immanent），越出这个界限的用途是超越的（transzendent）。④因此，理性在思辨领域只有内在的使用，在实践领域必须进行超越的使用。但是，人类理性的形而上学倾向总是诱使思辨理性进行超越的使用，而"经验上有条件的理性以排他的方式想要独自提供意志的规定根据的僭妄"⑤又总是迫使实践理性进行内在的使用。于是，理性在思辨领域超越使用时或在实践领域内在使用时，都会发生先验幻象。⑥先验幻象的特别之处在于，"甚至在它已经被发觉而且先验批判已经明白揭露了它的无效性之后，它仍不中止"。康德曾为此哀叹："这种幻象的不能防止，正如我们不能防止海面在地平线上比海岸显得更高一样，因为我们看海面是通过

① 康德. 逻辑学讲义［M］. 许景行，译. 北京：商务印书馆，1991：7.
② 康德. 纯粹理性批判［M］. 韦卓民，译. 武汉：华中师范大学出版社，1991：312.
③ 康德. 纯粹理性批判［M］. 韦卓民，译. 武汉：华中师范大学出版社，1991：311.
④ 参见康德《纯粹理性批判》，韦卓民中译本，前揭，第 560 页。transzendental, transzendent 这两个词一般译作先验的、超验的，牟宗三译作超越的、超绝的。但我们一般使用"超越的"恰是在实践理性的 transcendent 意义之上，贺麟、王太庆在翻译黑格尔的《哲学史讲录》时也把 transcendent 译为超越的。
⑤ 康德. 实践理性批判［M］. 李秋零，译. 北京：中国人民大学出版社，2007：16.
⑥ 其实康德只讲到先验幻象是理性在思辨领域超越使用时产生的。（参见康德《纯粹理性批判》，韦卓民中译本，前揭，第 311、312 页。）不过，他在《实践理性批判》里讲道："一般实践理性的批判有责任去阻止经验上有条件的理性以排他的方式想要独自提供意志的规定根据的僭妄。纯粹理性的应用，惟有当确定无疑有这样一种理性的时候，才是内在的；与此相反，自以为能够独裁的经验性的有条件的应用则是超越的，它表现在完全超出自己的领域的要求和命令中。这与关于思辨的应用中的纯粹理性所能说的东西恰恰是颠倒过来的关系。"（康德《实践理性批判》，李秋零中译本，见《康德著作全集》，前揭，第五卷第 16、17 页。"超越"原译"超验"。）考虑到这种对应关系，我们有理由认为理性在实践领域内在使用时也会产生先验幻象。

更高的光线的；或者举一个更好的例子来说，天文学家也不能防止月亮初升时看来好像大一些似的，虽然他并不为这种幻象所欺骗。"①

由于定义来源于对经验中普遍性质的归纳，本身并不容易去做超出经验之外的使用，也就不大可能遭遇理性在思辨领域超越使用时产生的先验幻象。而逻辑本来属于思辨理性，它的误用也只在思辨领域内。所以，定义所遭遇的幻象是这样两种：逻辑幻象和理性在实践领域内在使用时产生的先验幻象，它们分别处在思辨理性领域和实践理性领域。

亚里士多德只看到易于消除的逻辑幻象，乐观地确认定义的有效性；苏格拉底更重视难以消除的先验幻象，悲观地强调定义的无效性。既因为逻辑幻象容易消除，又因为缺乏对思辨理性的热情，苏格拉底对定义在思辨理性中遭遇的逻辑幻象表现得漫不经心。亚里士多德却在这里展现了高度的思辨力，他将所有的逻辑幻象整理得井井有条。

苏格拉底的漫不经心也许还有另外的原因。康德说，这种制造逻辑幻象的技艺在过去的时代曾被别有用心地研究过尤其是智者使之对当时的希腊人产生了极为不良的影响，"在希腊人那里，辩护士和演说家都是辩证法家，后者能够将民众引向他们所希求的地方，因为民众是听任假象欺骗的。所以，辩证法在当时是假象的技艺。"②《欧绪德谟》里的苏格拉底说道，那个实例就是著名智者普罗狄科的惯技。③苏格拉底对此极为蔑视，说"它是巫师技艺的一部分，但又差一些。因为巫师的技艺可以吸引蜂蛇、毒蜘蛛、蝎子，以及其他害人虫，而他们的技艺只不过是法官、议员一类人用来吸引和说服人的技艺。"甚至是反感，他说谁"用这样的言语方式驳斥他人比他们自己受到驳斥还要可耻。"④康德也表达了同样的看法："对于一个哲学家，再没有什么能比这样一种技艺的文化更不体面了。"⑤大概出于这种蔑视和反感，苏格拉底压根就懒得去正视它。

相反，我们在《工具论》里却看到亚里士多德对逻辑的自觉和热情，他

---

① 康德. 纯粹理性批判 [M]. 韦卓民，译. 武汉：华中师范大学出版社，1991：311 - 312.
② 康德. 逻辑学讲义 [M]. 许景行，译. 北京：商务印书馆，1991：7.
③ 参见柏拉图《欧绪德谟》，王晓朝译本，见《柏拉图全集》，前揭，第二卷第10页。
④ 参见柏拉图《欧绪德谟》，王晓朝译本，见《柏拉图全集》，前揭，第二卷第28、29、51页。
⑤ 参见康德《逻辑学讲义》，许景行译本，前揭，第7页。《纯粹理性批判》里也说："这种教导是与哲学的尊严完全不相称的。"（韦卓民译本，前揭，第96页。）

那狮子搏兔般的专注和苏格拉底的轻描淡写判然分明。他饶有兴致地承担了消除逻辑幻象的任务，在《工具论》的专门章节《辩谬篇》里，他讨论了各种逻辑误用造成的谬误，并且推寻了造成谬误的根源，提出了解决谬误的方法。在这样的缜密研究下，各种逻辑幻象再无立足之处，亚里士多德的乐观也就不难理解。在他看来，这些逻辑幻象一经消除，定义就无效了。

即使不考虑逻辑幻象，苏格拉底都没有把定义本身的作用看得太重要，认为它不过是从经验中获取知识时本该遵循的方法。

在苏格拉底看来，我们总是自觉或不自觉地以经验归纳的定义法取得知识，否则根本无法和别人一起讨论知识问题。尽管他并不轻视定义，而且在面对一切经验性的知识时总能自觉地加以使用，但是他显然没有亚里士多德那样的研究热情，也没有留给我们任何关于定义的建树性论述。他只是在具体讨论里随口说出一些定义，如《卡尔米德》里，他对健康、建筑这类知识的定义；① 在《拉凯斯》里，对"快"的定义；② 等等。我们实在看不到苏格拉底"首先提出普遍定义"的自觉，事实上他可能根本没有这种自觉，只是遵循着一般的思维规范而已。

大概这样的态度使得苏格拉底在寻找定义的过程中，还是会无意地受逻辑幻象的困扰。在《吕西斯》里，苏格拉底寻找友谊的定义时面临的困境，就是逻辑幻象导致的。苏格拉底混淆了各种在本质上并不相同的友谊，无法得到友谊的真正定义。精于逻辑分析的亚里士多德解决了这个问题，区分了三种不同的友谊：因有用而产生的友谊、因快乐而产生的友谊、因德性而产生的友谊。③

苏格拉底强调的，恰恰是亚里士多德因为过分乐观而忽视的，定义在实践理性领域遭遇的先验幻象。在柏拉图早期那些没有结论的对话里，苏格拉底深刻地揭示了先验幻象根本无法消除。

思维的惯性使苏格拉底认为经验归纳是我们获取知识时本该遵循的方

---

① 参见柏拉图《卡尔米德》，王晓朝译本，见《柏拉图全集》，前揭，第一卷第151页。

② 参见柏拉图《拉凯斯》，王晓朝译本，见《柏拉图全集》，前揭，第一卷第184页。

③ 亚里士多德《尼各马可伦理学》："既然人们用朋友这个词述说有用的朋友，正如说城邦与城邦是朋友（谁都知道利益是城邦结盟的动机）那样，并且也用它述说快乐的朋友，例如说儿童交朋友，我们就必须说这些关系也是友爱。这样我们就必须说有几种不同的友爱，即存在着好人之间的友爱，这是原本的、严格意义上的友爱，以及其他的在类比意义上的友爱。"（廖申白译本，商务印书馆2003年版，第236、237页。）

法，他也就从这个最容易被普通理性接受的方法出发。比如在《拉凯斯》里，苏格拉底追问勇敢在所有具体事例中的普遍性质。① 这就是苏格拉底对定义的表达方式，显然来自经验归纳的方法。然后通过类比的方法去追问伦理和美德的知识。在追问中，苏格拉底的类比方式是多样的。一般来说是直接类比定义，《拉凯斯》就是类比快的定义追问勇敢的定义。有时类比的不是定义，而是知识的研究对象和结果，《卡尔米德》里追问节制时就是如此：类比医学是关于健康的学问，结果是产生健康，建筑是关于建造的学问，结果是产生房屋，而对其他的学问也都是可以如此提问；那么节制是关于什么的学问产生什么结果呢？②《吕西斯》则表现了独特的风格，它并不从与任何经验的类比出发，通篇都用纯粹的推理。推理虽然看似与经验原则不同，其实它仍然需要在经验的保证之下才具有效用。追问的具体方式大概就是这些，当然更多的情况之下是几种方式的交错使用。苏格拉底一再发现，只要事关伦理和美德，经验归纳就不再有效，定义总是受到幻象的困扰。无论如何调整归纳的角度和思路，都无法摆脱幻象，于是我们的理性一次次地失去判断力。

　　苏格拉底肯定能体会康德讲的"经验上有条件的理性以排他的方式想要独自提供意志的规定根据的僭妄"，定义就是这种僭妄的具体体现。我们很容易忽略这一点，即来自经验归纳的定义只是理性内在使用的产物，当它执意地认为自己可以达致实践理性领域的概念时，就是定义的僭妄。康德明确指出过定义的僭妄在实践理性领域造成的幻象："谁要把'德行'的概念从经验中得出，并且把最多只能在一种不完善的阐述中用作例子的东西变为知识的一种典范（如许多人曾在实际上所作的那样），谁就会把'德行'变为随着时间与环境而变迁的东西，一种不容许有任何规则形成且意义不明的怪物。"③ 在开始时，经验思维的惯性也许并未使苏格拉底注意到定义的僭妄，但在他反复地谨慎地对定义进行检验而幻象仍然无法消除时，他有所反省了。苏格拉底对定义失去信心，他使探索过程完全变成消极的。不论是在柏拉图的早期对话中——这些对话被认为是基本遵循了苏格拉底的思想，还是在色诺芬的记述中，苏格拉底从未真正给出关于伦

---

① 参见柏拉图《拉凯斯》，王晓朝译本，《柏拉图全集》，前揭，第一卷第 184 页。
② 参见柏拉图《卡尔米德》，王晓朝译本，《柏拉图全集》，前揭，第一卷第 151 页。
③ 康德. 纯粹理性批判 [M]. 韦卓民，译. 武汉：华中师范大学出版社，1991：324.

理和美德的任何定义。苏格拉底在实践理性领域强调定义的无效性，和康德的说法是完全吻合的。

定义在两个领域的不同遭遇，苏格拉底是有明确认识的。在《苏格拉底的申辩》里，苏格拉底认为政治人物无知，手工艺人却有智慧，① 就是因为前者涉及的是实践理性领域，定义因其僭妄陷入幻象；后者涉及的是思辨理性领域，不存在这个问题。

定义在实践理性领域为什么遭遇如此顽固的幻象？原因在于定义自身的狭隘性和功利性。定义是思辨理性的产物，在康德看来，思辨理性只有经验之内的使用，它的有效性需要依靠经验的实证，因此定义也只具有经验之内的狭隘视野。

亚里士多德认为，哲学需要逻辑学作为基础，"亚里士多德逻辑的直接目的，按照这位哲学家公开的说法，完全是方法论的。要证明的是这种方法：用此方法在所有知识各部门中都能获得科学的知识。"② 那么，定义就具有了无比重要的地位："关于科学的出发点。"对于一切科学来说，发现定义就显得举足轻重。

而苏格拉底认为，经过了艰苦探讨之后，定义仍然无法避开幻象。定义的无效，也使一切原本不会产生的问题出现了。这时理性似乎失去了判断的能力，而且无论它怎么调整思考的方式，都永远在幻象里打转。这种状态下的理性，就好像受到电鳗麻痹之后的感觉——这是柏拉图在《美诺》中一个非常著名的比喻。美诺认为苏格拉底像使用巫术一样，使人在所谓很明显的真理上犯糊涂，因而将他比作电鳗，无论什么人一碰上它就被麻痹了。美诺说："我的心灵和嘴唇实际上已经麻木了，什么话也说不出来。尽管我已经在大庭广众之下几十遍、上百遍地谈论过美德，而且谈得非常好，至少我这样认为，但是现在我竟然说不出什么是美德。"③ 虽然定义的有效并未使苏格拉底兴奋，定义的无效却使他沮丧不已，"我无知"

---

① 柏拉图《苏格拉底的申辩》："我见了此人，——不必举其姓名，他是一个政治人物——我对他的印象如此：和他交谈以后，觉得此人对他人，对许多人，尤其对自己，显得有智慧，可是不然。于是我设法向他指出，他自以为智，其实不智。"（严群译本，商务印书馆 2003 年版，第 55、56 页。）"最后去访手工艺人。自知对这方面一无所知，也相信会发现他们这方面的知识很丰富。确实我没有被欺，这方面我所不知的他们尽知，在这方面，他们智过于我。"（前揭，第 57 页。）

② 文德尔班. 哲学史教程（上卷）[M]. 罗达仁，译. 北京：商务印书馆，1987：181.

③ 参见柏拉图《美诺》，王晓朝译本，见《柏拉图全集》，前揭，第一卷第 505 页。

成了苏格拉底著名的口头禅之一。

"我无知"的宣告实际上存在着动摇亚里士多德论断的危险，"无知"的苏格拉底怎么可能为科学奠基？大概为了回避危险，人们就将苏格拉底的"无知"看成反讽："他提出日常的观念来同别人讨论，装出好像自己什么也不知道，引起别人说话——他自己是不知道的；然后做出率真的样子，向人提出问题，让别人自己说出来，让别人指教他。这就是著名的苏格拉底讽刺。"① 人们相信，苏格拉底只是装出"无知"的样子，却在暗地里积极地制造幻象，以此来践行"助产术"的职责。但是，苏格拉底的"无知"是一种真实的无可奈何，是对定义无效的惶惑。

这时，定义无效却产生了一种警醒的作用，使我们开始反省来自经验的理性是否能够认识美德问题。苏格拉底于是声称，虽然我们对于美德问题是无知的，但是当我们具有了这样的认识就已经处在一个比较好的状态中了。因此，麻木一下也许是件好事，我们从这种困惑出发反倒更容易去追问真理。他坚信，知道自己无知就是一种知。②

苏格拉底对于理性还没有这样清楚的认识，他并不知道所谓的实践理性，也不知道所谓的超越用途，他于是求之于一种精灵③。这是我们在柏拉图和色诺芬的著作中经常会看到的名词。这样，苏格拉底就和亚里士多德有着完全不同的哲学结论：亚里士多德认为，科学精神被无限推崇；苏格拉底认为，科学精神则被否定。不过，对科学精神的否定却使我们更加接近德行和伦理的本真，即使是精灵这样的神秘主义说法，也得到康德的宽容："神秘主义毕竟还是与道德法则的纯粹性和崇高性共容的。"④

至此，道德的超越性在苏格拉底那里得以完成。

---

① 黑格尔. 哲学史讲演录（第二册）[M]. 贺麟，王太庆，译. 北京：商务印书馆，1997：53 - 54.
② 参见柏拉图《美诺》，王晓朝译本，见《柏拉图全集》，前揭，第一卷第 512、513 页。
③ 我们不能笼统地把精灵和神视为相同。此词在广义上的使用，一般英译为 spirit；但在苏格拉底的这一意义上，英译作 the divine monitor 或 prophetic monitor 是恰当的。
④ 参见康德《实践理性批判》，李秋零译本，见《康德著作全集》，前揭，第五卷第 76 页。

# 第五编
# 当代中国的文学
# 和艺术精神

克孜尔石窟 1 号窟的飞天

# 当代中国社会审美文化特征
# 及新时代更新与重建

梁玉水[①]

思想解放、改革开放、市场经济、商品贸易、资本驱动、科技进步、媒介推助、欲望释放不断地造就出一个"物"的崛起的中国，逐渐使中国走出生产型、匮乏型社会，走向消费型、富裕型社会，到 20 世纪 90 年代之后尤其进入 21 世纪以来，中国当代社会消费文化盛行。"消费文化的实质就是在人类生存的基本物质需要之外不断地增加符号的、表象的、幻象的产品，从而推动着文化活动从生存、繁衍和安全向交往、体验和幻想扩张"[②]，实质而言，它是消费被塑造为价值的社会意识形态的文化呈现。中国当代社会受消费文化影响进入了一个既精致又粗鄙、既高级又低级、既文明又野蛮的文化时期，包括道德、信仰、审美价值观在内的时代精神状况备受考验，受这种文化影响，唯"物"主义、唯"新"主义、唯"美"主义、唯"乐"主义现象流行，并成为消费主义审美文化的四个乌托邦面相。这些现象和问题，需要我们以历史唯物主义眼光审视，看到社会发展和文化发展的历史性和阶段性，也需要我们以辩证唯物主义方法去思考，辨明其合理性与局限性，在中华民族伟大复兴的历史进程中，探索新时代中国社会审美文化的更新与重建之路。

① 梁玉水：吉林大学文学院教授。
② 高小康. 当代审美文化的消费本质与时代特征 [J]. 学术研究，2006 (3)：120-121.

## 一、消费主义审美文化面相之"物托邦"与唯"物"主义批判

生产型社会、匮乏时代的"为物所困""为物所累""为物所役"与消费性社会、富裕时代的"为物所困""为物所累""为物所役"是截然不同的。如果说前者是无可选择、没有选择的困顿与存在之重，那么后者则是无法选择、如何选择的焦虑与存在之轻，以及被物包围、人被物化的现代性处境。正如鲍德里亚所言："今天，在我们的周围，存在着一种由不断增长的物、服务和物质财富所构成的惊人的消费和丰盛现象。它构成了人类自然环境中的一种根本变化。恰当地说，富裕的人们不再像过去那样受到人的包围，而是受到物的包围……我们生活在物的时代"，并且，"我们根据它们的节奏和不断替代的现实而生活着，在以往所有的文明中，能够在一代一代人之后存下来的是物，是经久不衰的工具或建筑物，而今天，看到物的产生、完善和消亡的却是我们自己。"①

人类关于美好社会、理想社会的想象——如理想国、乌托邦、桃花源、太阳城、空想社会主义、科学社会主义中除了有最完美的制度安排等特征之外，最重要的就是"物"的丰饶，人们生活富足安定，按需分配，物质自由。对于从新中国物质匮乏时代走过来的中国人而言，关于计划经济时代配给制匮乏的记忆是刻骨铭心的。这种计划经济时代的体制性束缚制约了社会生产力的发展，使社会主义走向了解放生产力、发展生产力的反面。十一届三中全会以来，通过思想解放、制度创新、改革开放，中国特色社会主义市场经济体制不断建设和完善，从根本上释放了社会主义经济活力，实现了从生产型社会向消费性社会的转型，从粗放型发展模式到集约型发展模式的转换，从以经济建设为中心向科学发展、可持续发展、协同发展的创新转变，从而不断推动着中国社会主义现代化进程。

带着对贫困、匮乏、禁锢的"受动性"记忆，改革开放之后的中国，迎来了感性爆发、欲望勃兴、激情释放的"能动性"想象和"主体性"追求。而资本逐利的渴望、消费主义意识形态的怂恿蛊惑、各种广告传媒的推波助澜，也逐渐形成并强化了我们的恋物倾向，物化了时代的价值观，

① 鲍德里亚. 消费社会 [M]. 刘成富，全志钢，译. 南京：南京大学出版社，2000：1-2.

使得我们对物的依赖、崇拜、迷恋带有瘾性、癖性症候。

在《1857—1858 年经济学手稿》中马克思曾以人的发展状况、主体形态为特征，将人类社会历史发展划分为三大阶段，即自然发生的人对人的依赖关系阶段，以物的依赖性为基础的人的独立性阶段，以及建立在个人全面发展和他们共同的社会生产能力成为他们的社会财富这一基础上的自由个性成为可能的自由和全面发展阶段①，其中，第二阶段为第三个阶段创造条件。马克思对资本主义社会中人与物的关系做了历史性的、辩证性的描述和揭示，正是通过并借助商品经济、市场经济的作用，形成了人与他人、与世界普遍的社会物质交换，多方面的需求和能力体系及全面的可能性关系，从而丰富了人的自由全面发展的客观物质基础体系，培养了独立、全面、自由的主体可能性。但是在这个过程中，这种以人基于物的依赖性为基础形成的独立性又容易异化为人对物的依附性，使人走向自由、独立、全面发展的反面，从而导致了现代社会中人的主体性迷失。

在"物托邦"的想象和迷恋中，我们既要看到人类历史发展、社会文明进步中的历史唯物主义意义上的唯"物"主义合理性，看到"物"的需要的人类学基础性和必要性。同时，更要看到，在消费主义意识形态影响下片面发展"物"质文明，忽视精神文明、心灵文化建设，甚至消费、消解精神文明，会导致世俗主义、物质主义、虚无主义的不良倾向。不断生产的结构性的"物"与不断增长的体系性的"'物'的需要"，使人们在对物消费的同时也造成了物的惊人浪费，在对物的依赖过程中也疏离了人的信赖。社会文化、伦理道德、人际关系的涣散、荒芜、萧条、破败，造成了诸如幽闭、抑郁、焦虑、冷漠等性格。如果不能够真正地树立起对"物"的正确态度，那么，"物的崇拜""物托邦信仰"受消费主义意识形态催化使我们从匮乏的"绝对贫困"走出之后，又必将陷入不知餍足、永远"相对贫困"的万劫不复之中。

## 二、消费主义审美文化面相之"新托邦"与唯"新"主义批判

"新"在中国古代文化中具有重要的思想价值和实践意义，从三千年

---

① 中共中央马克思恩格斯列宁斯大林著作编译局. 马克思恩格斯文集（第 8 卷）［M］. 北京：人民出版社，2009：159 - 163.

前《诗经》中"周虽旧邦,其命维新"到《周易》中"刚健笃实,辉光日新""革,去故也,鼎,取新也""穷则变,变则通,通则久",又到《礼记·大学》所载商汤盘铭所刻"苟日新,日日新,又日新",处处可见"新"的"辉光"和精神蕴含,中国文化精神薪火永驻、长存不息的核心之道就在于"其命维新"。新就是变,就是易,生生之谓易;新就是生,就是通,故能久,能不息。

中国的现代化进程,就是我们不断求新求变,以期中华民族之伟大复兴的历史进程。从鸦片战争以后的洋务运动、维新变法、辛亥革命、五四运动、新文化运动,到北伐、抗日战争、解放战争、中华人民共和国成立,再到改革开放、新时代,无不含有"破旧立新""革故鼎新""推陈出新""创造创新"的"新"之追求与智慧,如新世纪、新常态、新时代,新即新新之道,就是蜕变。从这个意义上来说,"新"构成了我们关于世界发展的理解、价值判断、未来想象,我们相信与时俱进、日新月异之"新"必将会带来新气象、新生活、新世界。然而,从"维新"到"唯新"毕竟不同,"维新"二字自"周虽旧邦,其命维新"之说后被视为"变革"的代名词,近代以来很多事件都以此二字命名,如明治维新、维新变法等。而"唯新"就字面含义而言,则指的是片面追求"新",达至"主义"之境地,将"新"的哲学内涵、历史精神和辩证方法肤浅化为消费主义意识形态下的"新"追求——新的就是好的,新的就是应当的、正义的。事实上,我们今天就处于消费主义意识形态不断推动之下具有唯"新"主义色彩的"维新运动"之中。

物的"崛起"与新的"更迭"都是市场经济、资本社会、消费主义意识形态共谋的结果。对这种"新"的更迭及伴随的"新托邦"进行唯"新"主义批判,就是要警惕盲目追逐的"新"将我们带入一个割断历史、失去传统、没有乡愁的异托邦。新,既是空间性的,也是时间性的。在现代性语境中,作为空间性的新,是指世界被新材料、新产品、新景观、新理念所延展,是被重塑了的空间;作为时间性的新,是指来不及陈旧就非正常死亡的物的更迭,是指来不及念旧、恋旧就被迫喜新,是更迅速地流逝、动荡。我们被置入了一个新却又陌生的世界之中,手足无措,匆忙面对。未来充满激情,回忆让我们温暖,"新"世界没有了旧时光,也就没有了乡愁①，没有了可称为精神家园的故土根底。

这种"新"的更迭作为一个典型的现代性事件所带给现代人的复杂性悲剧体验在马克思、恩格斯的《共产党宣言》中早有叙述："生产的不断变革，一切社会状况不停地动荡，永远地不安定和变动，这就是资产阶级时代不同于过去一切时代的地方。一切固定的僵化的关系以及与之相适应的素被尊崇的观念和见解都被消除了，一切新形成的关系等不到固定下来就陈旧了。一切等级的和固定的东西都烟消云散了，一切神圣的东西都被亵渎了。"从工业化、生产型时代到信息化、消费型社会，其状况尤甚。美国学者马歇尔·伯曼更是借用"一切坚固的东西都烟消云散了"来描述现代性体验。现代社会给我们制造了关于"新""时髦""前卫""奢侈""未来"等概念性幻象消费，并通过感官科技、欲望操控引导时尚②、培养趣味，不断地转化我们，最终完成了从我需要（need）到我想要（want）、从"吸引力"到"新引力"的消费转型。新就这样借助于资本驱动、广告营销、技术控制等种种手段不断入侵、殖民我们的生活。作家们哀愁地说"密集的生活挤压了我们的梦想，求新的狗把我们追得疲于奔逃"③。

从哲学的意义上理解，"新"道出了辩证法批判性、革命性的本质精神，或者说，"新"本身有着辩证的本性。对"唯'新'主义"的批判就是要在当代中国消费文化语境中真正辩证地思考我们该如何面对客体之物、主体之欲望的"新"的更迭，如何做到"旧邦新命"，处理好传统之"旧"与现代之"新"的关系，实现创造性转化、创新性发展，如何培养健全的审美理想与价值趣味，在"新"的追逐与"旧"的驻足，"新"的喧哗与"旧"的安宁中实现正心诚意、安身立命的精神构筑。

---

① 王杰先生提出"乡愁乌托邦"概念，表达中国社会"被迫"进入现代化进程中中国人的"感觉结构"——"乡愁"是情感乌托邦的中国形式，并以"余韵"概念来概括和描述现代化过程中乡愁这种中国化的情感乌托邦表达机制。作者认为"在这个科学技术已经十分发达的时代，在这个奢侈和时尚主导着人们情感、媒体和娱乐工业塑造着人们的生活方式和'感觉结构'的时代"，"乡愁"和"余韵"应该获得新的理论思考。王杰. 乡愁乌托邦：乌托邦的中国形式及其审美表达［J］. 探索与争鸣，2016（11）.

② 时尚就是物、美、新、乐四个乌托邦面相合糅的创造物，其标志是"新"托邦信仰，其旗帜是价值趣味、审美品位，其理念是消费主义、享乐主义，其结果是人的物化、符号化及物迷恋、新追逐，而其实质是资本逻辑。

③ 迟子建. 是谁扼杀了哀愁［M］//迟子建散文. 杭州：浙江文艺出版社，2009：121-123.

### 三、消费主义审美文化面相之"美托邦"与唯"美"主义批判

随着经济社会发展的转型，当代中国社会文化生活中也同时发生着一场世俗化的"唯美主义"运动，这一唯美主义运动与西方 19 世纪 30 年代以来主张"为艺术而艺术"的唯美主义思潮不同，它溢出了文学艺术领域，而走进了日常生活空间。实际说来，这场世俗化的唯美主义运动是"审美资本主义"运动的结果，资本驱动、形式价值、创意经济、消费文化、技术支撑、传媒推动等是这场唯美主义运动的成因性特征，在这些因素的作用下，一个景观式的审美化现实呈现在我们面前，到处是美的"泛滥"，现实的"美托邦"色彩愈显浓重。

作为美学语汇，"美托邦"（Beautopia）是一个新概念。该词汉语形态最早是"美国梦""美国化""美国影响力"或者"作为美好之地的美国"的同等语义，也即 Ameritopia。美国学者、保守派思想家马克·R. 列文于 2012 年出版的著作 *Ameritopia: the unmaking of America*（译为《美托邦：美国的毁灭》）便以此命名。而另一位美国学者吉纳维芙·阿布拉瓦内尔在《被美国化的英国：娱乐帝国时代现代主义的兴起》①一书中用"美托邦：关于英国未来的跨大西洋小说"一节谈论"美托邦"小说，出版商更是以"美托邦如何对英伦文化精英产生深刻的心理影响？"作图书推介词。阿布拉瓦内尔揭示了 20 世纪上半叶英国人直面美国文化——从爵士乐到福特汽车再到好莱坞电影——入侵而产生的焦虑和担忧，揭示了该文化对大不列颠自身的文化构成的极其严重的威胁，并将新兴的美利坚娱乐帝国定义为一种新型的帝国主义。作为 Beautopia 的"美托邦"的"美"是关于 Beauty、关于"感性"，而不是关于 America 的。

"美托邦"与"审美乌托邦"相关而又不同。以"美托邦"来对当代中国社会审美化趋向及其进程、世俗化唯美主义取向及其运动作指称，而不是以"审美乌托邦"来命名，意在突出消费型社会生产过程中的审美化原则之介入使产品呈现出的自觉的形式价值诉求，以及这种产品琳琅满目

---

① 吉纳维芙·阿布拉瓦内尔. 被美国化的英国：娱乐帝国时代现代主义的兴起 ［M］. 蓝胤淇，译. 北京，商务印书馆，2015.

的堆积和布置所呈现出的景观现实。"审美乌托邦"所强调的是"在资本主义社会异化日益严重的背景下，一些对现存资本主义社会不满的哲学家在社会政治领域尝试了多种改造世界的方法失望而归的情况下，企图用审美和艺术的方法来拯救这个异化的世界，使异化世界中已经丧失了自由和谐本性的人们在艺术、审美的感召下，重新获得感性与理性的统一，恢复人性的和谐……""人们常常把抱有这种观点的人称为'审美乌托邦主义者'，把他们的美学思想称为'审美乌托邦'。"① 霍克海默、阿多诺、本雅明、马尔库塞、弗洛姆、哈贝马斯等法兰克福学派的思想家们既继承了前人关于审美乌托邦的成果，又进行了创新与开拓，使得审美乌托邦思想得到了前所未有的发展。"在审美乌托邦看来，一切存在都应该符合其本真的完美。而现实社会里，由于人欲的贪婪、社会的物化等种种原因，本该如此的社会被异化了，本该和谐的世界充满了矛盾，本该散发出感性光芒的天空被工具理性的阴霾所遮蔽。为了恢复这一切原有的和谐与完美，审美乌托邦希望通过唤醒已被遗忘了的完整人性和自然本能，进而使由残缺的'单向度的人'恢复为健全完整的人，最终使这个'单向度的社会'恢复为和谐的'完整世界'"。②

美应该是人的自由、人性解放、健全人格的表征。审美乌托邦主义者希望通过艺术和美来更新感性，改变人，进而改变世界。而当代消费主义审美文化却在消费美的过程中，在"美的滥用"中，消解了这种审美的真正力量，并使美浅表化，并堕落为"好看""漂亮"，更有甚者，沦为认同聒噪看脸时代、颜值即正义等肤浅的价值观、伦理观。如同在《审美教育书简》中席勒所曾指出的，这种"审美文化是以牺牲性格的力量为代价而换来的，这种性格的力量正是人身上一切伟大和卓越的最有效的原动力，它的缺乏，不是任何别的东西，哪怕是同样伟大的优点能够补偿的。"③ 这种文化使人虚弱，这种教养使人怯懦。"是什么现象宣告野蛮人进入人性的呢？无论我们对历史探究到多么遥远，在摆脱了动物状态奴役生活的一切民族中，这种现象是一样的：对外观的喜爱，对装饰和游戏的爱好"④，二百多年后的今天，席勒的话或可如此转述：是什么现象宣告人性进入野蛮呢？那就是

①  邹强. 乌托邦与审美乌托邦 [J]. 山西师大学报（社会科学版），2005 (2)：90 - 93.
②  同上。
③  席勒，席勒美学文集 [M]. 张玉能，译. 北京：人民出版社，2011：245.
④  席勒，席勒美学文集 [M]. 张玉能，译. 北京：人民出版社，2011：286.

对外观的喜爱，对装饰和游戏的爱好，这即是当代审美化语境中美的野蛮生长和形式的粗暴占领。"美托邦"也就成了非美的、反美的异托邦。

"美托邦"概念的提出对于区别"审美乌托邦"，描述当代"审美化"过程及消费社会景观现实是有意义的，需要我们在哲学、人类学、社会学、经济学等领域做更深入的交叉学科理解。对唯"美"主义进行批判既要正视人们对美的正常的、本然的需求与渴望，更要我们对消费文化意识形态和审美资本主义保持理解和警惕，对消费美导致的美的狂欢、滥用、狭隘、浅表、堕落等取向进行反思，对消解美的感性学内涵及其批判维度、理想向度的倾向进行反省。

## 四、消费主义审美文化面相之"乐托邦"与唯"乐"主义批判

对当代中国社会审美文化稍有关注，就会发现我们处在一个"娱乐化生存时代"，这个时代的娱乐化达到了"泛娱乐化""过度娱乐化"程度，并且低俗化、低幼化、庸俗化、媚俗化、"去思想化"、"去价值化"和"去历史化"等倾向普遍且严重，引起了学术界、思想界、文化界的广泛关注，国家广播电视总局甚至频频下发"限娱令"。

每个时代都会有娱乐、有娱乐创造，但是今天的娱乐是生产性的、商品性的、"主义性"的。更可叹者，娱乐突出了娱[1]，浅薄了乐，使得"乐"与"笑"相为表征，走脸不走心，段子、戏仿、杂耍成为娱乐手段。影视、出版、广播、网络等各类媒体铺天盖地，不断生产着这样的娱乐文化产品，我们仿佛被快乐包围，然而，这样的娱乐所带来的快乐让我们的心灵茫然而焦渴，空荡而贫乏。因此，娱乐化在今天是一种疾病，"快乐"充满着反讽意味，娱乐趋向于"愚乐"，滑向于感官"欲乐"。"低俗不是通俗，欲望不代表希望，单纯感官娱乐不等于精神快乐。"[2] 在充斥着"娱乐主义""快乐正义"的今天，我们也缺乏对悲剧意识和敬畏精神的领会，著名作家迟子建在其散文《是谁扼杀了哀愁》中"哀愁地"说道："现代人一提'哀

---

[1] 何谓娱？娱，形声。从女，从吴，吴亦声。古汉语中"吴"意为"大言"，大声说话、喧哗。"女"和"吴"联合起来表示"女优""女伶""说唱杂耍艺人"。引申义：嬉笑、欢乐。结合古代社会女性地位考虑，"娱"中除说唱杂耍逗乐之外，亦有取悦、迎合之义。

[2] 参见习近平：《在文艺工作座谈会上的讲话》，2014 年 10 月 15 日。http://www.xinhuanet.com/politics/2015-10/14/c_1116825558.htm.

愁'二字，多带有鄙夷之色。好像物质文明高度发达了，哀愁就得像旧时代的长工一样，卷起铺盖走人。于是，我们看到的是张扬各种世俗欲望的生活图景，人们好像是卸下了禁锢自己千百年的镣铐，忘我地跳着、叫着，有如踏上了人性自由的乐土，显得那么亢奋。"① 英国伯明翰文化学派霍加特更早时就对美国式大众娱乐文化对日常生活的入侵表示了沉重的忧虑："'过得快乐'看起来是如此重要，以至于其他一切都像是不重要的。因此，'过得快乐'也在很大程度上成为一种常态。现代大众娱乐最大的争议不在于它贬低了品位——贬低可以是鲜活的、积极的——而是过于刺激了品位，使其最终变得单调乏味，直至消磨殆尽"。②

"乐托邦"的乐何以构成托邦？在中国更早的文化中，我们用"乐土"二字以形容人人快乐的理想地。《诗经》③ 中就记载有"乐土"④"乐国""乐郊"，喻指安乐的地方、理想的家园。而先秦时期思想家们提出"乐，人情之不能免也，故人不能不乐"，关于"乐"的理解越来越理论化、系统化。奥地利心理学家、精神分析学派创始人弗洛伊德则通过现代精神分析和心理分析，指出"在人心中存在着一种趋向于实现唯乐原则的强烈倾向"⑤，提出了本能理论和唯乐原则的假设，从人性的角度对人趋乐、逐乐、唯乐的原则和冲动做出了科学揭示。作为人之存在的动力心理学原则，作为具有生物性基础的本然性、本能性的力，快乐原则、唯乐原则使人类致力于追求快乐、幸福的理想世界。在唯乐原则、乐土向往的意义上，人类有着"快乐正义"的"乐托邦"冲动，有着"乐托邦"理想，并寻求着、创造着"乐托邦"⑥ 家园。

---

① 迟子建. 是谁扼杀了哀愁 [M] //迟子建散文. 杭州：浙江文艺出版社，2009：121 - 123.

② Richard Hoggart (1992), *The Use of Literacy*, London: Penguin Books, pp. 196, 197.

③ 《诗经·魏风·硕鼠》：硕鼠硕鼠，无食我黍。三岁贯女，莫我肯顾。逝将去女，适彼乐土。乐土乐土，爰得我所。硕鼠硕鼠，无食我麦。三岁贯女，莫我肯德。逝将去女，适彼乐国。乐国乐国，爰得我直。硕鼠硕鼠，无食我苗。三岁贯女，莫我肯劳。逝将去女，适彼乐郊。乐郊乐郊，谁之永号。

④ 乐土镇，属安徽省亳州市蒙城县，据考察是中国唯一一个以"乐土"命名的地方。

⑤ 西格蒙德·弗洛伊德. 弗洛伊德后期著作选 [M]. 林尘，译. 上海：上海译文出版社，2005：6.

⑥ 台湾地区电音文化社团 the loop 自 2017 年发起并举办了号称媲美于比利时 Tomorrowland、美国 UMF 电子音乐节的原创音乐季——"乐托邦国际音乐季"(Looptopia Music Festival)，Looptopia 谐音意指乐托邦。创办者宣称，Looptopia 一字结合了 Loop 及 Utopia，Loop 指的是音乐中的回圈，不仅代表着不停循环的音乐，更象征着宇宙万物间周而复始、缘起不灭的生命循环，Utopia 即"乌托邦"，是一个理想国的希望。顾名思义，Looptopia 便是"以音乐建立的乌托邦"，在这个以音乐建立的乌托邦里，邦民们以微笑克服纷争、以分享战胜贫困，人性的光辉永久照耀着这片净土，是为"乐托邦"的真谛！

　　自夏商始到周朝初期，周公"制礼作乐"，中国古代礼乐形成了独特文化体系，孔子和孟子等人承前启后，创建了以"礼""乐""仁""义"为核心的儒学文化系统，使之构成了中国古代文明的重要组成部分，中华民族的这种"礼乐文化"，奠定中国"礼乐之邦"的思想基础。《乐记》云："生民之道，乐为大焉。"[①] 考察世界上各个文明，会发现每个文明中都有着悠久且绵延至今的"乐"文化，这种"乐"文化在很多文化中与喜剧精神、喜剧文化相联系，与搞笑、戏谑、诙谐、反讽等效果相呼应。如古希腊文化中的柏拉图在谈理想国中理想公民的培养时（姑且不评论柏拉图的悲剧与喜剧观），就警惕文化艺术逢迎"人性中低劣的部分"[②]，认为悲剧通过"哀述"来激起"哀怜癖"，而喜剧则投合人类"本性中的诙谐的欲念"，使人"无意中染上小丑的习气"[③]，在人的心理、性格上破坏了"正义"。柏拉图的理想与孔子"乐而不淫，哀而不伤"（《论语·八佾》）的理念何其相似也。与其他文明相比，中国文明对"乐"的建构并不主要是与喜剧精神联系，而是更注重基础性、根本性的意义。从《论语》《荀子·乐论》到《礼记·乐记》，"乐"早已从"人情之不能免也"的乐（lè）感意识上升到了"乐合同，礼别异""天下之大齐也，和之纪也"的乐（yuè）感文化，"诗"兴、"礼"立、"乐"成，"乐"与"礼"一起构筑了中国儒家文化的礼乐精神、礼乐政治、礼乐理想，乐从形而下的乐（lè）上升到了形而上的乐（yuè），也就具有了哲学的意义和本体的意味，且乐（lè）与乐（yuè）在中国古代又是相辅相成、互为沟通的，所谓"乐者，乐也""乐者，所以道乐也"。一定程度上，我们可以说，在中国传统文化中本然地就有着一个基于"乐土""乐（lè）托邦"的"乐（yuè）托邦"[④] 文化理想或传统，"大乐与天地同和"（《礼记·乐记·乐化》），乐的精神也就是和的精神。

　　"乐（lè）托邦"幻境与唯乐主义思想、享乐主义意识的发生，一方面

---

　　① 关于《乐记》中"乐"音义之辨问题，可参考王齐洲：《〈乐记〉之"乐"音义辨》，《光明日报》2015 年 7 月 27 日 16 版。

　　② 柏拉图. 柏拉图文艺对话集 [M]. 朱光潜，译. 北京：人民文学出版社，1983：84.

　　③ 柏拉图. 柏拉图文艺对话集 [M]. 朱光潜，译. 北京：人民文学出版社，1983：86.

　　④ "乐托邦"，可视"乐"的汉语发音而作"乐（lè）托邦"和"乐（yuè）托邦"解。当然，乐（lè）与乐（yuè）相通，不论《荀子·乐论》还是《礼记·乐记》，都言"夫乐者，乐也，人情之所不能免也，故人不能无乐。"《乐记》更是通过"乐本""乐论""乐礼""乐施""乐言""乐象""乐情""乐化"诸说确立了乐的形上根据。乐既是人之情不能免者，人之性所求所好者，更是人之生的美好境界。一定意义上可以说，中国古代制礼作乐，为我们树立了礼乐治邦的理想，一个乐（yuè）托邦。

受西方文化尤其是美国大众文化的影响，而21世纪以来，日、韩、欧洲娱乐文化又进一步推波助澜；另一方面，改革开放、思想解放运动以来，思想禁锢的解除、感性欲望的释放、商品文化及市场经济的冲击、信仰的缺失，以及现代哲学、生活观念影响带来的生活方式的变革、现实生存的压力等，都使得活在当下、及时行乐、尽情享乐精神蔓延。而当代娱乐传媒营销、文化资本驱动、消费意识形态和娱乐意识形态运作、大众趣味迎合等，都助长着这个娱乐狂欢、娱乐至死的时代。

在《娱乐至死》里，尼尔·波兹曼指出，一切公众话语日渐以娱乐的方式出现，并成为一种文化精神。我们的政治、宗教、新闻、体育、教育和商业都心甘情愿地成为娱乐的附庸，毫无怨言，甚至无声无息，其结果是我们成了一个娱乐至死的物种。[①]乔治·奥威尔在《一九八四》中预言人们将会遭受外来压迫的奴役，失去自由，我们的文化成为受制文化。赫胥黎则在《美丽新世界》中表达了另外一种忧虑，人们会渐渐爱上压迫，崇拜那些使他们丧失思考能力的工业技术。而尼尔·波兹曼的《娱乐至死》和《童年的消逝》想告诉我们的是，赫胥黎的忧虑可能成为现实，毁掉我们的，不是我们所憎恨的东西，而恰恰是我们所热爱的东西。人们由于享乐而失去了自由。乐，有享乐、娱乐、礼乐这些不同层级、不同维度的内涵，如何"超越唯乐原则"，批判性重建享乐意识、娱乐文化、礼乐精神，恰是我们今天要深思的。

## 五、结语

对于当前中国社会中存在的审美文化特征及众多文化乱象，我们应在全球化视野中，在中国现代化发展的总体进程中，在历史的基础上做出历史的理解、做出历史的判断，在人的基础上做出文化的理解、做出文化的判断。历史是人的历史，社会是人的社会，人是一切社会关系的总和。社会历史的发展与个人的生存和发展遵循了同样的心理学规律。随着中国现代化进程的加速推进，全球共相现代化向殊相现代化、民族现代化转型，现代化与地区、民族、国家、文化、信仰等深度融合而具有了地区现代

---

① 尼尔·波兹曼. 娱乐至死［M］. 章艳，译. 北京：中信出版社，2014.

性、民族现代性特征，文艺、文化的重要性程度日益突出，也就必然会出现从"现代性"到"中华性"的新知识型的探寻①。西方现代性向中国现代性（更多意义上是作为东方概念、地理空间、发展模式的现代性），进而向中华现代性（更突出地强调民族化、在地化的现代性）演进②。审美文化是时代的感性学。新时代是一个比历史上任何时期都更加需要文化的时代。问题在于在这样的一个时代，我们需要什么的审美文化，该怎样建设我们的审美文化，以更好地推动人的全面发展、社会的全面进步。这期间有诸多理论与实践问题需要深入思考和研究。然而，有一个观点也许是可以达成共识的，那就是我们应该坚持历史的、人民的、艺术的、美学的标准，为这个时代的审美文化注入理性内涵和价值理想，注入悲剧精神和深沉力量；勇于文化自省、摆脱文化焦虑、担负文化使命、寻找文化身份、提高文化自信；不断激活文化传统、汲取文化资源、进行文化创造、整顿文化乱象、加强文化治理、重建文化精神，实现文化的文明和进步。

---

① 张法，王一川，张颐武. 从"现代性"到"中华性"［J］. 文艺争鸣，1994（2）：12-22.
② 梁玉水. 中国现代性进程中的政治美学［J］. 文艺争鸣，2017（4）：125-129.

# 网络文学的繁荣与当代中国的文化生产

郑崇选[①]

经过将近20年的发展，网络文学已成为当代中国文化发展中独有的中国特色，其影响之大之深不仅表现在众多文化产品中的网络文学因素，而且更为深远的是将对未来若干年的文化生产面貌产生不可估量的影响。很多评论者将网络文学与美国好莱坞、日本动漫、韩国电视剧并称为当代世界四大文化现象。中国网络文学的海外传播异军突起，以 Wuxiaworld、Gravity Tale 为代表的翻译网站引爆了中国网络小说在全世界的阅读热潮，月活跃读者数在400万人左右，日来访量在40万人左右。这些读者来自全球100多个国家，其中北美读者占总数的1/3以上。

网络文学的空前繁荣不仅对广大受众的文化消费结构产生了重大影响，同时也重构了当代中国文学的生产结构。在信息社会走向深广发展阶段的今天，以网络为主的新媒介对各类文化生产场域都不同程度地进行了话语频道的改组与重组。由于网络文学的强力介入，当代中国文化生产也发生了新一轮的重大转型与变革，一个全新的文化生产场域正在形成。

## 一、网络文学的主要发展阶段

（一）萌芽期：概念形成—初步发展—转型调整

这个阶段一般可以界定在20世纪90年代末到21世纪初，对于网络文

---

学的最初印象，起源于 1998 年 3 月 22 日至 5 月 29 日蔡智恒（网名痞子蔡）的小说《第一次的亲密接触》在台湾成功大学 BBS 的发布，随后该小说被转载到大陆各大 BBS，并在中国大陆第一次引起关于网络文学的轰动。这个阶段的网络文学不仅为找不到发表渠道的文学青年提供多样的发表平台，还形成志趣相投的交流圈。交流和互动的需求从网络文学的萌芽期就成为其最为主要的一个特点，也是与纯文学生产模式形成明显区别的独特属性。这个阶段诞生了李寻欢、安妮宝贝等著名网络作家，时至今日，虽然这些作家已大多不愿意承认自己的网络作家身份，但从受众的阅读体验来看，这些作家是借网络成名的典型代表。这个时期的网络文学与当前的网络文学形态还是有很大的不同，很多作品依旧是按照纯文学的标准来创作的。

（二）发展期：无序生长—规范管理—基本定型

网络文学的概念诞生之后，很多网站一拥而上，都建立了自己的 BBS，吸引有志于创作的年轻人，但是也带来网络文学发展的乱象，如盗版情色泛滥、情节复制注水等，从 2001 年之后，很多网站开始倒闭，政府的管理力度加大，很多风险投资开始撤离。但是与此同时，网络文学的规范化发展之路也正式开启，2003 年，起点中文网实行 VIP 付费阅读制度，一般来说，一部小说的前十万字免费阅读，后面的章节实行收费阅读，读者阅读一千字收费二分钱，这一制度成为网络文学繁荣发展及吸引中国写手参与的内生动力。网络文学逐渐从"文青"文学走向商业化类型的文学，这一走向代表了中国本土的原创网络文学网站在经营方式上调整变化的脉络。此后，网络文学也逐渐商业化、通俗化，网络长篇小说成为网络文学的主要形式，玄幻、都市、职场、青春、悬疑、盗墓、穿越、耽美等通俗类型的网络文学逐渐兴盛。可见，网络文学的产业化发展成为推动网络文学规模发展的最大动力。

（三）繁荣期：国家政策—资本介入—兼并整合

网络文学所吸引的大量受众，以及产业化所带来的巨大市场，让中国网络文学在世界范围内产生了重要影响。由此，大型商业资本开始介入网络文学的生产。以 2008 年盛大文学的成立为标志，网络文学兼并整合的速度加快，直至 2015 年 1 月腾讯文学收购盛大文学，成立阅文集团，网络文学发展开始走向由大型资本主导的模式，阿里巴巴、百度、中国电信都先后进入网络文学的产业发展中。与此同时，国家政策层面也开始关注网络文学对于文化强国的重要性，先后颁布实施《中共中央关于繁荣发展社会主义文艺的意见》《关于推动网络文学健康发展的指导意见》《关于加强网络文学作品版权管理的通知》等重要的国家文化政策，为网络文学的可持续繁荣发展提供了坚实的顶层设计保障。

## 二、网络文学对中国文化生产带来的巨大影响

（一）当代中国的大众文化生产正在进入"网络文学＋"的时代

围绕"网络文学"已经形成了一个巨大的文化生产共同体，在这个共同体中，国家、市场、社会都参与进来，由网络文学所形成的"IP"成为整个文化产业链的起点，在 IP 经济的模式下，通过影视改编，使网络文学的影响力进一步放大，这些经由 90 后、00 后为主要群体的网络文学读者筛选出来的作品将成为整个社会的娱乐产品，比如《花千骨》《琅琊榜》《寻龙诀》《三生三世十里桃花》等。一部网络文学作品不再只是文学，它可以是任何形态：书、电影、电视剧、游戏、衍生品、跨界合作、流行词、偶像和粉丝等。据清华大学课题组发布的《2016 年中国 IP 产业报告》，中国影响力排名前 100 位的超级 IP 中，网络小说就占了 61 部，这意味着，无论你读不读网络小说，将来你看的电影、电视剧、听的歌曲、玩的游戏，都可能与网络小说有很直接的关系。换言之，未来的中国大众文化生产的整体面貌将由网络文学的生产来决定。

（二）文学生产的结构要素发生了重大的转型

随着网络文学在文学生产场域中的崛起，文学生产结构的构成要素发生了重大变化，其构成更为多元和丰富，主要有作者、传播者（由纸质媒体变为网络媒体）、受众（网络文学的受众称为粉丝）、批评者、资本等。传播者从纸质媒体到网络媒体的变革，极大地刺激了文学创作的积极性，网络媒体不再承担构建文学标准的重大功能，而只是一个上传和发表的平台，其重要性与传统文学格局中的文学期刊不能相提并论。在新的文学生产结构中，作者与读者的关系发生了重大的变化，由原有的主客体的单向输送变为双向的互动关系，读者到粉丝的转变，意味着受众在创作过程中发挥了更为重要的作用，作者会充分考虑受众的意见，甚至会根据受众的

具体建议改变文本的走向与人物的命运。从某种程度上来说，网络文学文本的真正作者是由某位网络作家和阅读这部作品的广大粉丝共同构成，用户创造内容成为网络文学的核心所在。

（三）类型小说的成熟满足了各类受众的文化细分需求

文学的"类型意识"在新媒介写作者那里得到了前所未有的明确，他们从创作一开始就很清楚地知道要为哪一类受众服务，从事哪个类型的创作。新的文学生产机制自觉服膺消费文化的逻辑：消费市场是根据消费终端的需求来设计各种消费服务的，消费终端的要求最终会影响到生产的起点，大众需要更为明确、简单、快捷、平面化的标识来指导他们选择文化产品。目前的网络文学都以类型文学为主要划分原则，随意打开一个文学网站就可以看到分类明确的文学产品，诸如玄幻、仙侠、耽美、穿越、盗墓、后宫、同人等，类型文学为文学消费者提供了超市化的服务，满足了非常个性化的文学需求，极大地促进了文学出版市场的繁荣。网络文学类型化现象也是理解和解析通俗文学时代精神和阶段性特征的重要切入点。网络文学特别是网络小说的类型区分不仅折射出文学发展过程中受外部因素影响而最终形成的自组织化样态，而且反映了文学主体的认知范畴和思维架构。

（四）对青少年的文化心理及情感结构产生内在的深刻影响

随着网络文学的广泛传播，其通俗化的内容和多样化的表达形式深受青少年喜爱。网络文学逐渐成为青少年的重要谈资，不仅影响他们的语言表达，也参与和强化了他们的人际交往。另外，网络文学的价值观趋向影响着青少年的人格塑造和自我认同，由于青少年青春期的叛逆性心理特点，他们更易于接受与主流价值观不同的观点。网络文学的多元价值取向，虽然会给学校和家庭这样传统的社会化主体的权威带来挑战，带来一些负面的影响，但也有助于青少年形成独立意识和创新思维，尤其是一些富有人文底蕴和时代精神的作品也可以成为教化青少年的重要工具。

（五）推动了中国文化形象的建构和文化影响的提升

网络小说的流行无形中推动了中华传统文化的海外传播。当下流行的网络文学代表性作品集中在玄幻、历史等题材，其中暗含了许多古典文学、传统文学的影子。与此同时，网络小说也是对传统文化的"创造性转化"，是网络作家将作品与现代元素结合的新尝试。通过网络语言与网络形象的重新表达，网络文学使得中华传统文化在国内外得到了更好的推广，在网络文学文本中，可以看到有关儒释道文化的形象阐释，以及关于家国情义的微言大义，皆凸显了网络文学对于重塑中华文化和审美主体性的努力。网文世界正呈现出作者与读者共同成长、建设想象共同体、再造中华价值系统、确立国家民族认同的趋势。无论历史文、幻想文、军事文还是都市文，都有"我是中国人，我在世界中如何建立自己及其身份"的表达。如《琅琊榜》表达了家国情怀、人间大义；2016年完结的《将夜》和《雪中悍刀行》两部小说，也是构建并传播中华精神认同的佳作。大量的古代神话、诗词歌赋、诸子百家、典章名物、闲情雅玩等中华审美元素借由网络小说这个载体被"另类唤醒"。这些深受海内外粉丝关注的网络小说，对于中国文化主体性的确立有积极的推动作用。

### 三、新媒介文艺批评与网络文学经典化前景

新媒介具有的去集中化和交互性特征，以及对社会关系的重新划分，是实现其作为人的延伸存在的重要前提。在肯定本土新媒介文学活动价值的前提下，借鉴新媒介理论指导中国的文学实践，不仅有助于服务中国的文学批评，而且对构建中国新媒介文学批评话语体系也有所裨益[①]。

首先，新媒介文艺批评需要将交互界面纳入考量，聚焦媒介的交互性对文学生产和传播产生的结构性影响。数字媒介区别于大众媒介的根本性特点在于交互性，机械的传播—接受模式逐渐为生产者和消费者的标准化交互界面所填充和取代。或许现代人作为"单向度的人"的存在方式并未发生改变，但无所不在的交互界面允许和鼓励人们透过虚拟空间形成双向的表达。以文学网站为例，网站基于作者更新频次、用户交互评分等形成的数据排行榜和推荐内容无疑会拉动和刺激作者拉长战线、持久上线以争取读者，读者则可以通过投票、打赏、评论等手段激励作者和催更。交互界面无疑助推了受众驱动型文学的生产和消费，其累积的海量数据也成为

---

① 陈海. 构建中国新媒介文学批评话语体系［N］. 中国社会科学报，2017－1－16.

此后技术分析的对象。

其次，印刷出版时代的文学批评，需要相对专业化、精细化的作业，与书面传播时代知识畛域严明、学科道术割裂的整体文化逻辑相一致。数字媒介的网络文学批评，则呈现出非集中化的倾向，以个体为单位的创作者和以个体为单位的消费者进行点对点的直联对接。已有的新媒介文艺批评实践同样节省了中间环节，建立在个体与个体合作的基础上，从而能够最大限度地激发个体的创造力。面对专业性缺失和乌合之众狂欢的质疑，或许仍然需要些许时间的平复，也需要对网络文学的广大受众具有的可塑性和成长性抱有信心，相信受众通过阅读一定量的网络文学作品，有能力分辨、识别和筛选出优秀的文学作品。新媒介文艺批评当以更为开放和包容的姿态接受非专业化、去精英化的大众批评活动，营造出众声喧哗、多元活力的批评氛围。

同时，由于信息的获取和传播成为权力形式的一部分，因此数字媒介重新界定了社会关系，改变了原有的批评权力格局。有学人呼吁建立集创作、管理、经营、阅读、评论为一体的网络文学批评"共同体"[1]，表明他们已经认识到数字媒介视域下社群融合的趋势。互联网技术不仅消弭了内容生产者和消费者之间的距离，也消弭了专业把关人和业余爱好者之间的界限。文学网站及其衍生架构经历了从内容媒体向社交媒体的转换，甚至有向场景媒体流变的趋势。针对这一变化，新媒介文艺批评有必要在尊重批评权利均等化的基础上，重新考虑评价渠道的权重设计，平衡好不同社群或不同立场的理性经验。

从媒介是人的延伸这一命题出发，媒介技术的革新同时也意味着人的感知维度的丰富。麦克卢汉曾经明确断言：计算机是人类中枢神经系统的延伸[2]。在信息过载的时代，完全依靠人脑或人力完成信息交换或存储的活动多少显得力不从心。"通信和计算技术放大人们合作和集体行动的才能时，聪明的乌合之众就应运而生。"[3]通过技术手段和近乎无意识的集体合作解决个人的问题，人们才能避免迷失在碎片化信息之中。人工智能已

　　① 欧阳友权. 建立网络文学批评"共同体"[N]. 中国社会科学报，2017 - 3 - 20.
　　② 马歇尔·麦克卢汉. 媒介与文明[M]. 何道宽，译. 北京：机械工业出版社，2016：29.
　　③ 罗伯特·洛根. 理解新媒介：延伸麦克卢汉[M]. 何道宽，译. 上海：复旦大学出版社，2012：59.

广泛浸润到各行各业，写作程序的出现尤其动摇了人们坚守文学是心灵艺术的观念。这也是新媒介技术的人格化或是"有思想的技术"等理念生发的前景。

　　不过，需要指出的是，数字媒介技术并不等同于扁平化的客观呈现，其中仍然潜藏着资本运作的权力结构："这种权力结构不仅能够形塑用户的行为，同时还能创造出一种交互性的印象。"① 透过大数据和交互界面发现，技术之外的因素在起作用：文学网站排行榜的客观性屡屡受到大众读者的质疑；已成名的写手通过作品数据的累积，能够迅速获取更高人气，在榜上占据更靠前的位置或停留更长的时间；与网站签约的作品能够获得更多的曝光率和推荐机会等。当百科全书为维基百科所取代，与近代"印刷资本主义"形成对照的是当下的"数字资本主义"。数字媒介仍然受制于资本逐利的基本逻辑，其使用的运算法则往往无法体现纯粹技术的不偏不倚。

　　文学批评的重要意义在于抽绎文学生产中的价值过程，体现为文学的经典化。文学经典的概念本身变动不居且无定指，经典的生成和沉淀往往也需要经历一个相对较长的时间。从历史视角来看，近代五四时期的新文化人通过对传统经典进行现代阐释、发掘和创造，完成了对传统经典釜底抽薪式的颠覆和替换，并确立了以"进化""人""民间"或"大众"为核心的新经典评判标准②。虽然网络文学经典之作尚难盖棺论定，但从媒介更替的必然规律来看，以数字文化为基础的网络文学势将成为文学经典产出的主要源头。由于媒介形态的演变，网络文学的经典标准和经典化方式同样与传统文学存在差异。

　　传统经典的遴选和建构是政治意识形态、知识精英和受众等多方介入的综合性结果。文学经典的遴选规则受到主流意识形态的监管和制约，与之相悖的内容往往会遭受审查或剔除。在此基础上，受过专业训练、具备品鉴能力的知识精英依据某种与其主张利益一致的标准，对文学作品的艺术水准进行评判，借由文学史的书写或文学批评的发声，完成锻造经典的大部分工序。相对来说，广大受众在文本经典化过程中扮演的角色则较

---

① 尼古拉斯·盖恩，戴维·比尔. 新媒介：关键概念［M］. 刘君，周竞男，译. 上海：复旦大学出版社，2015：85.
② 贺仲明. 五四作家对中国传统文学经典的重构［J］. 中国社会科学，2016（9）：184—204.

为被动，其主要职责在于接受对经典的认知，并达成共识。

随着媒体资本多元构成的进程加快，意识形态单向渗透不断弱化，数字媒介时代的文学内容较之出版印刷所受的审查、约束更少，批评话语权的旁落和转移稀释了知识精英集团的权威，资本、技术和受众成为网络文学经典化的重要影响因素。或有学人对现有网络文学商业模式和技术发展持有乐观态度，认为能够通过付费阅读"形成持续的价值链"，"从纷繁复杂的网络文字中淘出优秀作品，形成经典网络文学的价值标准"①。然而，一味借助或信奉资本抉择的力量，对网络文学的整体创作生态将形成极大的破坏。盲目跟风热门文学类型，迎合受众市场，从确定题材的环节便考虑 IP 跨界改编的可能性，模仿或复制成功故事，都将对网络文学作品的经典化产生不利影响。因此，即便警惕资本运作的角力作用，仅仅仰仗受众社群的集体无意识和技术预测方案，网络文学的经典化前景将一片黯淡。引入新媒介文艺批评的方法论，反省和检验网络文学的经典化机制，对网络文学未来的良性健康发展定有所助益。

布鲁姆曾援引阿拉斯戴尔·弗勒在《文学的类型》中关涉"文学经典和体裁等级"部分的论述："文学趣味的变化总是与重估由经典作品所代表的体裁有关。"② 网络文学的类型化发展滋生了新的文学体裁，不可避免地带来审美趣味的变迁和经典标准的重估。类型通过受众主导的标签化活动获得命名，而经典的创造亦如是。信息架构师托马斯·范德·沃尔在 2004 年首创"分众分类法"的概念。从词源上看，该术语是通过将大众和分类法合并而成，意为大众合作框架下的分类模式。这一分类法的主要特点在于无需训练或知识储备即能进行分类，使用者添加的标签能够直接反映其直觉概念，而使用相同或相似标签的群体自动生成兴趣接近的社群。尽管网络文学的类型化发展主要是出于迎合受众市场的目的，但类比法始终是人类知识产生的重要法则，并为受众的注意力分配提供了全新的技术解决方案。新媒介文艺批评完全可以借鉴"分众分类法"的思想，对不同类型的传统作品展开分众式批评，以期揭示新的经典标准和趣味类型。毋庸置疑，无论媒介样式或作品呈现形态如何嬗变，作者和读者都不

① 傅其林. 网络文学的付费阅读现象 [J]. 学习与探索，2010（2）：183 – 185.
② 哈罗德·布鲁姆. 西方正典 [M]. 江宁康，译. 南京：译林出版社，2005：17.

会放弃对作品"文学性"的求索，以及对经典的反复诠释。只有明确这一点，才能立足于整个文化产业的生产层面，进一步勾勒网络文学创作在其中扮演的角色，从而为网络文学参与中国当代文化形态建构并发挥积极作用提供借鉴。

# 陈忠实：关中文化的书写者

李继凯[①]

2016 年的春夏之交，陕西关中一个白鹿原汉子——陈忠实在留下他不朽的文学巨作《白鹿原》之后，告别了热爱他作品的读者。其情景确实令人伤感：陈忠实驾鹤西去，人世间一片叹息。各界人士闻讯纷纷送来花圈，层层叠叠，各类媒体都在以自己的方式报道着相关消息，表达着不尽的哀思。那些花圈上面，按例都缀上了挽联，还有许多用毛笔书写的悼念忠实先生的联语，挂在临时扯起的绳子上。其中也有李震兄撰写的对联："一身正气两袖清风白鹿原上写春秋，百年著述万世英名文学史里铸精魂。"还有笔者和朋友联名合撰的对联："倾听关中汉忠实献绝唱，乐闻白鹿原嘉轩吼秦腔。"这两副对联都由笔者现场挥毫书写以寄托哀思。接下来还应其他吊唁者的要求书写挽联一个多小时，这也使笔者现场体验到接踵而至的众多读者对忠实先生的追悼之情，看到了与文学结缘一生且喜爱书法的老陈在其生后依然与文学和书法有着这样情牵魂系的显性关联。

## 一、陈忠实是一位勤奋而又优秀的书写者

作家是以书写为主要工作方式的劳动者。"手书"是陈忠实最擅长的文化创造方式，由此，在他生后，留下了许多精心创作的小说、散文，也留下了许多珍贵的书写关中文化及人生的手稿。陈忠实笔耕一生，除创作了最为著名的长篇《白鹿原》之外，还创作有中篇小说《康家小院》《初

---

① 李继凯：陕西师范大学人文社科高等研究院院长。

夏》《四妹子》《蓝袍先生》等，短篇小说集《乡村》《到老白杨树背后去》，文论集《创作感受谈》，散文集《生命之雨》《告别白鸽》《家之脉》《原下的日子》等，以及报告文学《渭北高原，关于一个人的记忆》等。据不完全统计，迄今出版的陈忠实各类作品集已经接近百种，并有《陈忠实文集》存世。其代表作《白鹿原》成为公认的中国大陆最优秀的长篇小说之一，还被经常拿来和获得诺贝尔文学奖的作品进行比较；有人明确说中国当代文学有"高峰"，这个高峰就在关中的"白鹿原"。《白鹿原》于 1997 年荣获中国文学最高奖——茅盾文学奖，由于广受读者欢迎并被教育部列入"大学生必读"系列，该书发行量已经逾 260 万册。该小说还被改编成秦腔、话剧、电影、电视剧、舞剧、连环画、雕塑等多种艺术形式。陈忠实也有多部（篇）作品被翻译成英、俄、日、韩、越、蒙古等语种文字出版。

　　这里想特别强调一下陈忠实的手稿。据媒体报道，陕西知名作家多，珍贵手稿也多。这些作家大都视手稿为"亲人"，极少拿去送人或售卖。作家陈忠实就曾告诉记者："过去没有复印条件，报纸、杂志发稿一般不退稿，咱也不在乎，也没有那收藏意识。后来有了复印机技术，咱才给自己留一个底稿，给对方邮寄一份复印稿。"① 正因如此，其手稿多能保存下来。特别是《白鹿原》手稿，不仅保存完好，还被放在"陈忠实文学馆"向公众展示。当年，《白鹿原》出版后广受欢迎，给作者带来了成功的喜悦，其原版手稿也曾被收藏家看中，欲出大价钱收藏，但被陈忠实婉拒。在《白鹿原》出版 20 周年之际，陈忠实却主动将手稿交由人民文学出版社，出版了全文影印、限量版的《白鹿原》手稿本，全四册手工穿线线装，弥足珍贵。陈忠实还在该书后记中特别指出："这个手稿是《白鹿原》唯一的正式稿。"这个版本作为作家辛勤书写的文本，既具有文学文本的初始形态，也具有书法文本的基本样貌，堪称是具有多重文化功能的"复合文本"，值得世人珍视和研究。自然，最值得珍视的还是那具有世间唯一性的《白鹿原》原稿，它就静静地躺在西安思源学院校园内的"陈忠实文学馆"里，成了该馆的"镇馆之宝"。该馆还展出陈忠实各个时期的部分手稿，如果还能够将民间书法爱好者手抄本《白鹿原》（据报道已有两

---

① 职茵. 作家陈忠实谈手稿：自己留底稿，给对方复印稿［N］. 西安晚报. 2016 - 4 - 29.

种）也收集起来一并展示，那肯定也是一道别致的书法文化风景。

忠实先生为人厚道，堪称德艺双馨，他经常将精心书写的书法作品无偿送给他人或单位作为纪念，也曾向地方图书馆捐赠手稿。这种不顾"名人字画行情看涨"而乐于奉献的行为，在其逝世后依然为人津津乐道。他不仅曾为自己题写书名，还更乐于为其他新老朋友题写书名或留字为念。尽管他一再自谦自己写的只是毛笔字而非书法，但其毛笔字也确实达到了"文人书法"的水平，体现着他那自在从容、质朴自然的风貌，彰显着外柔内刚、淳厚清朗的气质，给人留下深刻的印象，值得结集出版。而他对作家文人运用毛笔书写的体验、感悟，也很真切并有启示性："洗笔调墨四体松，预想字形神思凝。神气贯注全息动，赏心悦目乐无穷。"文人们"左手拿着电脑创作，右手拿着毛笔来传承我们的文化，这是现代和传统最直接的结合，是当下一种新的景观，它对文人书画进行了新的探讨，也促进了文人书画的繁荣。"他发起的白鹿书院还曾主办全国文人书画展览及研讨会，其盛况至今仿佛犹在眼前。

在老陈患病的 2015 年，笔者曾陪在西安市挂职的吴义勤兄前往探视，当面奉上一幅中堂书法以表敬意："翰墨惊天地，史诗通古今"。这也表达了包括笔者在内的众多读者的心声。如今老陈虽然仙逝，但不仅继续活在他不朽的文字里，也活在他手书的墨迹中，活在思念他、研究他的人们所留下的各种文本及墨迹中！因为陈忠实真正达到了当代杰出文人所追求的"新三立"，即立人、立家、立象的人生境界。

## 二、《白鹿原》是书写关中文化的经典文本

提起陕西和长安（西安），世人都知道那是文化的沃土。2015 年笔者参与执笔的《陕西文化宣言》中有这样的介绍："作为中华民族和华夏文明的重要发祥地之一，陕西文化积淀十分深厚，既拥有蓝田猿人、半坡遗址留下的史前文化印记，远古神话、炎黄传说种下的华夏民族根脉，周公制礼作乐奠定的中华礼乐文明，秦汉帝国建构的中华民族政治制度的基本架构；又拥有汉唐盛世创造的领先世界、灿烂辉煌的文化史，开拓丝绸之路、注重民族文化交流互鉴的文明史，以及以延安为中心艰苦奋斗、追求人民解放的革命史。陕西的文化资源不仅灌溉着中华文明，也滋润着世界文明；陕西的文化

优势不仅傲然于中华文化之巅，也卓立于世界文化之林；陕西的文化精神不仅引领着中华文化的前行步伐，也推动着世界文明的不断发展。在实现中华民族伟大复兴中国梦的今天，陕西文化理应成为文化自信的先行者、引领者和示范者，这既是历史的责任，也是时代的重托，更是文化的担当。"其宣言和倡议的第一条即是努力发扬"关学"精神，提出要从"关学"中深入挖掘建设"富裕陕西、和谐陕西、美丽陕西"的文化动力和智力支撑，以"为天地立心，为生民立命，为往圣继绝学，为万世开太平"的"四为"精神，重振陕西文化雄风，再现汉唐文化气象，让"文化陕西"扛起复兴中华文化自信的大旗。第二条是积极汲取优秀传统文化精华。秉持自觉、自信、自省的态度，全面客观地审视仰之弥高、钻之弥深的传统文化，推动传统文化的创造性转化和创新性发展。立足现实，面向未来，古为今用，以古见今，努力创造生机勃发、魅力四射的现代"文化陕西"。

在陕西文化版图中，关中具有举足轻重的文化地位。有人把陕西比喻为一棵大白菜，关中就是白菜心。而陈忠实生于斯长于斯的白鹿原则是白菜心的精华所在。它位于古都西安东南，东靠篑山，南临汤浴，北依灞河，三面环水，是经过亿万年形成的南北走向的黄土台原。这里地杰人灵，故事繁多，文化氛围自古浓厚。正是这里厚重的黄土文化培育了著名作家陈忠实，而他的长篇小说《白鹿原》也扩大了白鹿原的声誉，成为传播关中文化的一张名片。换言之，自从《白鹿原》横空出世，一幅波澜壮阔的民族史诗便铸就了白鹿原这张文化名片。陕西省曾评选近30年最具影响力的十大名人，陈忠实便是其中之一。他的力作《白鹿原》是一部记载关中渭河平原近现代50年变迁的雄奇史诗，一轴刻画中国农村斑斓多彩、触目惊心的长幅画卷。陈忠实在这部长篇小说中成功地塑造了白嘉轩、鹿子霖、鹿三、朱先生等具有深刻历史文化内涵的典型形象，也成功地塑造出黑娃、白孝文、田小娥、鹿兆鹏、鹿兆海、白灵等年轻一代性格各异、追求不同、极具时代性的人物形象。

作为古代天子脚下的关中腹地，自古就形成了古朴典雅的生活习俗及淳朴淳厚的民俗风情，前有先秦时期提倡人伦礼仪的儒家经典《仪礼》和《礼记》，后有自宋兴起，受儒家影响颇深所创建的程朱理学关中学派。在《白鹿原》里肩负"教民以礼义，以正世风"重担的就是白嘉轩口中的"圣人"朱先生，从查禁烟苗、草拟《乡约》，冒生命危险劝说方巡抚，到开办白鹿书院、编纂县志，后来被红卫兵掘开墓室发现其"折腾到何日为止"的预言……除却小说中必要的虚构描写以外，朱先生的原型人物牛兆濂，便是关中学派的最后传人，他秉承着关学学派创始者张载先生"为天地立心，为生民立命，为往圣继绝学，为万世开太平"的高远志向，不仅推演了由吕氏兄弟创作的中国第一部用来教化和规范民众如何做人修身的著作《乡约》，同时创制了一套礼俗规范在关中大地传播开来，由此儒家的正统道德思想对关中的民风民俗产生了深远影响。

这种影响可以贯穿历史时空。经历战乱、迁徙和民族融合的关中地区，在历史条件下形成了独特的传统习俗和地方风情，渗透了儒家文化的内在精神。首先，最具代表性的地方习俗就是婚丧嫁娶，关中地区的婚嫁礼仪虽经历代演变，但大都基本遵循"六礼"之轨，即纳彩、问名、纳吉、纳征、请期和亲迎，《白鹿原》里白嘉轩和鹿子霖互为媒人订下冷先生的两个女儿；冷先生在嫁女儿之前暗地里掐了双方的八字，看看是否相合；白嘉轩直到娶回仙草，为彩礼已经花去秉德老汉半辈子的积蓄；鹿兆鹏和白孝文成婚都要进祠堂叩拜祖宗……复杂礼数的背后凝结着老一辈人的礼教习俗和传统文化。其次，民以食为天，具有关中风味的小吃巧妙地穿插进《白鹿原》的各章之中，有马驹、骡驹爱吃的罐罐蒸馍，兆鹏送给黑娃的水晶饼，黑娃在郭举人家干活吃的凉皮，鹿子霖爱到老孙家美美地吃上一碗的羊肉泡馍和解放军进军西安随身携带的锅盔……作品在展示地方饮食文化和特色的同时，展现了关中人智慧的头脑和灵活的双手。一方水土养一方人，他们用关中盛产的小麦做出了丰富美味的小吃和饭食，养育了一代代黄土高原上的关中百姓。再次，消遣娱乐是人们生活的一个重要方面，关中农村的民俗风情在这日常娱乐中可见一斑。《白鹿原》里提到的"唱乱弹"是关中常见的娱乐形式，通俗讲是吼秦腔，文中有一处这样描写：鹿三给牛马拌饲料，在嘉轩的鼓动下，靠着槽帮就吼了起来，从《辕门斩子》到《别窑》再到《逃国》，曲调慷慨激昂，悲壮飞扬。八百里秦川浩浩荡荡，三千万儿女齐吼秦腔，陕西人的耿直、热情、豪爽和粗犷在这一声吼里展现得淋漓尽致，荡气回肠。最后，中国自古是礼仪之邦，而关中作为京兆之地，自然信奉"君君臣臣父父子子"这传统道德的重要教义，祭祖敬神成为中国传统的民间信仰。相关的各种民间信仰活动也在《白鹿原》中有相当经典而又精细的描写。

　　总之，被学者们誉为史诗或民族秘史的《白鹿原》，从思想、习俗等方面在读者面前呈现出一幅丰富多彩的关中文化风情图。而《白鹿原》对生生不息而又复杂万端的关中文化进行了相当成功的生活化描写。可以说，人们要了解西安，了解中国，细读《白鹿原》，领略关中文化风貌就是一个便捷的有效途径。前述有人曾建议在白鹿原上建一座世界最高的"白鹿塔"，这也许只能成为一种梦想。其实在读者心中，陈忠实《白鹿原》就是诞生在白鹿原上的一座高耸入云、万年不朽的文化巨塔！

　　说来颇可玩味：进入"关中"思稳定，进入"陕北"想革命。这种历史文化现象早已将"西安"与"延安"的不同昭示给了世人。关中房舍中的心田最易植下儒学的根苗。那种入世济世的人文精神，那种"究天人之际，通古今之变"的良史笔墨，那种忧患意识制约的作家情怀，都很容易从关中作家的作品中找到。与司马迁同乡的杜鹏程，亦用良史的笔墨来书写战争风云，那种以笔为武器、发愤著书的劲头也有直追故乡先贤的味道。读他的《保卫延安》这部具有较高成就的战争史诗，读他的《在和平的日子里》这部颂扬创业、守业的奋斗精神的作品，都很容易使人想起儒家文化的优良传统及这种传统在革命名义下的继承与转换。尤其是陈忠实，通过关中文化对他的先期占有和他后来对关中文化（关学）的追寻，成长成为一位典型的带有儒生风范的当代作家。他那忧患不已的作家情怀表现在他对中国革命历史和传统文化的深刻反思。换言之，陈忠实早在童少年时代就领受着白鹿原及其周边的关中文化的滋养，长大后，尤其是在准备创作《白鹿原》的时候，他以极大的热情去发掘着关中文化。他查阅了许多地方志书，在民间进行了广泛的采风，结合自己的观察和体验，记下了大量的材料，从而获得了远比一般历史教科书丰富而又真实的东西，找到了回归历史真实、超越观念教条的途径。①

　　《白鹿原》这部作品酝酿于20世纪80年代后期，写成于90年代前期，经过了数年辛勤的努力。作者显然是要探寻历史的奥秘，真正"忠实"地把握住历史本身的丰富和复杂，同时注入反思历史的鲜明的时代精神。这也需要相当的魄力和勇气。他曾想用《古原》这个名字来命名这部作品。②

---

①　详参陈忠实《沉重之尘》《贞节带与斗兽场》《我说关中人》《关于〈白鹿原〉》与李星的对话》等文，均见《陈忠实文集》第5卷，太白文艺出版社1996年版。

②　参见《关于〈白鹿原〉的答问》，《小说评论》1993年第3期。

他的冷峻目光已表明他不是要创作一部传统意义上的规范的史诗，而是要营构一部带有强烈文化色彩和批判意味的史诗的变体。有论者鲜明指出："《白鹿原》是一部富有新意的史诗。"其"新意"表现在：第一，作者视点高远，以通古今之变的"诗人之眼"，审视从清末到20世纪中叶这段复杂的历史。努力在更真实的层面上，展现历史生活的本来面貌，叙述人物的悲欢离合、生死沉浮，揭示出中国历史具有的恒久性本质，成就了一部我们民族的"秘史"。第二，《白鹿原》不像以往的史诗性作品较为单一地叙描人的理性行为，它深深透入了人的非理性世界及其对历史和人生的巨大影响之中，显示了人性与历史的复杂性。第三，作家以敦厚之心谛视民族苦难，以反思的精神正视悲剧性的民族历史，在悲悯与反思中将传统情感与现代情感结合起来，借以彰显中国历史的本质，寻求民族救赎的途径。[①]这里对《白鹿原》带有新变意味的史诗性的体认，确实可以说明史诗作品并非只有一种模式。陈忠实尽管力求重新建构"史诗"，包括在小说结构、心理描写、细节刻画和语言运用上的艺术创新，但他确确实实在秉承太史公司马迁的"信史"精神。他在历史、文化、人生面前都坚定地守住了他自己的名字——忠实！这是与太史公司马迁在心魂上的相通。宋人黄震评司马迁的"信史"精神时说："今迁之所取，皆吾夫子之所弃，而迁之文足以诏世，遂使里巷不经之说，间亦得为万世不刊之信史。"[②]老实说，只要有了这种"信史"精神和对艺术的忠诚，那么历史和艺术也就会厚待作家。至于作品是否在国内国外获什么大奖，倒是非常次要的事了。应当说，秦地有志在"究天人之际，通古今之变，成一家之言"的太史公司马迁及其优秀的史传文学传统，是一件值得自豪的事情。

### 三、秦地小说视阈中的陈忠实

如众所知，中国20世纪小说史上有不少已被学界承认的小说流派，但遗憾的是多少忽视了秦地小说世界中的流派现象。笔者曾尝试将之命名为

---

① 见李建军《一部令人震撼的民族秘史》，《小说评论》1993年第4期。
② 黄震：《黄氏日钞》卷四七《史感》。《史记》既为历史科学著作，又为史传文学名著，对后世文学影响很大。在小说方面，古代文言小说、通俗小说等都直接或间接地受到了《史记》的影响。参见《中国大百科全书·中国文学》，中国大百科全书出版社1986年版，第748页。

"白杨树派"。它孕育于秦地文化、关中文化，初成于 20 世纪中期，深植于坡沟山峁原畔，它主要以柳青、杜鹏程、王汶石等为代表，晚近则有路遥、陈忠实、京夫、邹志安、李天芳、赵熙、高建群、贾平凹、蒋金彦、文兰等在某种程度上的承继和发展，并构成了具有一定开放性的流派"方阵"。① 这个小说流派的命名，显然与茅盾著名散文《白杨礼赞》有关。简言之，所谓"白杨树派"，是从秦地小说的创作实际出发，主要参照茅盾《白杨礼赞》及其他有关诗文所揭示的精神特征和审美特征，以及评论界已有的相关成果，而郑重命名的一个小说流派。这个小说流派基于三秦文化传统和革命文化的交融，形成了自己鲜明的流派特征，即像生长于大西北的白杨树那样，具有逼人的刚气、豪气和土气，既淳厚、质朴、正直、刚劲，端肃、雄健、峭拔、顽韧，又保守、忍苦、克己、无奈，孤寂且复苍凉，困窘且复麻木。"白杨树派"的老一辈作家多从肯定层面着眼，倾力揄扬"白杨"精神，而新一代作家（并非秦地所有作家）则注意全息把握，倾力状写"白杨"的复杂，且较多透入否定层面，加强了反思色彩。但从整体性或主导方面来看，"白杨树"的那种攒劲向上、不畏风寒沙尘暴雨，竭力与恶劣的生态环境抗争，从而努力追求在黄土地上自由、幸福而又诗意地"生存"的精神，对秦地小说影响极其深远，并对其美学风貌产生了决定性的制约作用，苍凉、悲怆总掩不住奋发和荣光，刚韧雄壮的力之美透现出独具风采的西北风情和拥抱崇高的审美基调，形成了"白杨树派"独特的平凡而又壮伟、普通而又奇崛的文学流派风格和相应的地域文化色彩。

在"白杨树派"中，陈忠实堪称翘楚。尤其是他在《蓝袍先生》和《白鹿原》中，对古代文化和革命文化在秦人命运及历史变迁中显示出的复杂的文化功能，做了非常深刻的描写，其间也渗透了作家的深沉思考和诸多无奈。笔者读陈忠实作品时曾被感动得泪眼模糊，又忧愤得叹息不止。由此深深感到了作为秦地作家陈忠实本身的"复杂"。这种复杂的感受是读老一代"白杨树派"作家的作品所很少有的。比如陈忠实有关白鹿的传说和描写，其实反映的正是一代又一代白鹿原人对没有饥饿、没有痛

---

① 这个"方阵"还有复杂的一面，即对"白杨树派"进行消解的一面。这里仅从相通的一面立论。

苦、没有敌视、没有争斗的理想生活的憧憬和向往，这里包蕴着他们面对苦难时的无奈和无可告语的悲哀，从中也可以看出作者陈忠实对民族命运的深切关怀、对民族苦难的体察、对民族拯救的焦虑。① 再如《白鹿原》第一章写"白嘉轩后来引以为豪壮的是一生里娶过七房女人。"那真是奇异的乡村性文化景观：男人留"后"的欲望居然那样强烈、顽韧又愚昧，女人却那样微贱、薄命又狭隘。娶的人用钱用物，娶来送去（埋葬），居然那般轻易！虽然我们不愿看到这种所谓"豪壮"之举，但我们想想乡村历史乃至宫廷历史，又觉得作家如此写倒很真实，几乎可以看作是以性文化为载体的一种寓言。很显然，作为当代作家，陈忠实不仅写出了历史和生活的真实，也写出了他的复杂感受和思考，如他为家乡民间文学《集成》写序时指出："这块土地既接受文明也容纳污浊。在缓慢的历史演进中，封建思想封建文明封建道德衍化成乡约族规家法民俗，渗透到每一个小区每一个村庄每一个家族，渗透进一代又一代平民的血液，形成这一方地域上的人特有的文化心理结构。"② 这种清醒的认识显然也有助于他深化和丰富《白鹿原》（其时正在创作中）的主题意蕴。

其实，陈忠实也是一位曾引起过较多争议的作家，但历史必将证明：不朽的陈忠实属于陕西关中，也属于中国和世界。作为一位勤奋而又优秀的书写者，他尤其是一位成功的关中文化、关学精神的书写者。所谓关中文化、关学精神，从很大意义上说，就是在理论和实践上都很典型的儒家文化。其在历史和生活层面的一种艺术表达则见诸《白鹿原》，由此也造就了一座值得我们叹赏的文学高峰。

---

① 李建军. 一部令人震撼的民族秘史 [J]. 小说评论，1993（4）：36 - 40.
② 参见陈忠实：《灞桥区民间文学集成》序，见西安市灞桥区民间文学编委会编印：《灞桥区民间文学集成》，1990 年印刷。

# 略论中国现代悲剧观念的起源[①]

王 杰[②]  王 真[③]

当代中国的社会文化发展面临诸多问题，其中价值观混乱和信仰缺失是最为重要的问题。悲剧问题是当代中国文化建设的一个重要的关节点，也是美学理论应该研究的一个重要问题领域。从历史上看，悲剧一直以来都是一个重要的美学范畴，对美学、文化理论研究至关重要，但是当前在中国美学界理论上的研究并不多。我国关于悲剧理论的研究著作，主要有以下三个方面：一是关于西方悲剧理论（尤其是西方古典悲剧理论）的系统研究，例如程孟辉的《西方悲剧学说史》（1994）、任生名的《西方现代悲剧论稿》（1998）、周春生的《悲剧精神与欧洲思想文化史论》（1999）等；二是关于中国文化与悲剧精神，以及对中西悲剧文化比较层面的研究，例如张法的《中国文化与悲剧意识》（1989）、赵凯的《人类与悲剧意识》（1989）、邱紫华的《悲剧精神与民族意识》（1990）、尹鸿的《悲剧意识与悲剧艺术》（1992）等；三是关于中国古代悲剧理论的研究，例如杨建文的《中国古典悲剧史》（1994）、佴荣本《悲剧美学》（1994）、熊元义的《回到中国悲剧》（1998）与《中国悲剧引论》（2007）等，但是鲜有关于中国现代悲剧的研究，且关于现代悲剧的理论建设尤其薄弱。自20世纪90年代以来，马克思主义美学在全球范围内处于退潮状态，近些年来才有回潮的趋势，这是一个宏观的理论背景。具体到当代中国社会，现代化给人们的生活带来了翻天覆地的变化，尤其在改革开放之后，虽然物质得

① 本文为国家社科基金重点项目"中国悲剧观念的形成与发展研究"（14AZW004）的研究成果。
② 王杰：浙江大学传媒与国际文化学院教授。
③ 王真：浙江大学传媒与国际文化学院教师。

到极大满足、人们生活水平显著提高，但是也随之产生了金钱万能、享乐主义、欲望膨胀等不正当的价值取向，不仅严重影响了社会的公平与正义，也往往成为导致社会悲剧发生的诱因。针对这些问题，我们需要拥有足够的勇气进行理论上的探讨。理论最重要的价值就在于回应当代的现实，在这个意义上，现代悲剧问题可以说是我们切入美学对现实的阐释、美学与社会互动的关节点，这也是研究现代中国悲剧问题最重要的原因。

### 一、中国的审美现代性与中国现代悲剧观念

英国著名的马克思主义理论家特里·伊格尔顿关于悲剧问题的研究就是在苏联解体、马克思主义处于低潮状态及西方新自由主义流行一时等事件的背景下展开的。伊格尔顿于 2003 年出版了《甜蜜的暴力：悲剧的观念》一书，书中深入反思了悲剧与现代性之间的辩证关系，"20 世纪发生在悲剧身上的不是它的死亡，而是它变成了现代主义。"① 伊格尔顿选择用"悲剧的观念"代替"悲剧的理论"，以应对现代化以来复杂的悲剧性现实。这可以作为我们今天思考现代中国悲剧观念的理论起点。在伊格尔顿的悲剧研究之前，另一位有重要影响的马克思主义理论家雷蒙德·威廉斯曾在 1966 年出版了《现代悲剧》一书，提出了一个很重要的思想，即悲剧与革命之间的关系问题：

> 如果说这一理论的起源是悲剧性的（它源于不可回避的无序状况），那么，它的行动同样是悲剧性的。因为它的斗争对象既不是上帝或无生命的物体，也不是简单的社会制度和形式，而是其他的人。这个问题在革命观念的发展中始终是一个无声地带。所谓的乌托邦主义和革命浪漫主义，都恰如其名地掩盖或稀释这一根本不可避免的事实。②

革命一定是悲剧性的，但是这个悲剧不是悲惨与失败，而是可以在精

---

① 特里·伊格尔顿. 甜蜜的暴力：悲剧的观念［M］. 方杰，等译. 南京：南京大学出版社，2007：219.

② 雷蒙德·威廉斯. 现代悲剧［M］. 丁尔苏，译. 南京：译林出版社，2007：69.

神上达到很高的高度，体现一种精神的高贵。伊格尔顿曾经评论道，威廉斯在书中用极为精要的语言证明了"社会主义的变革是一项悲剧性的工程……社会主义的变革不是不可能达成，但一定是悲剧性的过程"①。这可以说是革命悲剧在当今时代的最好例证。从1930年到1968年，马克思主义在西方异常兴盛，1968年的"五月风暴"差一点动摇了整个欧洲的资本主义制度。"五月风暴"失败后，许多马克思主义者都对这一事件进行了深刻的反思。其中比较有代表性的是法国马克思主义理论家路易·阿尔都塞，阿尔都塞于1969年开始写作《论再生产》，他最具影响力的文章《意识形态与意识形态的国家机器》发表于1970年，阿尔都塞在文中运用拉康的主体概念来描述主体怎样被社会结构所质询，并指出意识形态具有很强大的再生产机制，后现代社会是一个意识形态无孔不入的时代。在此之后的很多理论家都深受阿尔都塞的意识形态理论的影响。当代美学理论上最大的难题是对真实的现实生活关系的把握，如何把握住真实的现实生活关系，又该如何积极走向未来的真实，的确是当代知识分子需要思考和研究的问题。中国现代悲剧观念的研究正是当代人为了回应现实问题而开展的，对于当代中国美学界而言，我们首先需要回应伊格尔顿在《甜蜜的暴力：悲剧的观念》中提出的两大理论难题。

第一个理论难题由伊格尔顿提出，整个20世纪最大的悲剧是"社会主义在最应该实现的地方没有实现"，伊格尔顿针对的是1991年苏联解体这一重大历史事件，这也是他在《甜蜜的暴力：悲剧的观念》中首先予以回应的问题。马克思主义的悲剧理论曾深刻揭示了历史悲剧的本质在于"历史的必然要求和这个要求实际上不可能实现之间的悲剧性的冲突"②，可是社会主义又缘何在曾经实现的地方破灭了呢？伊格尔顿认为，在《共产党宣言》中，马克思和恩格斯并未将资本主义当成最坏的东西，马克思肯定了"资产阶级在历史上曾经起过非常革命的作用"，赞扬了资本主义生产方式以其令人难以想象的推动力，使经济飞速发展、人们的生活水平显著提高，"资产阶级在它的不到一百年的阶级统治中所创造的生产力，比过

---

① 特里·伊格尔顿. 批评家的任务：与特里·伊格尔顿的对话［M］. 王杰，贾洁，译. 北京：北京大学出版社，2014：260.
② 恩格斯. 恩格斯致费迪南·拉萨尔［M］//马克思恩格斯文集（第10卷）. 北京：人民出版社，2009：177.

去一切世代创造的全部生产力还要多、还要大"①，也就是说，马克思首先肯定的是资本主义的历史合理性。值得特别注意的是，在理论上，自尼采之后，20 世纪的西方社会中普遍流行着一种"悲剧消亡论"的论调，威廉斯的书正是针对"悲剧之死"做出的回应，在此基础上，2003 年伊格尔顿的《甜蜜的暴力：悲剧的观念》既是对"悲剧之死"论这种观点的回应，也是对威廉斯的回应。威廉斯的《现代悲剧》是在"五月风暴"之前写作和出版的，带着那个特殊时期的印记。随着苏联解体和东欧的剧变，社会主义运动和悲剧理论方面出现了新的问题，伊格尔顿的《甜蜜的暴力：悲剧的观念》是他所做出的思考。我们今天的理论工作，应该是在这个语境中，结合中国提出的问题，做出自己的思考。

　　第二个理论难题是伊格尔顿认为中国并没有悲剧，也无悲剧理论，或者说没有西方意义上的悲剧理论。其实不仅是伊格尔顿，许多国外理论家都曾提出"中国无悲剧"的观点。著名的哲学家雅斯贝尔斯在他的《悲剧的超越》中认为，中国人只具有一种"悲剧前知识"，因为在中国文化里，"所有的痛苦、不幸和罪恶都只是暂时的、毫无必要出现的扰乱。世界的运行没有恐怖、拒绝或辩护——没有控诉，只有哀叹。人们不会因绝望而精神分裂：他安详宁静地忍受折磨，甚至对死亡也毫无惊惧；没有无望的郁结，没有阴郁的受挫感，一切都基本上是明朗、美好和真实的。"② 朱光潜在《悲剧心理学》中同样否认中国悲剧的存在。当然，这里的悲剧很大程度上是指西方意义上的悲剧艺术，但是对"中国无悲剧"论的质疑及中国文化对人生悲剧意义的阐释，也是国内许多学者一直在认真思考的。我们坚持认为中国毫无疑问是有悲剧经验存在的，尤其结合近现代以来的中国历史来分析时，悲剧经验是一个基本的存在。中国社会自甲午海战失败后进入了现代化过程，战争的失败给中国社会带来了深刻而复杂的悲剧性变化，这在中国的文学艺术中有很多表达，而这些表达无疑形成了中国特有的悲剧经验。但是，悲剧经验并不同于悲剧理论，经验是指由日常实践得到的知识与技能，具有普遍性和经验性；而理论则是对社会现实进行哲学思辨后的系统化、抽象化的概念表述，兼具真理的性质。我们拥有大量

---

① 马克思，恩格斯. 共产党宣言 [M]. 北京：中央编译出版社，2005 年。
② 雅斯贝尔斯. 悲剧的超越 [M]. 亦春，译. 北京：工人出版社，1988：13.

从事马克思主义美学研究的学者，但的确至今还没有令人信服的现代悲剧理论著作出现。伊格尔顿等西方学者对中国、对中国学者并不是非常了解，需要中国学者通过自己的研究来回应这些外国学者的责难。

中国的现代化现实中存在着深刻的、悲剧性的审美经验。当代对中国现实的分析，以及对文学、艺术现象的阐释，都呼唤着对悲剧理论与悲剧观念的研究，这也是中国现代悲剧观念研究的任务所在。近现代以来，中国很多优秀的文学、艺术作品足可以表达出当代中国的悲剧观念，例如：在陈凯歌早期导演的电影《黄土地》和《霸王别姬》中，我们可以感受到十分强烈的悲剧色彩，但前些年的《赵氏孤儿》是一部失败之作，甚至电影剧场里会爆发出一阵阵的观众笑声。这不仅是导演陈凯歌的失败，更是中国美学理论界的不足，说明我们的理论研究还不能给艺术家提供理论上可以支撑关于当代艺术观念的论证。在现代悲剧观念的问题上，中国的审美经验及其艺术表达已经走在理论前面，但是理论远远落后于艺术的创作，人们十分期望出现对于中国现代悲剧观念的理论阐释。面对许多具有中国悲剧观念的重要作品，当代中国美学应该有足够的勇气树立起中国悲剧观念的理论自觉，并逐渐完成理论的论证和阐释。

### 二、李叔同的《送别》与中国现代悲剧观念的起源

1848 年 2 月，由马克思和恩格斯合作撰写的《共产党宣言》英文版在英国伦敦出版发行，在一般意义上，这一年被看作科学社会主义观念和理论的诞生之日。11 年之后，在致斐迪南·拉萨尔的信中，马克思提出了"现代悲剧"的概念。[①] 马克思在致斐迪南·拉萨尔的信中，对现代悲剧概念的理论内涵及其社会意义做了简明扼要的论述。从 19 世纪中叶到 20 世纪下半叶，欧洲的现代文学发展过程中，现代悲剧成为一种重要且影响广泛的文学运动，对整个人类文明的发展和历史的进步做出了重要的贡献。

《共产党宣言》论述了资本主义生产方式的强大力量，也论述了资本生产方式全球化扩张的历史趋势。1894 年，在《共产党宣言》发表仅仅 46

---

① 马克思. 马克思致斐迪南·拉萨尔 [M] //马克思恩格斯文集（第 10 卷）. 北京：人民出版社，2009：169.

年之后，亚洲率先崛起的资本主义国家日本就在著名的"甲午海战"中战胜了号称"亚洲第一"的北洋水师，日本从中国不仅侵占了台湾、澎湖列岛等地，而且获得了大量的战争赔款。《马关条约》成为丧权辱国的一个标志。甲午战争失败后，康有为和梁启超领导了著名的"公车上书"，推动清王朝政府启动了"戊戌变法"。1911 年 10 月，国民革命军在武昌起义，推翻了清王朝的统治，中国社会进入了现代社会的发展历程。武昌起义 4 年之后，1915 年，五四运动在中国大地上广泛开展，为中国审美现代性的发展提供了物质基础和社会条件。李叔同创作的歌曲《送别》正是创作于 1915 年，明显地带着那一个时代的"胎记"。在我们看来，《送别》很好地表征出中国现代化过程中悲剧性和价值观方面的深刻冲突，从而成为中国现代悲剧观念的起源。而中国学术界一般将王国维于 1904 年发表的《红楼梦评论》看作中国现代悲剧观念的起源，王国维用德国学者叔本华的哲学和美学分析了《红楼梦》的悲剧性。在当代美学视域中，或者说在马克思主义美学视域中，现代悲剧观念和非理性美学的悲剧观念是有实质性区别的，本文是在现代美学视域中使用"现代悲剧观念"这个理论概念，因此，我们认为王国维的《红楼梦评论》是中国近代悲剧观念的早期著作，没有在现代悲剧观念的意义上讨论问题。现代悲剧观念是以审美经验的形态产生的，最早的作品形态就是李叔同的《送别》。下面，我们来讨论和分析李叔同的《送别》。

### 《送别》

曲：（美）约翰·P. 奥德威，李叔同改编

词：李叔同

长亭外，古道边，芳草碧连天，晚风拂柳笛声残，夕阳山外山。

天之涯，地之角，知交半零落。人生难得是欢聚，唯有别离多。

长亭外，古道边，芳草碧连天，问君此去几时还，来时莫徘徊。

天之涯，地之角，知交半零落，一壶浊酒尽余欢，今宵别梦寒。

1915 年，《新青年》在北京创刊，标志着中国新文化运动正式开始。在政治方面，1915 年袁世凯复辟称帝，中国的现代化进程似乎陷入泥潭之中，许多知识分子都心生忧愤，苦闷彷徨。在中国南方，如上海、杭州、

广州、福建一带，以市场经济为标志的资本主义生产方式，以摧枯拉朽的方式迅速发展，其中的残酷、冷漠和无奈，深深地刺激着像李叔同一样敏感而苦苦求索的知识分子。据说《送别》一曲的创作契机是：李叔同的好友许幻园，在商业经营中破产，与李叔同打个招呼就走了，家门都没进，匆匆而别。李叔同感到震惊，写下歌曲《送别》。

《送别》虽然是选用了美国作曲家奥德威的《梦见家和母亲》的曲调填词而成，但在歌词的创作上，基本上继承了中国诗词的传统，包括回旋式的基本结构，丰富的语言修辞和审美意象具有十分鲜明的中国风格。

首先，在基本结构方面，现代化的音调和旋律与中国古典诗词修辞，以及古雅简朴的审美意象，形成了《送别》在审美感知方面的巨大文化张力。在具体的歌词结构上，《送别》上下两联的第一、三两句均为"长亭外，古道边，芳草碧连天"和"天之涯，地之角，知交半零落"，形成了工整的重复，使全曲具有很强的回旋往复的审美感受。此外，整首歌曲，在歌词节奏、韵律及审美意象等方面，也是一种回旋性延伸的结构。在中国文化传统中"远处的声音"是一种回旋性的文化结构，它将简单、平凡世俗性的日常生活整合成一个具体的审美意象，一个呈现意义的审美对象，一件艺术作品。通过这种"回旋性"的文化表征机制，本来没有意义的现实生活的器物、场景和爱恨情仇都具有了一种新的意义。

其次，在《送别》中，李叔同大量使用了中国文化中与"寂静""虚空"相联系的词汇和意象，表征出了一个将"乡愁"推向极致的乌托邦意向，这与陶渊明、王维、马致远等中国古典诗词中的"寂静"和"虚空"是有所不同的。在歌曲《送别》中，李叔同大量使用"外""边""夕阳""山外山""晚风""残""天之涯""地之角""零落""还"（远去）"徘徊""浊酒""余欢""别""寒梦"等冷性词汇，构造出一个"地老天荒"的审美意境，在这个审美情景中，日常生活的世界，支撑祖祖辈辈生活于斯，成长于斯，幸福于斯，终老于斯的那个世界的"天"开始崩塌，在一个只有"寒梦"（噩梦）的世界中，个体只能借酒浇愁，用"浊酒"来抵御现实所带来的巨大压力。如果了解李叔同的人生经历，我们就知道1912年李叔同携日本妻子从日本留学回国，在杭州师范学院担任图画课和音乐课的老师，这是他世俗生活的最后一个阶段，也是他在世俗世界取得最高成就的一个阶段。在杭州师范学院任教期间，李叔同在美术课上引进裸体素描课，震惊了整个中国文化界。在音乐教学方面，李叔同引进西方音乐教学体系，对中国传统音乐进行了"现代化"的改造，他所创作的一系列"学堂歌曲"在社会上迅速传唱开来，《送别》甚至成为一些中小学毕业典礼的歌曲。李叔同努力实践他的老师蔡元培先生的"以美育代宗教"的社会改造方案，希望通过审美教育改造中国的国民性，使中国走上自强、独立、国泰民安的现代化道路。但是，现实的经历明确地告诉现实中的李叔同：用美育的方式不可能解决中国社会的一系列问题，人心的拯救，是一个困难但至关重要的问题。

最后，作为一首抒情性的歌曲，《送别》无论在歌词、审美意象，还是在旋律、节奏等方面，都是十分优美的，而在歌曲的内容方面，无论是自然景象，还是情感和情绪的价值指向，都是悲哀、忧伤和无奈的，在"知交半零落"这个关键的地方，李叔同对原曲作了改编，增加了乐曲的复杂性和力度。因此，整首歌曲的情感结构就是将现实的巨大悲剧性升华为一种优美的形式、崇高的意象，以及将内容与形式通过回旋性表达而变成一个和谐的整体。在我们看来，这样一种形式优美，但是在内容方面包含着复杂而丰富的矛盾冲突的情感结构，也是中国审美现代性的基本特征，在学术上，我们曾经用"余韵"、"优美化崇高"[①] 和"乡愁乌托邦"来概括和表达。《送别》所"别"的对象，虽然表面上是亲朋好友、故人和恋人，这些都在中国文化中"知交"的范畴之内，但是从整首歌曲所表达的情感指向上，这里"送别"的对象，不仅是"送别"中国传统的社会生活方式和文化，还要"送别"鸦片战争和甲午海战之后在中华大地上迅速发展的资本主义生产方式和生活方式。在地老天荒，亲朋、恋人"半零落"的状态中，个体必然陷入一种彻底的孤独，也许，这就是因"别"而"梦寒"的现实情境。对于这样一种似乎无所依凭的现实绝境，个人是渺小的，很容易由彷徨而陷入绝望。

李叔同的《送别》，与《国际歌》和《黄河大合唱》的不同之处不仅在美学风格上，而且在情感的价值指向上。《国际歌》和《黄河大合唱》是崇高的、抗争性的、积极的和乐观的，《送别》却是优美的、自怜的、怀旧的和忧伤的。特别值得注意的是，1915 年李叔同写作《送别》时，中

---

① 王杰. 审美幻象研究：现代美学导论［M］. 北京：北京大学出版社，2012：267.

国正处于进入现代社会后十分混乱而黑暗的一段时期，虽然《送别》中有一种浓郁且难以抹去的感伤，但是从审美经验上看，《送别》是优美的，它的旋律、歌词和意象无不是优美而楚楚动人的。因此，《送别》创作出来后，在社会上不胫而走、广泛传唱，而且无论社会发生何种变化，仍然流行而不衰。在我们看来，《送别》里面有一种精神和情感的力量，一种能够在无言之中打动人，传播出去的精神和情感的力量。《送别》的节奏平缓、舒展，歌词的内容古朴、自然，只有其中涉及的人的情感，表面上看似平淡自然，但是，在"知交半零落"之前是"天之涯，海之角"，这是一种自然现象的终极存在，与康德的"星空"一样，十分崇高。在"一壶浊酒尽余欢"之后，是"今宵别梦寒"，这是一种非自然的状态，在歌曲中，一种日常生活无法排遣的绝望从丹田之处缓缓升起，这种情愫的盘旋、回荡和升腾，似乎可以飘向无限高远的星空。这是《送别》格外特别的地方，我们认为该歌曲表征出了中国审美现代性的基本情感结构。

1960 年，台湾女作家林海音出版了小说《城南旧事》，通过一个生于 20 世纪 30 年代知识分子家庭的女孩小英子的视角，把李叔同《送别》中的情感结构用文学叙事的方式呈现了出来，作者写道：

> "我们唱欢送毕业同学离别歌：'长亭外，古道边，芳草碧连天……问君此去几时来，来时莫徘徊……'我还不懂这歌词的意思，但是我唱时很想哭，我不喜欢离别，虽然六年级的毕业同学我一个都不认识。"①

这是小英子在一年级时唱《送别》时的情景和感受。五年之后《送别》再次在《城南旧事》中出版，这时小英子长大了，对生活、生命、人的宿命和担当，都有了新的感知，并且在唱《送别》时表征出来：

> "我唱了五年的骊歌，现在轮到同学们唱给我们送别：
> '……天之涯，地之角，知交半零落，人生难得是欢聚，唯有别离多……'

_____

① 林海音. 城南旧事［M］. 杭州：浙江文艺出版社，2009：100.

我哭了，我们毕业生都哭了，我们是多么喜欢长高了变成大人，我们又是多么怕呢！

……

进了家门，静悄悄的，四个妹妹和两个弟弟都坐在院子里的小板凳上，他们在玩沙土，旁边的夹竹桃不知什么时候垂下了好几枝子，散散落落的很不像样，是因为爸爸今年没有收拾它们——修剪、捆扎和施肥。

石榴树大盆底下也有几粒没有长成的小石榴；我很生气，问妹妹们：

'是谁把爸爸的石榴摘下来的？我要告诉爸爸去！'

……厨子老高从外面进来了，他说：

'大小姐，别说什么告诉你爸爸了，你妈妈刚从医院来了电话，叫你赶快去，你爸爸已经……'

他为什么不说下去了？我忽然着急起来，大声喊着说：

'你说什么？老高。'

'大小姐，到了医院，好好儿劝劝你妈，这里就数你大了！就数你大了！'

瘦鸡妹妹还在抢燕燕的小玩意儿，弟弟把沙土灌进玻璃瓶里。是的，这里就数我大了，我是小小的大人。我对老高说：

'老高，我知道是什么事了，我就去医院。'我从来没有过这样镇定，这样的安静。

我把小学毕业文凭，放到书桌的抽屉里，再出来，老高已经替我雇好了到医院的车子。走过院子，看那垂落的夹竹桃，我默念着：

爸爸的花儿落了，我也不再是小孩子。"[1]

小英子从上学前的小姑娘，到小学毕业，经历了许多的悲欢离合，秀贞、不知姓名的叔叔、作为保姆的宋妈，以及慈祥而正直的爸爸，他们都是十分善良、富于爱心，关心和帮助小英子的好人，但一个个都离开了，在小英子心中盘旋着挥之不去的感伤。但是，正是在这个过程中，小英子

---

[1]　林海音. 城南旧事 [M]. 杭州：浙江文艺出版社，2009：168-171.

长大了，懂事了，用稚嫩的肩膀挑起现实生活的重担。在我看来，小英子悲剧性的童年，就是中国审美现代性的情感结构。

1983 年，中国导演吴贻弓将《城南旧事》拍成了电影，在电影中，《送别》的歌声七次响起，贯穿电影的始终，把中国社会现代化过程的深刻悲剧性，用优美而哀伤的形式，用非常女性化和天真的视觉语言表现和呈现出来，"天之涯，海之角，知交半零落，一壶浊酒尽余欢，今宵别梦寒……"中国现代化过程中无穷的痛苦，无尽的悲伤，以及无以言说的悲愤，都在优美的旋律中如轻灵的禅语，化作轻烟，飘荡在"长亭外，古道边，芳草碧连天"的世界，在审美感知中我们依稀知道，这是一个不再具有现实悲伤和痛苦的另外一个世界。因此，李叔同的"别"既不是"告别""分别""鞠别"，也不是被动性的"离别""永别""泪别"，而是一种从容淡定的"送别"。在这里，主体与对象的"别"是主动的、决绝的，是给予性和馈赠性的"别"，因此，它意味着回归和超越。

2017 年，旅美女作家严歌苓出版小说《芳华》，通过一个文艺女兵在 20 世纪 70 年代后期至 80 年代初期眼中的"世界"，把中国社会从"文革"后期转向市场经济过程中的矛盾、痛苦、迷茫和偏执性的狂热通过电影的叙事呈现出来。在这一部对"文革"时期中国社会的扭曲和悲剧的回忆和反思的作品中，主要旋律是"红色经典"，在《草原女民兵》《沂蒙颂》《洗衣歌》《英雄赞歌》等红色经典的音乐洪流中，剧中的男女主角作为那一个时代的"另类人物"而备受打击，当他们扔掉了现实世界的一切功利性的因素而"纯粹"地相爱的时候，在两颗孤独的心终于相遇而又不得不"别离"的时候，李叔同《送别》的旋律在电影中响起，把现实中的离别转化成了两个被歧视的漂泊者心心相印的时刻。

笔者认为，在中国古代哲学中，"三军可以夺帅，匹夫不可夺志"的那个"志"是中国式悲剧观念的呈现形式，其中最重要的就是悲剧人文主义。[①] 在中国的现代化过程中，李叔同作为中国现代文化的先驱者，在引进西方美术教学体系，倡导中国新音乐的改革性创新，将话剧等西方现代戏剧引进中国等方面，对中国文化的现代转型做出了重要的贡献，但是，从思想史的角度看，《送别》的创作具有更为重要的意义。因为《送别》

---

① 李泽厚，刘纲纪. 中国美学史（第 1 卷）［M］. 北京：中国社会科学出版社，1984.

从艺术和审美的角度，第一次把中国审美现代性的矛盾规定性，中国审美现代性的审美表达风格和价值指向都有所表征，或者说有所触及。在《送别》中，中国现代悲剧观念第一次获得了其审美经验的形态。在《送别》之后，1921年鲁迅创作《故乡》，1934年沈从文创作《边城》，1950年阿炳演奏的二胡曲《二泉映月》得到录音整理，1959年小提琴协奏曲《梁山伯与祝英台》创作并演出，1983年吴贻弓导演的电影《城南旧事》公映，1988年周晓文电影《疯狂的代价》公映，1993年陈忠实的《白鹿原》出版，1993年陈凯歌导演的《霸王别姬》公映，1993年谢飞导演的电影《香魂女》公映，2006年贾樟柯导演的电影《三峡好人》上映，2015年侯孝贤导演的《刺客聂隐娘》公映，2017年冯小刚导演的电影《芳华》上映……在中国现代化过程中，抒情性的美学传统以回旋性的文化表达机制，表征出"士可杀不可辱""宁可玉碎，不为瓦全"的决绝，呈现出一种优美化的崇高，这种崇高的理论内涵，就是悲剧性的人文精神，这种崇高的美学形式，就是中国现代悲剧观念。

### 三、关于中国现代悲剧观念的几个基本概念

中西方的悲剧意识都伴随着不同的文化形成和发展，中国现代悲剧观念显然是一个很大的问题域。在1949年中华人民共和国成立以前，朱光潜、宗白华等美学理论家曾经都对悲剧问题有过理论上的论述，但是在1949年之后建设性的讨论始终没有活跃起来。可是在文学艺术领域，关于现代悲剧观念的表达一直都是存在的，对于中国美学而言，重要的是面对现实的勇气和理论建设的认真追求。当伊格尔顿提及"社会主义在最应该实现的地方却没有实现"时，这并非意味着社会主义是悲惨的，伊格尔顿在这里提出的是一个严肃的理论问题——即"现代悲剧观念"或者说社会主义目标在现实社会中的存在方式问题。需要注意的是，悲剧观念与悲剧理论并不相同，每一个时代都可以产生它自身的悲剧观念，在悲剧观念的基础上从不同角度进行的阐释，可以形成多种不同的悲剧理论。由于针对问题的角度不同，各种理论都可以具有它们自身的合理性与必要性。但在关于中国悲剧观念的研究中，我们认为，有若干个概念是需要共同思考的。

现代悲剧。这个概念最早是由马克思在1859年4月19日于《马克思

致斐迪南·拉萨尔》的信中提出。马克思写道"你（拉萨尔）所构想的冲突不仅是悲剧性的，而且是使 1848—1849 年的革命政党必然灭亡的悲剧性的冲突。因此我只能完全赞成把这个冲突当作一部现代悲剧的中心点"，但是问题在于"所探讨的主题是否适合于表现这种冲突？"① 马克思在这封信中对拉萨尔提出了很高的艺术要求，要求拉萨尔在新的思维框架、新的问题意识、新的经验下来表达和陈述自己的理论与创作。马克思与拉萨尔的区别在于：拉萨尔仍然停留在歌德和席勒的层次上进行艺术创作和理论表述，而马克思则着眼于现代社会主义运动及其艺术表征，即 1848 年发生的第一次工人运动之后的历史形势，也就是在社会主义社会的实现已经具有历史可能性的条件下讨论现代悲剧问题。马克思与恩格斯认为，济金根（拉萨尔剧中的主人公）作为垂死的骑士阶级的代表来反对现存制度，即以旧的阶级与方式（骑士的方式）反对新制度的代表，这样的方式不可能得到城市公民（包括农民）的支持，因而出现了"历史的必然要求和这个要求实际上不可能实现之间的悲剧性的冲突"，这不仅是对历史悲剧本质上的揭示，同时也代表着一种现代悲剧理论的发生。在雷蒙德·威廉斯看来，悲剧观念随着时代的发展而不断变化，在现代社会中，同样需要我们对发展变化着的审美经验不断地做出理论上的阐释。许多中国理论家在回答西方学者关于中国有无悲剧问题的质疑时会列举出我们有很多优秀的悲剧作品，这是必要的但并不是最重要的，关键在于我们如何在现代性的背景与语境下讨论现代悲剧观念，并做出理论上的概括。

　　悲剧的观念。英文为"The idea of tragic"，这是伊格尔顿在《甜蜜的暴力：悲剧的观念》中提出的概念。伊格尔顿用"悲剧的观念"代替"悲剧的理论"的概念，以表征现代性的一个新的历史阶段，其社会矛盾更复杂的悲剧性现实。在当代社会中，悲剧并没有消亡，反而突破了狭义的美学范畴的阈限，扩展为一种与哲学、政治等相关的广义文化概念，以一种精神形态渗透到人们的日常生活中，具有较亚里士多德和黑格尔的悲剧观更加丰富的内涵。与悲剧理论相比，悲剧观念更多强调的是对悲剧性生活经验的表达，这些现实经验随着不同历史阶段不断的发展变化，在不同的

---

① 马克思. 马克思致斐迪南·拉萨尔［M］//马克思恩格斯文集（第 10 卷）北京：人民出版社，2009：169 - 172.

文化传统中有不同的表现，其具体的表达机制也各不相同。这正是我们研究中国现代悲剧观念的理论起点。现代化以来的中国社会经历了不同于西方现代过程的复杂而深刻的经验现实，因而如何将中国的现代悲剧性审美经验予以理论上的梳理与表达，找出具有中国特色的现代悲剧观念的理论内核，是中国美学界亟待解决的重要问题。

情感结构。雷蒙德·威廉斯在他的理论著作中提出"情感结构"这一概念，作为分析文化与社会、个人与社会、文学与社会相互作用机制的理论工具，在美学领域即是指审美关系。在不同的社会关系和文化语境下，审美经验是很复杂的矛盾结构关系，通过对现代悲剧观念的分析，我们可以进入具体的"情感结构"中去，进而分析具体的社会关系，这是马克思主义美学研究很重要的一个路径，但并未引起足够的重视。目前，许多关于当代文学艺术作品分析的研究都只停留在对作品表层意义的分析和评价上，而没有对中国社会的情感结构进行进一步分析与阐释，这就难以把握具体的、与其他文化相区别的文化语境，以及具体语境下的审美意义。在这个意义上，马克思主义美学的理论方法恰恰可以通过对当代艺术作品与情感问题的分析，深入对社会矛盾的分析，这同时也是对社会问题分析的重要方法。

恐惧与绝望。"恐惧与绝望"历来是悲剧审美效果研究中的重要方面。在中国现代美学研究领域，从文学上对恐惧与绝望开展研究的已有不少，包括鲁迅及许多当代作家在这方面都有过研究。若上升到美学层面，这一对概念与崇高相关。伊格尔顿在《甜蜜的暴力：悲剧的观念》中深入分析了"恐惧与绝望"及其与希望之间的关系，并结合现代派艺术予以分析与说明。人可以有很多种失望的绝望，但有一种绝望始终与希望相联系。在中国文学中，鲁迅的散文诗集《野草》具有很明显的"恐惧与绝望"的特征，"绝望之为虚妄，正与希望相同"。这里同样涉及绝望与希望之间的联系，其中寄寓着深刻的悲剧内涵。但是在现代文学和现代中国美学的研究中，以往的文本研究却并未上升到悲剧美学和哲学人类学的层面上对《野草》进行剖析，这对于中国现代悲剧观念的研究而言是远远不够的。

世俗性的崇高。伊格尔顿在对当代悲剧观念进行表达时使用"世俗性的崇高"这一概念以回应在现代社会"悲剧之死"的责难。在西方学术界，许多学者认为，悲剧历来都是一种贵族性文化，在现代社会已经没有了现实存在的基础，所以必然走向死亡。伊格尔顿针对性地提出"世俗性的崇高"的概念，以证明悲剧观念在现代不仅存在，而且对于当代文化建设而言，是不可替代的。这是一种普通人的崇高，以非凡的勇气和毅力，面对和挑战不可能战胜的对象，但仍然勇敢面对，义无反顾，表现出一种令人尊敬的真诚、正义、无畏和同情。这种崇高是人性存在的体现，是社会主义理论在现实生活的闪现。在中国社会，我们同样可以发现这种"世俗性的崇高"的存在，在贾樟柯的电影《三峡好人》中，主人公是一位其貌不扬、生活很失败的人，并不是一个成功者的人物形象，但是看完作品后我们会被他深深地打动，他的情感与选择、对生活所做的决定，散发出一种人性的光辉，的确具有某种可以用崇高来表达的东西。此外，我们认为，在中国现代悲剧观念中还体现出一种别致的"优美化崇高"的风格。陈凯歌导演的电影《霸王别姬》中的程蝶衣就是"优美化崇高"的最好体现，程蝶衣的形象无疑是优美的，他最终所达到的精神境界同样也是崇高的。这与中国美学在中国文化中一直保持的抒情传统不无关系，这样的形象具有一定的典型性与普遍性，可以说是中国现代悲剧观念的特殊现象与表达的形式特征。

人性中的"恶"。美学史上历来对悲剧问题的讨论都会提到"恶"，"恶"总是与悲剧相伴相生，并与悲剧在矛盾状态中相互纠缠。恩格斯在提及黑格尔关于"恶是历史发展的动力的表现形式"时，指出这里包含的双重意思，"一方面，每一种新的进步都必然表现为对某一神圣事物的亵渎，表现为对陈旧的、日渐衰亡的、但为习惯所崇奉的秩序的叛逆，另一方面，自从阶级对立产生以来，正是人的恶劣的情欲———贪欲和权势欲成了历史发展的杠杆。"[1] 在某种程度上，在社会的现代化发展过程中，"恶"同时也是一种创造性的力量，没有"恶"，悲剧很难上升到一种至高的精神高度。这就涉及关于人性问题的探讨。悲剧问题与人性息息相关，我们在研究人性问题时，很有必要对悲剧观念进行深化，并进行理论上的阐释与说明。

---

① 恩格斯. 路德维希·费尔巴哈和德国古典哲学的终结［M］//马克思恩格斯文集（第10卷）. 北京：人民出版社，2009：291.

"神圣性"。当代中国文化最大的问题就是神圣性的缺失，或者说价值失范。蔡元培曾提出"以美育代宗教"的社会改造方案，希望通过美育的神圣性来解决社会现代化的弊病、用审美经验的神圣性来修正社会现代化过程中大量存在的不合理性。但是事实已经证明，用审美教育实现个体精神升华的设想往往是失败的，许多受过良好审美教育的人仍然不具有超越性与神圣性，例如，德国纳粹的许多军官有很好的文学、音乐和美学修养，但是仍可以一边下达杀人的指令，一边回家欣赏音乐。再比如电影《芳华》中那些帅哥和美女在他们驱逐刘峰和何小萍时，也暴露出他们美丽外表下的"恶"。因此，如何在审美经验中找到这种获得神圣性的文化呢？这是我们今天仍然需要面对的一个重要问题。《人民文学》上曾刊载过的一篇小说《北京和尚》，就是关于这一问题的一个例证。小说描写的正是我们当代的生活，也是一个悲剧性的故事。一个年轻人在现实生活中受到挫败之后去当了和尚，之后又与红尘女子产生了种种情感纠葛，在经历了不同的精神上和情感上的磨难之后，主人公在最后达到了一种具有神圣意味的境界。作品实际上触及了商品经济大潮下的信仰问题。中国学术界对悲剧问题的阐释大都着眼于儒家文化与中国悲剧观念的关系，在中国人的当代日常生活中，佛教文化同样有很大的影响力，有时还会成为解决现代人精神危机的一种积极的途径。李叔同在创作完《送别》之后，在现实中找不到解决现代性危机出路的情况下，终于剃度出家，选择最为严格的律宗修行，期望通过个体的"戒律"，达到人格和精神的自由境界。李叔同对中华文化命运的思考是值得我们关注的。不同的人面对苦难会做出不同的选择，有的人可以在苦难的生活中达到神圣性，有的人却不能，这种不一致正是现代悲剧理论研究的重点与难点。

中国式的悲剧。中国人对待苦难、对待"恶"的反抗，与西方人有很大的不同，在很多情况下，反抗不一定是从开始就爆发，往往是一忍再忍之后，在忍无可忍的情况下爆发，通常是彻底的、绝望的爆发。贾樟柯的电影《天注定》就是"中国式反抗"的一个很好的体现。电影用四段式的结构讲述了四个普通人的悲剧故事，在《天注定》中，电影中的人物或者是因为"爱"，或者是因为"义"，或者是因为"情"……但在现实的机制逼迫下，被逼到绝境，终于做出令人震惊的壮举，成为一种崇高的现象。故事最终的结局都指向了死亡，如加缪所言，"对受害者而言，惟有现在是有价值的，反抗是惟一的动机。"① 影片某种程度上还体现了一种暴力美学的色彩。马克思主义的社会理想是为了实现所有人自由而全面的发展，那么，只要社会中还有一个人未得到平等的自由与发展，就很难说这一理想已经真正实现了。在社会中，只要有悲剧，就会有反抗，也正是反抗唤起了我们对苦难与悲剧性现实的关注。

当然，关于中国现代悲剧观念的理论概念还有很多，例如：关于主体性的自由，关于欲望与乌托邦，关于"真实的现实生活关系"，关于中国文化的特殊性，等等，都需要开启深入而系统的研究。但无论怎样，现当代中国文学艺术中的种种现象为我们提供了宝贵的理论资源，当前的任务在于，从中国的审美经验、意识形态表达机制的分析中提炼出理论，再将抽象后的理论逐步扩展到普遍性的高度，这对于中国现代悲剧观念的理论研究应该具有很重要的意义。

## 四、中国悲剧观念研究的理论维度

艺术可以创造社会生活，情感结构的变化和美学的革命可以带来世界的变化，最能代表未来、代表生产力发展方向、把握审美经验与未来的连接点的是作为知识分子的艺术家。我们现在面临的一个重要的问题就是，怎样研究中国的现代悲剧观念，即中国现代悲剧观念研究的方法论。

首先，笔者认为审美人类学的观点为我们提供了一个研究中国现代悲剧观念的理论维度。审美人类学的方法包括对文化习性的研究，对当代社会文化及技术与当代人的情感结构关系的研究，对当代艺术创作的美学风格和审美意义的研究等。采用人类学的方法研究当代美学，包括研究中国现代悲剧观念，可以使研究工作得以具体化。大量的资料搜集和田野工作也是非常重要的。人是历史的主体，也是悲剧性历史的承担者，现代悲剧问题不仅是一个美学的问题，而是每个人都必须承受的现实存在。现代的悲剧回归神话时代，追溯现代经验的形而上表达，更需要关注的是从哲学、美学意义上对人性概念的考察，同时必须要重视不同文化类型之间的

---

① 阿尔贝·加缪. 加缪全集（散文卷Ⅰ）［M］. 丁世中，等，译. 上海：上海译文出版社，2013：332.

区别。著名人类学家克利福德·格尔茨曾指出，西方文化是以视觉性艺术为基础的、精神上向内发展的文化，是一种主体性的高度自恋的文化，即一种"内卷型"文化；与之相比，中国美学以《乐记》为源头，具有很强的抒情性特点，中国文化以声音形象为表征基础，以回旋性为文化的基本表征机制，可以说是一种"外舒型"的文化。因此，对中国现代悲剧观念的研究，需要结合中国当代社会的审美经验与文化表征机制，将中国现代悲剧观念与西方悲剧观念的不同之处予以理论上的阐释。

其次，需要重视马克思主义美学的理论资源。马克思主义美学为现代悲剧理论引入了关于未来的尺度与伦理学维度，这是十分重要的。一方面，悲剧的眼光不是仅仅思考现在，也不是简单地批评现实，而是寄予着关乎未来美好乌托邦的可能的思考和表征，充满希望但又绝不是肤浅的乐观主义。马克思主义悲剧理论在立足于现实的基础上，指向的是更为美好的未来；另一方面，马克思主义悲剧理论中饱含着深厚的伦理价值与人文关怀，关注的是每一个历史悲剧承担者的人类个体。在现代社会中，人类主体总是被自身的悖论所缠绕，人的欲望总是处于不满状态且具有超前性，这使得欲望在实践和追逐的过程中总是充满着悲剧性的色彩。对于当代美学而言，重要的不仅是要认识世界，而且是要改变世界。在对现实的作用这一点上，马克思主义美学具有其他美学理论所不具备的优点。通过对现代中国悲剧观念的深度研究与阐释，提炼出理论内核，从而让美学理论进入对现实问题的思考阶段，这是一个切实可行的研究路径。

面对当代中国社会普遍存在的信仰危机，笔者认为，"以美育代宗教"并不是切实可行的途径，审美的无功利性往往在现实问题面前显得疲软。在信仰失落的时代中该如何获得人类情感和精神世界的"神圣性"呢？"悲剧经验通常引发一个时代的根本信仰和冲突。悲剧理论之所以有趣，主要是因为一个具体文化的形态和结构往往能够通过它而得到深刻的体现。"[①] 现代悲剧主人公通过艺术的形式从生活中升华出来，通过他们不平凡的品质，通过他或她对自由的追求、对生命的敬畏、对善的坚守、对爱的执着、对生的坚持、对死亡的无惧、对痛苦的超越、对苦难的沉淀等，在不经意的看似平常的现实"选择"和行动中，无不流露出世俗性的崇高

---

① 雷蒙德·威廉斯. 现代悲剧 [M]. 南京：译林出版社，2007：37.

精神与美学风貌。在悲剧人文精神和崇高精神的感召下，中国特色社会主义将面向未来开辟自己的道路。悲剧人文精神在人类的历史发展过程中是始终存在的，悲剧的理论研究更是一个不断更新的命题，这是今天我们重提悲剧观念问题的理论研究的原因，也是我们研究中国现代悲剧观念的价值所在。

# 传统文学继承中的
# "道"与"器"

贺仲明[①]

近年来，无论是在文学创作界，还是在学术研究界，大家都逐渐放弃了对传统文学简单的拒绝和否定态度，开始更冷静客观地看待其得失，并试图以不同的方式借鉴和回归传统。莫言提出的从西方文学向传统民间文学"有意识地大踏步撤退"[②]，林毓生提出的"中国传统的创造性转化"[③]，都成为文学界和学术界的讨论热点。但是，笔者认为，究竟如何继承传统，以及究竟继承传统中的什么内容，还有待深入思考。其中，"道"与"器"的关系就是很值得重视的一个问题。

一

《易·系辞上》说："形而上者谓之道"，所谓文学之"道"，就是内在的文学精神。就一个民族的文学之"道"来说，应该具有三个基本特征：一是整体性，也就是说它不是一时一地的文学之面貌，而是凌驾于具体阶段文学范围之上，是整个民族文学的总体特征。它的形成贯穿于整个文学发展历史，甚至说，它与民族文学传统的建构紧密相连。二是根本性，它是民族文学特征的高度概括，或者说是其精神内核，由它构成民族文学的

① 贺仲明：暨南大学文学院教授。
② 参见《檀香刑》后记，上海文艺出版社2012年版，第418页。
③ 林毓生《中国传统的创造性转化》，1987年在中国台湾出版，2011年在中国大陆生活·读书·新知三联书店出版，对中国知识界产生较大的影响。

个性本质。因此，对它的表述往往具有抽象模糊的特点，很难进行明晰的界定。三是文化性，也就是说它不局限于文学内部，而是深刻关联文化哲学层面，包括更宏大的世界观和审美观，即以何种方式来看待世界和表现世界。它随着文化的生长、成熟而不断完善丰富——从根本上说，文学之"道"与民族文化的关系是相互的。它既来自民族文化，而一旦形成，又反哺民族文化传统，成为其重要的一部分。

由此可见，"道"是文学最核心和实质性的特征，也是其真正独特性之所在。一般所言的文学传统，最基本的内涵就在于"道"，各民族国家文学之间的深刻差异，也主要体现在这里。比如日本文学的特别之处，虽然也包括有和歌、俳句和能剧等个性化的文学形式，但更主要的是它独特的"死亡与美"相结合的世界观，以及这种世界观在文学中的深刻体现。当年诺贝尔文学奖给予川端康成的授奖词就特别强调了这一点，川端康成的致谢词"我在美丽的日本"也是特别申明其与日本传统文学精神的继承和关联。西方文学在总体上具有共同的基督教文化背景，也各有其民族文化个性。歌德的《浮士德》由坚韧顽强的德意志民族文化所孕育，托尔斯泰的《战争与和平》传达出俄罗斯民族独特的东正教文化气息和以厚重深邃为中心的审美精神，福克纳的《熊》等约克纳帕塔法系列小说也与美国南方的神秘文化和家族精神传统紧密相连。

由于"道"的内涵深邃且复杂，其形成原因也不局限于文学，而是密切关联着更丰富的外在传统文化，或者说，博大深邃的文化是"道"的内在底蕴。因此，它的根源深厚，其形成过程不会短暂，需要长时间的历史积累、沉淀和孕育。而一旦形成，也难以被轻易改变。特别是在深层精神上，由于与民族文化精神相关联，因此很难移易。

中国文学之"道"的形成伴随着中华文化的漫长发展过程，要准确概括中国文学之"道"的内涵，这里显然难以做到，因为其内涵丰富而微妙，需要细致的辨析和周详的阐释。在很多情况下，人们在对它的理解会特别突出这两个方面：一是较强的社会意识，也就是强调文学的社会属性，将文学当作社会文化的重要一部分；二是审美上含蓄而不显露的中和美，即以所谓"怨而不怒，哀而不伤"为中心。

这一理解当然有道理，但并不全面，因为中国文学之"道"主要指向是传统儒家思想。而事实上，虽然孔子的儒家思想成为民族文化的核心，其中关于文学艺术的论述如"诗言志""忧愤深广"等思想，自然浸润、灌注于中国文学传统之中，构成了中国文学传统几千年来最核心的偏重社会伦理、人文教育的精神血脉，但道家和佛家思想也深刻影响着"道"的内涵。道家的超越精神、佛家的善恶观，与儒家的入世思想一样，都是中国传统文学的基本精神，并共同造就了中国文学之"道"的丰富性和复杂性内涵。

"形而下者谓之器"。与"道"相比，"器"的内涵更具体，它的主体表现在形式层面，比如文体、技巧、方法等。但它也涵盖部分文学内容，比如某一时代的文学观、文学潮流，以及时代文学与社会文化的关系等。当然，"器"的这些文学内容与"道"更注重整体性和文化性的特征不一样，它比较偏重具体的时代和社会制度层面，与具体时代政治的关系也比较密切。当然，文学之"器"与民族文化也有深层关联，像文体形式、风格气韵等方面的个性特征，都存在着民族之间的不同侧重和差异。但是，相比之下，"器"层面的内涵相对浅显，也更容易沟通和传播，特别是在政治经济环境趋同、文化交流丰富的时代，文学之"器"之间的民族差异在日益缩小，其独特性已经大多不再局限于民族范围之内，而是为更多民族所共享。比如在今天，虽然中西方作家的创作语言不一样，但基本的文体形式、文学技巧已经相差不大，很难存在特别突出的民族性特征。

此外，文学之"器"还体现出较强的时代性特点，与时代的社会文化发展程度、审美趋向等有着非常直接的关系，随着时代、生活的变化和发展，审美趋向会发生改变，文学方法、文体、文学形式都会自然地流转。所以，王国维早就提出"凡一代有一代之文学"[①]。就中国古代文学史而言，诗歌形式从古体、四言转换到五言和七言，辞赋的中心地位逐渐被诗词和小说所取代，以及随着文体变迁所带来的文学方法的变革和递嬗，都是典型的例证。

当然，"道"与"器"之间不是截然分割，而是有密切联系的。比如，"道"中偏重现实层面的部分内容与"器"更为接近，相互之间的影响也更密切；再如"器"的变化会对"道"产生冲击和影响，而"道"更会对"器"的嬗变起着主导性的作用。"道"与"器"之间的关系，既有和谐，

---

① 王国维. 宋元戏曲史 [M]. 长春：吉林出版集团股份有限公司，2017：1.

也有冲突；既有"如胶似漆"之际，也有"分道扬镳"之时，但总的来说，"道"是文学传统最根本的主导者，"器"则以不同的方式从侧面对"道"进行延伸和发展。而从表现上来看，"器"往往处于显在层面，"道"则更内在，在不同作家作品中的表现也存在程度和内涵上的差异，需要细致的辨析和探究才能得以清楚地显现，因此，文学之"道"不像"器"那么让人一目了然，体会和表述起来也更为困难，但它毫无疑问是文学的根本，是其深层底蕴之所在。

二

"五四"新文学是对中国传统文学一次大的革新。总的来说，作家们的主要目标还集中在对传统文学之"器"的层面的批判，对"道"的关注比较简略。胡适的《文学改良刍议》中的"八事"基本上集中在"器"的层面，其创造的新文学也主要侧重于形式。最典型的是语言和文体，白话文对传统文言文的取代是"五四"文学最引人注目之处，而新诗、小说等新文体对传统诗歌和散文的取代也极大地改变了中国文学的基本面貌。事实上，五四一代人对文学变迁的理解也同样建立在"器"的层面上："文学乃是人类生活状态的一种记载，人类生活随时代变迁，故文学也随时代变迁，故一代有一代之文学。"①

这一策略非常正确，也是合乎时代潮流的。因为随着时代的变化，新文学对传统文学的取代是历史的必然，特别是在"器"的层面，传统文学与新时代文化之间的巨大隔阂已经非常明显，甚至成为时代发展的重要阻力。这也是"五四新文学运动"之所以能够一呼百应、迅速获得成功的根本原因。无论是时人还是今人，在评价新文学运动时，无不把其成功的最显著的标识确立在"器"的层面上——而这也典型地证明了传统文学中"器"的变革与时代文化确实有非常密切的关系。

新文学在"器"层面上的成功，当然会部分地推动传统文学观念上的变革和转型，特别是在与现实关系比较贴近的思想内涵，如文学的基本功能、文学与社会大众的关系等方面，呈现出与传统文学很大的不同。这既

---

① 欧阳哲生. 胡适文集（第3卷）［M］. 北京：北京大学出版社，1998：91.

可以看作是"器"的变革推动且影响到部分"道"的转型，也显示新文学运动在"道"的层面（特别是在相对来说比较浅层次、与现实文化关联比较密切的层面）本身取得了一定的变革，它对传统文学的发展是整体性和革命性的。

但是，综合来看，"五四"作家对待传统文学之"道"方面的理解和态度都过于简单和草率了。概而言之，作家们更多从现实变革角度出发，未能从更长远角度来看待文学的沿承和发展。因此，他们对传统文学之"道"的意义认识不足，特别是没有对其给予必要的辨析和甄别。中国传统文学精神内涵丰富，其中既有值得充分继承乃至发扬的（主要是具有超越性的、侧重于哲学和审美层面的），也有需要否定、舍弃和批判的（主要是切近现实、与政治关系比较密切的）。"五四"作家们没有在细致辨析的基础上对传统文学进行全面评析，而是做了武断的简单化处理。如陈独秀著名的檄文《文学革命论》中将传统文学定位为"贵族文学""山林文学"，周作人对传统文学以"非人的文学"的精神判词，以及对传统文学"文以载道"一言以概之的命名和否定，客观上给传统文学之"道"简单武断地贴上了落后的封条，使之所具有的一些深层内涵被遮蔽，真正价值也被忽略了。

如前所述，传统文学之"道"与传统文化密不可分，落伍于时代之处自然甚多，迫切需要甄别、扬弃、更新和发展。所以，在"五四"作家们进行的新旧文学嬗变的史诗性工程中，对传统文学"道"的批判不可缺少。但是，由于"五四"作家们对传统文学之"道"的认识过于急切和简单，因此，其批判并未能真正切中传统文学落后之根本，或者说未能有效切断新文学与传统文学中某些重要弊端的联系，甚至说，在某些精神实质上，新文学还不自觉地继承了传统文学精神中某些需要摒弃的负面因素，遗患无穷。

最典型的是文学与政治的关系问题。对于传统文学与政治过于密切的依附性特点，"五四"作家并非没有认识到，他们对"文以载道"问题的提出和抨击，都应该说是切中肯綮。但是，从深层次上看，"五四"文学并没有真正剖析出这一传统的形成原因及缺陷之所在，而且，它也没有真正脱离"文以载道"的传统，甚至可以说，它虽然名义上批判，但实质上却是有所继承。最简单地说，"五四"文学没有充分强调文学的独立性，而是全面地将文学作为文明批评和社会批判的武器——事实上也就是"载道"的工具。与传统文学比较，"五四"文学"文以载道"的思想未变，其依附性的本质也没有消除，有所改变的只是"道"的内涵和依附的对象而已，文学最重要的独立性未能真正建立起来。

说到底，传统文学最需要检讨的，并不是简单的"文以载道"方式，而是文学的独立性问题，是做"道"的附庸，还是表达对"道"的坚守与批判。因为中国传统知识分子（也包括传统文人）最核心的问题，是对政治的依附和自我独立性（也包括文学独立性）的匮乏。至于是坚持参与社会、文化的"载道"型文学，还是坚持个人独立的"出世"型文学，其实并不紧要。甚至说，积极的社会关怀和参与意识是中国传统文学的优秀特征，完全值得继承，需要舍弃的只是其对政治权力的依附。此外，还需要创造性地建立文学和作家的独立精神。

"五四"作家们没有抓住"政治依附性"这个中国传统文学的实质要害，对传统文学的政治特性予以细致剖析和批判，并将独立精神建构作为自我思想建设的核心，而只是以一句笼统的"文以载道"对传统文学做简单的全面否定。这样的做法是不可能割断新文学与传统文学的政治依附性之间的关系，也不可能真正建立起新文学真正的独立性。这就是为什么作为新文学的主将，胡适、周作人等人却从一开始就在寻找新文学的传统关系，这既是在为新文学寻找传统的依靠，也反映了它独立自我精神的内在匮乏。换句话说，"五四"作家们并没有真正摆脱传统文学之"道"层面的思想，他们虽然张扬反传统的立场和方式，实际上却仍然在继承着某些传统因素。

究其原因，这与中国知识分子（文人）受传统政治思想影响太深，都习惯于从政治角度来看待和评判文学有关。另外，当时民族危亡的时局也加剧了作家们的这一情绪，于不知不觉间堕入传统文学某些老套之中，择其一端，却忽略其余。当然，这绝非菲薄五四一代作家。传统改变之难是很自然的，寄希望于他们毕其功于一役，既不切实际，也是对后来者责任的逃避。五四开创了批判传统，后来者需要继承，也需要超越。只有持续而坚韧地批判性发展，传统才能真正更新，新的传统才能真正建立①。

---

① 贺仲明. 论新文学的自我批判传统 [J]. 学术研究，2017 (9)：153-158.

遗憾的是，五四的这一重要的思想缺憾未能为时人所认识，更未能为后来者所批判和弃置。后来者未能超越五四，建立起更强的独立性，反而比五四更为退缩，回归依附于政治的特征——如果说五四文学将文学当作文化批判的工具，能够始终与政治保持必要距离的话，那么，后来者则基本上又重回政治化文学的传统窠臼中了。在对传统文学的态度和方式上，也始终没有重视梳理和辨析传统文学精神的复杂性和丰富性，而是继续保持简单化的否定姿态。

这其中，中国传统哲学思想在现代的中断更进一步导致中国文学之"道"的衰落。如前所述，文学之"道"与思想文化关系密切，或者说，独特深邃的思想文化是其深厚的资源。20世纪中国哲学基本上沿袭西方思想，传统中国哲学思想在总体上被否定和批判，严重匮乏有活力的创新和发展，这一哲学传统实质上处于被湮没和中断的境遇中，而没有在西方文化的刺激下焕发出新的创造力和拓展性。

长此下来，人们距离传统文学之"道"越来越远，对它的理解也越来越简单化。其结果是，人们所认识的"传统文学"，就只停留在形式（"器"）层面，"道"的丰富内涵和价值被严重抽空和简单化，乃至被彻底弃置。传统被作为一个象征、一个符号而存在，承载的完全是负面而简单的形象，或者被等同于形式层面，被作为落伍于时代的代表（如旧体诗、文言文等传统文体），而其背后的丰富精神内涵被完全抽空。

传统文学之"道"被彻底忽略和否定，新文学发展方向自然是彻底以西方文学为圭臬，这既体现在文学形式层面，也体现在精神层面。遍观新文学历史，很少有探索、表现中国传统哲学思想的创作，或者说将传统文化思想融入现实生活的创作，却不乏表现西方宗教或政治思想的作品。20世纪80年代的"先锋文学"潮流就是一典型，对西方文化的借取和袭用已经完全代替了独立的创造性。从表面上看，"先锋文学"只是一股创作潮流而已，但实际上其创作方向足以代表中国现当代文学的主流。

可见，新文学很难获得真正的成功。因为如前所述，文学之"道"不同于"器"，既不可能轻易改换，也不容易轻易获得。西方文学之"道"与西方文化、宗教有深远关联，中华民族没有信仰上帝、基督教的传统，中国作家也不可能遽然领悟西方文学的真正思想精髓，更遑论将之与中国现实生活结合起来。所以，几十年来，中国传统之"道"固然被抛弃，难觅踪影，西方文学之"道"也不可能真正进入中国文学当中。

包括形式（"器"）层面也是如此。如前所述，文学形式的真正完备，需要与"道"之精神结合起来，真正融化为与精神相一致的文学本体。只有在这种前提下，文学形式才能焕发出鲜活的生命力，呈现出创造性和发展性的特征，否则，就只能是水中之油，沙上之塔，难以深入和持久。在中国传统文学之"道"已接近崩溃和湮没的背景下，对西方文学形式（"器"）层面的融入自然难以获得真正有效的成果。

话剧文学最为典型。话剧引进中国已有百年之久，但始终未能深入民众生活之中，近年来更是挣扎在消亡的边缘。虽然有市场经济冲击的原因，但最关键的是在其自身。也就是说，戏剧家们对西方话剧的学习借鉴，只是停留在形式，却未能将其与具有中国独特文化底蕴的思想内涵和审美特征结合起来，使之融化为本土文化的一部分，因此，话剧虽在中国生存了百年，却始终飘浮于现实生活之上，浮游于中国文化和审美传统之外，无法转化为在现代中国有生命力的艺术形式，为中国大众所接受。

三

这种对传统文学之"道"和"器"关系理解上的误差，特别是对传统文学整体理解上的简单化和片面化，给作家们在回归传统方面的努力造成了负面影响。

20 世纪末以来，不少中国作家都表达出回归民族文学传统的愿望。这是作家们在创作实践中传达出的内在要求，蕴含着作家对民族个性和自我主体的强烈自觉，也是文学正常发展的必然结果。然而，值得关注的是，作家们所表达的要求和创作实践，几乎集中在文学形式层面，很少涉及文学思想和文化精神。如莫言采用传统章回体形式叙述，贾平凹对明清小说语言的借鉴，格非对传统诗歌意象的化用等，都是如此。作家们的努力值得充分肯定，但在回归传统文学的内容和方式上，不无可商榷和讨论之处。

如前所述，文学传统的精髓和底蕴不在"器"而在于"道"。舍弃"道"的内涵而寻求"器"的回归，是舍本逐末之举，很难获得真正的成功。简单地说，传统文学形式（"器"）的时代局限性较大。现代化的转换是必然的潮流，每个时代都有最适应这个时代发展的文体形式，像旧体诗、章回小说等传统文体形式在现代社会就很难再重获昔日的辉煌，明清小说叙述语言也不可能在今天获得新的生命力。事实上，在当前社会背景下，各民族文学形式探索已经相当充分，试图单纯依靠文学形式的独特性引领文坛已经很难实现。文学真正的独特性只能是内在的思想精神——它需要以深刻的文化为底蕴，既不容易被模仿，也难以获得。

新文学历史上为数不多的几次尝试回归传统的努力都可以作为负面例子。比如20世纪40年代的"民族形式问题讨论"和"旧瓶装新酒"创作潮流，以及50年代的"英雄传奇小说"，都是试图在形式层面激活和借鉴传统文学，最终走向了失败。

最典型的是中国新诗的格律化追求者。从闻一多、冯至到何其芳、卞之琳，无数优秀诗人尝试将传统诗歌的格律特点沿袭到新诗中来，但始终没有获得成功。格律是旧体诗最显著的特征，在旧体诗形式被全盘否定和取代的情况下，想要在新诗中回归格律，显然是不可能的事情。此外，曾经在20世纪80年代兴盛一时的"笔记体小说"也是类似情况。虽然汪曾祺、林斤澜等作家凭借较深的传统文学和文化功底，赋予了这一文体以短暂的辉煌，但继承者缺乏汪、林二人的传统素养，不能在形式中融入与之相统一的"道"的精神，而是只能着力于形式本身，因此其昙花一现的结局是不可能避免的。

这种误将"器"作为传统文学的主体却忽略更内在的"道"的行为，在根本上源于长期以来对文学之"道"的轻视和对文学传统的简单化理解，而也未能有效地针对当前中国文学的真正不足。与世界一流文学相比，当前中国文学最匮乏的，也是严重限制其高度的，是深刻的思想和审美精神，即那种独立而深刻的认识世界和表现世界的方式。只有具备这些思想和精神，中国文学才能够在以西方文学为主导的世界文学中显示自己的独特之处，呈现出真正的个性和价值。从根本上说，这种思想和精神个性只能来源于传统文学的"道"，背后所继承的则是中国深广博大的传统文化。

所以，对于当前中国文学来说，最需要借鉴和继承的传统，不是具体的形式（"器"），而是侧重于精神的"道"，也就是将中国传统文化独特的精神、视野和世界观融入创作中，特别是将它与真正鲜活的日常生活书写结合起来，使其融化、再生于现代生活，从而创造出独特而有深度的文学思想，继而造就真正的文学辉煌。就基本方式而言，最需要的是对传统文化和文学的涵泳，是真正深入地熟悉和了解它们，将它们化作自身的精神和文化素养，而不是坚持单纯的实用主义。

近年来中国文学"走向世界"的结果也充分证明了这一点。我们文学界的绝大多数人，包括文学管理者，也包括一般作家，都在想方设法地试图"走向世界"，以之为工作和创作的最高目标。特别是最近几年，国家花费大量资金在资助一些规模宏大的"当代文学外译工程"，许多作家也在以自己的方式努力将作品翻译、介绍到国外。但是，这些活动所取得的效果很不乐观。根据一些资料反馈，国外文学界对中国当代文学的接受很有限。真正对西方文学、西方社会产生影响的，不是中国当代文学作品，而是中国古典文学作品。

其原因也与当代中国文学思想独特性的匮乏有直接关系。因为按照一般的文学规律，作为弱势一方的中国文学要得到强势一方的西方文学的认可，只能有两个方面的可能：一是在西方文化所认可的文化、文学领域取得超越西方的成就，比如文学领域就要在人性揭示的深刻度、人类关怀的深远度方面超越西方文学；二是依靠独特的个性，以不同于西方文学的新颖和异质性引起他们的关注，并得到认可。显然，第一种可能性的难度很大，因为在不同于西方的文化背景下，要在西方文化深度方面超越西方作家，是很困难的。第二种方式的可能性较大，也就是以自己的独特性获得成功。这种独特性的源泉，最根本的源于文学深层的"道"，也就是以独特民族文化为背景的思想、精神、审美内涵。从文学史看，那些能够被西方文学界认可的非西方作家，大多是具有浓郁民族个性的作家，如日本的川端康成、印度的泰戈尔，以及拉美的马尔克斯、博尔赫斯，等等。中国古典文学之所以在西方始终具有很大的影响力，原因也在于此——如果论形式的现代，论生活的切近，古典文学肯定不如当代文学，但它所蕴含的民族独特意蕴，却是当代文学所无法比拟的——而这正是能够吸引和感染西方大众之所在。

当然，特别需要说明的是，强调传统文学之"道"的意义，提出对"道"的继承，绝对不是主张没有批判精神的复古。事实上，现代的精神立场，开阔的思想视野，以及反思性的态度，都是继承的重要基础和前提。具体说，需要特别注意这几个方面。

其一，"道"的内涵需要细致的甄别、选择和现代转换。正如我们在前面反复强调的，传统文学之"道"不是都有值得继承的价值，而是需要细致的甄别和选择。那些具体的、与社会文化层面关联比较密切的层面，如"载道"文学观等，就应该予以批判性的弃置。值得继承的只有那些与哲学和审美文化联系密切的部分，简言之就是中国文化视野下审视世界的眼光和艺术化表现世界的方式，它们具有超越时代、超越现实功利的特质，可以继承，也值得继承。同时，对"道"的继承也不是固守，而是应该与西方先进的现代思想结合起来，融入现代的、开放的元素，给予创造性的现代转化。

其二，赋予"道"以现实活力与生命气息。也就是说，对于"道"，不是继承其空洞概念和抽象内容，而是要赋予其现实生活内容，让其生动起来。传统绝对不只是存在于典籍之中——如果是这样，就说明传统已经失去生命力了，传统同样存在于鲜活的生活现实当中。或者说，传统其实从未远离我们，只是期待着我们的发现。作家要借鉴传统，一定要从现实的民族生活中去吸取养料，与日常生活密切关联起来。这样可以让传统再次焕发出生命力，展现其最鲜活，也是最真实的面容。

其三，客观认识"器"与"道"的关系。如前所述，"器"与"道"之间不是截然割裂，而是存在着密切关联。在传统文学中，也存在部分有价值的、超越时代局限的"器"，它们是可以继承、被赋予现代生命的，并且，对这些"器"的继承，也有助于更好地把握"道"的传承。只是需要警醒的是，不应该习惯于在单一"器"的层面上来理解传统文学，或者将"器"等同于"道"，却忽略了"道"的独立且更重要的价值和意义。特别是当前文学，最迫切需要的，是对"道"的涵泳，而非对"器"的简单借取。

# 中国新时代人文传统的逻辑构成

张福贵①

当我们说到当下中国综合国力的提升时，一定不会忽略其中的文化之功，即不能简单地用物质文明发达而精神文明滞后来解释和评价这种社会发展。文化是一种软实力，也是一种硬实力——构成一个社会的人文传统，构成人的知识结构、精神气质，构成社会的组织机制和价值导向。有人文传统不一定导致社会的发达，但是社会的发达一定有优秀人文传统的文化功力在里面。当然，人文传统或精神文明本身也面临着如何提升和完善的问题。不论当下中国社会的精神文明建设存在着何种不足，但是与改革开放之前相比，中国人的公益意识、环境意识、权利意识等方面发生的根本性的变化是毋庸置疑的，这是传统中国人向现代中国人的转化。笔者一直认为，中国在四个现代化之上应该加入另外两个现代化：制度的现代化与人的现代化，而现代化的人才能制定和实践现代化的社会制度。所以说，一切社会发展的最终目的是人的全面发展。

人文传统不是单纯的传统人文，其内容丰富且全面，包含有优秀传统文化、革命传统和人类优秀文化。中华优秀传统文化是人文传统的根基与核心，是中国当代文化万花之树的母本。本民族文化的影响力对于一个人和一个社会来说，都是一种与生俱来的文化基因，甚至超越国籍、身份、语言，成为民族文化心理或文化胎记。习近平说："一个民族最深沉的精神追求，一定要在其薪火相传的民族精神中来进行基因测序。"民族精神还体现在每个国民的素质中，包括个人的修养和行为等，最终体现为人格的

---

① 张福贵：吉林大学文学院教授。

力量。中华民族精神深刻体现了中华文化人文精神。其实，中华文化本身也是具有强大的包容性的。从春秋战国时期的贵族文化和平民文化的融合，南北朝时期的南方民族文化与北方民族文化的融合，到近代以来的东方文化与西方文化的融合，中华文化的生生不息和辉煌成就就是在这些长期的文化融合中形成的。这种强大的包容性，不仅吸收了各种优秀文化元素而改变和提升了中华文化自身的结构与功能，而且丰富了人类文明的大传统。毫无疑问，从人类文明发展的历史来看，不同文明在相遇那一刻往往表现为矛盾，甚至是剧烈极端的冲突，但是冲突之后必然是接受与融合。冲突的过程虽说是痛苦和纠结的，融合的结果却是潜移默化、天长地久的。没有这种接受与融合，人类文化就不会具有共同性和传播能力。

同时，正是由于中华文化的这种融合性，使得传统文化具有了历史性和时代性，成为一个动态的体系。越过历史长河，一个文化产物的起点和终点往往是大相径庭的。从这样一种意义上说，中国当代人文传统就必须包括五四以来的新文化或现代文化传统。五四新文化从诞生那一刻起，就被视为数典忘祖、离经叛道、与传统文化相克的异己文化。而经过了一个世纪，它已经成为传统文化的有机组成部分，成为构成当代中国社会基本形态的主体架构。中国的政治理念、法律典籍、经济模式、教育形式、学科体系、生活习性以及价值观念等，都在不同程度上得益于五四新文化的恩惠。没有五四新文化运动，也就没有新的中国。这不只是中国革命史教科书上的历史知识，更是百年来中国社会发展的实践结果。

值得注意的是，五四新文化的人文传统包含科学精神，因此人文精神不只是一种信仰与激情，也应该是一种理性精神，是公民的责任意识。在当下国内外特殊环境下，这种理性精神是极其重要的。政治理性、经济理性、道德理性和学术理性，是社会健康发展的必要机制和基础。社会需要共同的激情主义与理想主义，但是这种激情与理想必须建立在理性的基础上。现在国际政治和经济的许多乱象就是因为缺少理性。当代人文传统包含现代契约精神，所以弘扬人文传统的最终目的是建设健康发展的社会。一个规范的社会本质上是一个充分职业化的社会，人尽其职，具有强烈的职业意识与职业道德。

在阶级解放、民族独立和社会主义建设中所形成的革命文化传统，是当代人文传统中最切近现实的内容。革命文化的传统既是中国传统文化的精神延续，又是五四现代文化的实践过程。无数仁人志士所表现出的为他的革命理想和献身精神具有超越性，其不只属于阶级和民族，更属于整个人类，是人类文明共同的精神资源。革命文化和现代文化既为中国人文传统增添了现代内涵，又与之一同成为传统文明的有机组成部分。历史是讲究逻辑的，虽说不一定在每一个阶段都合逻辑，但是当历史走到某一个终点时，是一定要合逻辑的。五四新文化新文学的总主题是人的解放。而人的解放其实包含不同的层面，无论是思想启蒙、政治解放还是经济翻身，都是关于人的解放的内容，都指向人类的最终解放。所以，从这个意义上来说，我们既不能把革命文化传统排除在当代人文传统之外，也不能排除在人类文化传统之外。人类文明的本质是人文精神，因此人文精神自然包含人类意识。

　　中华文化的包容性与人类文化的多元同一性是相一致的。习近平总书记强调："文明是包容的，人类文明因包容才有交流互鉴的动力。"对待不同文明，我们不能只满足于欣赏它们产生的精美物件，更应该去领略其中包含的人文思想。2018年，习近平总书记在上合组织青岛峰会上发表讲话时强调："尽管文明冲突、文明优越等论调不时沉渣泛起，但文明多样性是人类进步的不竭动力，不同文明交流互鉴是各国人民共同愿望。"我们要树立平等、互鉴、对话、包容的文明观，以文明交流超越文明隔阂，以文明互鉴超越文明冲突，以文明共存超越文明优越。而人类文化在当代人文传统中占据着越来越重要的地位。"越是地方的也就越是世界的"，从文学的空间结构上说明了地域文学的特殊价值，其构成了世界文学的空间性。这种地域性的强调恰恰来自世界现代化进程的同一性。在日渐趋同的文化潮流中，地域文学无论是从生活形态还是从审美风尚角度来看，都具有特殊价值，弥补和丰富了世界文学。任何一个民族都有一种本土经验，但是并不是所有本土经验都具有世界价值，本土经验要以承认和表现世界意识为前提，至少不能与人类意识相对抗。只有在"民族"与"世界"中共融，我们的文化价值观才变得完整。

# 把握中国文化的价值构成，提升国际传播力

## ——国际儒学温哥华论坛综述

黄强强[①]

  在全球化趋势不可逆转及世界文明多极化态势下，中国政府在"一带一路"倡议的基础上，提出构建人类命运共同体的理念，得到国际社会越来越多的认同。构建人类命运共同体很显然不同于西方所倡导的"普世价值"。以中华文明为根基的人类命运共同体理念将给世界的和平发展和繁荣共存提供哪些智慧？本次在加拿大温哥华举办的"国际儒学论坛"以"中华文明的自信力和传播力"为议题进行了多学科的深入探讨，取得了丰硕的成果。

  论坛由国际儒学联合会、加拿大文化更新研究中心、上海大学"当代中国文化国际影响力的生成研究"国家社科重大项目课题组、陕西师范大学高等人文研究院、上海交通大学出版社等联合主办。美国著名汉学家安乐哲教授、著名新儒家代表成中英教授，以及来自中国、美国、加拿大、韩国、摩洛哥、秘鲁、印度尼西亚等国家和地区的50多位学者参与研讨。

## 一、中国的文化价值构成与中国智慧

  中国有着灿烂辉煌的历史，从而积淀起深厚的传统文化。在全球化的过程中，人类社会呈现出各种各样的问题，以儒家思想为代表的中国传统

---

① 黄强强：上海交通大学出版社首席编辑。

文化将给人类社会发展提供"中国智慧"。因此，如何看待中国的文化价值构成成为"国际儒学论坛"的重要议题。

美国夏威夷大学成中英教授发表了题为"中国文化的创造力与再生力：自信之源、传播之基"的主题演讲。他强调了中国文化发展与价值信念建立的绝对重要性，主张中国文化自信要在中国文化意识的觉知与文化传承的认知中建立，这涉及主流中国传统文化在历史上的发展，以及其核心价值内涵与动力，从而使中国文化转化为当前中国社会与国家现代建设的资源与活力。不仅要以包容的心态学习西方文化，同时也要学会自我更新，把自身体会到的真善美价值与西方世界分享，这样才能"以坚韧不拔之中国文化信念，彰显宇宙生命的真实价值，以及人类所追求的生命和谐与繁荣的永恒动力"。

台湾中华孔孟学会秘书长蔡信发先生认为，在全球化趋势下，应当加强对儒家文化的阐释与实践。在他看来，儒家传统文化的精髓是"讲究和平""厚德载物"，在为人方面的要求是"严于律己""宽以待人"，在为学方面则是讲究"真积力久""日起有功"。无论世界如何改变，心怀仁德，以面对变动不居的社会，才是儒家文化薪火相传的奥秘。上海戏剧学院的王云教授将儒家义的观念与西方古典正义观念进行了比较解读。华东师范大学的钟锦教授则将孔子和苏格拉底揭示超越性道德的不同理论进行比较。暨南大学的闫月珍教授以中国早期哲学为视点分析了儒家的制作图式。这些观点均定位中国传统文化的价值构成，将其放在国际视野中进行审视，阐幽发微，让人在体会中国传统文化博大精深的同时，又能深切感受其与时俱进的魅力，彰显了"中国智慧"。

作为国际学术会议，本次论坛的一个亮点是会议邀请了不同国家和地区的海外学者从域外视角来观察中国文化的价值。来自摩洛哥、秘鲁、印度尼西亚、韩国等国的教授分别对儒家哲学与西方文化对话进行了思考，例如秘鲁艾森大学（Esan University）教授约翰·文森特认为新儒家所提出的和谐观念至关重要，尤其是中国的"一带一路"倡议有助于促进世界更广泛的和谐，可以说很有代表性。在本次论坛上，与会学者从儒家、道家、周易、墨家，以及宋明理学等角度对中国文化的价值构成进行了深入切磋和研讨。

## 二、中国文化的当代传承与发展

研究中国文化的价值构成，并不是将其作为一个静态的关注对象，满足国人的民族自豪感，而是需要结合当代语境做好其传承与发展。中国传统文化只有处于历史的发展中才能获得源源不断的生命力。因此，如何做好中国文化的当代传承与发展成为本次论坛的又一个重要议题。

要做好中国文化的当代传承与发展，首先应当深刻认识当代中国的文化价值。国家社科重大课题"当代中国文化国际影响力的生成研究"的首席专家、上海大学许正林教授在主题报告"当代中国的文化价值"中指出，文化是一个国家核心竞争力的重要组成部分，在国际舞台上，中国还没有形成自己的话语体系，也未能建立起中国文化的自信和尊严。"文化自信"作为国家发展理念提出来是非常及时的。当代中国文化的内涵，既包括作为文化基因的中华优秀传统文化，也包括近代以来中国人民探索民族发展道路的进取精神和当代建设社会主义文化强国、实现中国梦的强国精神。当前，文化霸权对文化价值观的消解和多元文化的冲突非常严峻，因此扩大中国文化的国际影响力属于当务之急。中国文化的国际影响力生成，在本质上绝不是迎合西方，成为西方价值的合格仆人，或者成为西方普世价值的翻版和实验平台；更不是宣传大国沙文主义文化，去傲视发展中国家进而建立文化霸权；而是应当发扬光大中华文化的核心价值，彰显中华民族的品格力量，全方位地创造与传播中国的当代文化，使其参与到世界人类文化之林，促进人类文化共同良性发展。

上海社会科学院荣跃明研究员认为，从中华文化、中华民族、中国三者关系看，实现中华民族伟大复兴中国梦，必须继承和弘扬中华优秀传统文化，进一步激发中华文化当代发展的创新活力，全面完成中华文化的现代转型。在这个转型过程中，本质上是价值观的转型，即要提出具有全球性普遍意义的核心价值，从而走向建构人类新文明的发展趋向。新形势下，中国将以"各美其美、美美与共"的价值理念积极寻求人类文明的多元共处。吉林大学张福贵教授则对中国新时代人文传统的逻辑构成进行了细致梳理。他认为人文传统包含优秀传统文化、革命传统和人类优秀文化，其中优秀传统文化是人文传统的根基和核心，中华文化的融合性使得传统文化具有历史性和时代性。当下中国思想文化处于分裂和无序的状态，但是与单一的思想相比，这种多元状态未尝不是一件好事。文明的多样性是人类进步的不竭动力，本土经验要以承认和表现世界意识为基本前提。吉林大学梁玉水教授作了题为"新时代中国社会审美文化的更新与重建"的演讲，认为20世纪90年代以来，以"物""新""美""乐"为特征的消费主义文化盛行，中国当代审美文化也正呈现一系列的新特征。理解当前中国经济、政治、社会发展转型期的种种审美文化现象，创造性地转化中华优秀传统文化思想，重铸新时代精神，对于我们批判、超越、更新、发展、重建新的社会审美文化具有重要意义。

文学作为文化的重要载体，也是本次论坛的重要视角。暨南大学贺仲明教授认为，总体上讲，在文学继承上需要处理好"道"与"器"的关系。"五四"文学成功地对传统文学的"器"进行了转型，但是对"道"的理解和批判存在简单化和草率性，从而影响了新文学对传统文学"道"的有效继承。实质上，"道"才能真正体现民族文学的独特性和深刻性，在今天回归传统文学的潮流中，特别需要深入探寻和继承"道"的精神。文学之"道"即内在的文学精神，具体体现为整体性、根本性和文化性三个特征。陕西师范大学李继凯教授以陈忠实笔下的"关中文化"为微观视点，认为"关中文化"在理论和实践上属于典型的儒家文化，随着社会的变迁，"关中文化"也在不断地建构和磨合，从而使得《白鹿原》成为中国当代文学的一座高峰。上海社会科学院郑崇选研究员认为，网络文学的繁荣发展作为当代中国文化生产的重要组成部分，推动了中国文化形象建构，将深刻影响未来中国文化和消费的主要特征。引入新媒介文艺批评方法论，反省和检验网络文学的经典化机制，对其未来的良性发展具有重要意义。陕西师范大学柏俊才教授指出，在社会转型期，"国学"在内容及发展方向上体现出从"中国传统文化"向"中华优秀传统文化"的转变。引导人们树立正确的人生观和价值观，更新国学概念，服务社会大众，才是国学发展的大势。陕西师范大学张新科教授更是直呼建立"史记学"，从而促进中华优秀经典传承。上海戏剧学院黄意明教授则以中秋节为例，分析了中国传统民俗文化的现代转化，一方面需要强调核心内涵，另一方面则需要利用网络和社交媒体进行推广，与时俱进地赋予其新的生命力。

### 三、增强中华文化的国际传播力

对中国文化的价值构成进行深入剖析，并强化其当代传承与发展，根本目的是提升"中华文明的自信力和传播力"。因此，在建构文化自信的基础上，如何增强中华文化的国际传播力，是本次论坛的又一个重要议题。

中国人民大学张践教授以"多元文明反复汇聚与辐射"来概括中华文明的生成与传播特点。在漫长的历史中，中华文化形成了开放性、包容性、融合性的基本特质，它决定了中华民族"多元一体"的政治结构和"多元通和"的文化结构。中国从古至今文化传播输入大于输出，当下我们不是要一改先前的文化输入为文化输出，更不期望用中国文化战胜、替代西方文化，而是希望向世界发出中国的声音，讲好中国故事，让世界了解中国，在文明的交流互鉴中推动人类文明进步。

中国传媒大学荆学民教授认为，当前中国社会呈现中国本土文化和西方文化多态并存和博弈的格局。其中本土文化包括伦理性文化、政治性文化和经济性文化，西方文化中则有古典性文化、现代性文化和后现代性文化等。在中西文化交汇博弈中，转型期的中国社会面临着文化认同、价值选择和多元冲击等方面的迷茫。面对这种情况，我们需要确立中国文化对外传播的基本策略，其一是实行文化选择上的"综合创新"，其二是要坚定不移地选择现代性文化作为"综合创新"文化形态的轴心，其三是在对外传播中，不能仅仅在传播技巧上下功夫，而是要在内容上深耕，向世界传播经过中华民族提炼且能适应被传播对象需求的中华文化经典。

北京大学程曼丽教授以中国影视产品"走出去"为例，对中国对外文化传播的现状与未来进行深度思考。她认为，我国影视产品海外传播效果之所以不佳，主要体现为"国家战略"意识不足、内容适应性不强、对受众群体缺乏细分、海外发行渠道拓展不足等多种原因。在充分考虑"文化折扣"的基础上，要根据海外受众情况，将其分为汉语言文化圈、中华文化影响圈、中华文化影响圈之外的国家和地区，进而区别制订传播策略，进行精心制作和运作，最终达到精准传播。武汉大学单波教授认为，在东西方交往密切的全球化时代，价值观念的跨文化理解对全球的政治、经济和文化发展都起着重要作用。他通过源自中国的"谦虚"价值观念在西方心理学领域被发现、被争论、被理解又被误解的过程，认为"跨文化理解"应当是"不同文化间意义的相互认知与解释，并在对话之中产生意义分享"。要达到跨文化理解的可能性，有四大关键点：其一，主体应时时保持对自身文化偏向的反思性；其二，应当结合对象的文化语境对一些核心概念进行重新界定；其三，不同文化背景的学者之间应当进行平等交流、对话与合作；其四，需要借鉴多学科的交融性，从而有利于跨文化理解的研究视域。由于价值观念的内隐性特征，因此有效的跨文化理解可能首先在学术界发生，而后逐渐扩散到大众之中。

以中华文化的国际传播力为视点，"一带一路"倡议和"人类命运共同体"成为本次论坛热议的词语。浙江大学吴飞教授认为，现有的全球传播方面的研究多从现代性、交往理性的维度思考全球传播的秩序问题，更多地持有社会达尔文主义的观点，强调人的自私本性，强调强者对弱者的剥夺及强者之间的争夺。当理解受阻，共识难达，承认无望，分配的正义亦有障碍，那么人类首先建立一种与他者共在的理念，并努力发展"共情"的关爱，如此才能够有利于解决全球传播中"对空言说"的传播困境，从而有利于成就"人类命运共同体"。

厦门大学谢清果教授以"人类文明交往观的'中国方案'"为题发表演讲。他认为，中国社会提出的世界文明交流互鉴的应然模式，为构建"人类命运共同体"的大国外交和"一带一路"倡议提供思想来源和精神动力。文明交流超越文明隔阂，文明互鉴超越文明冲突，文明共存超越文明优越，最终以"共商、共建、共享"来构建新型伙伴关系。北京外国语大学田辰山教授认为，新世纪正值需要儒家文化视野下的"人类命运共同体"和"一带一路"倡议这种大哲学大方略，来扭转人类生存危机的局面，走上持续发展的新时代。"一带一路"是儒家视野下的"和而不同"的文化追求，体现出天然担当的精神，对于国际社会和人类未来具有重大的历史意义。

对于当代中华文化应当如何增强国际影响力，上海社会科学院何建华研究员认为这既是学术话题，又是实践话题。他认为可以通过以下路径寻求突破：其一，以问题为导向，与经济社会发展和现实生活场景紧密结合，回应人类难题的时代之问；其二，以比较为坐标，让中华文明在与世界其他文明交流、碰撞中彰显魅力，促进不同文化间的互鉴、共生共存与融合发展；其三，以对话为桥梁，在与世界各国文化多元互鉴、共生共存中提升中华文化话语权；其四，以传播为路径，不断增强国学与跨文化研究成果在国际传播、媒体传播与大众传播中的综合影响力。

在为期两天的讨论交流中，来自世界各地的学者深入剖析了中国文化的价值构成，认为这是中国建构"文化自信"的重要理论基础，更是当代中国文化国际影响力生成的内核。大家相信，以儒家文明为基础，以构建人类命运共同体为前提，中国在国际上必然拥有更多的话语权，从而大大提升中国文化的国际传播力。

# 参考文献

安乐哲：*Confucian Religiousness: Humans can Broaden the Way*，*Sages can Extend the Work of Tian*

成中英：《中国文化的创造力与再生力：自信之源、传播之基》

梁燕城：《仁与信：孔子与马丁路德》

张践：《多元文明反复汇聚与辐射：中华文明的生成与传播特点》

许正林：《当代中国的文化价值：从自信力到传播力的时代转换》

金圣基：《从儒教观点论宗教多元主义》

约翰·文森特：*The Chinese Economic Miracle and Its Historical Contex*

谢清果，陈巧玲：《人类文明交往观的"中国方案"》

田辰山：《新世纪儒家文化视野下的"一带一路"》

单波，张璐黎：《价值观念的跨文化理解：以"谦虚"为例》

曾庆江：《走出焦虑，走向融通：新世界主义视域下中国故事的讲述与传播》

李卓辉：《新世纪儒家文化视野下的"一带一路"发展》

何建华：《当代中华文化如何增强国际影响力》

吴飞：《共情的文明与人类命运共同体》

温海明：*The Book of Change*，*Confucianism and A Community of Shared Future*

蔡信发：《儒家视野下的文化观》

徐正考：《有容乃大——以汉语的包容性为例》

荣跃明：《论中华文化当代发展的趋势和特征》

张新科：《建立"史记学"，促进中华优秀经典传承》

柏俊才：《社会转型期国学现代化的特点及其发展趋势》

黄意明，孙伯翰：《中国传统民俗文化的现代转化：以中秋节为例》

荆学民，施惠玲：《当代中国社会多态文化的博弈格局及其传播战略选择》

程曼丽：《关于中国对外文化传播现状与未来的思考》

张学智：《宋明理学中的"终极关怀"》

黄勇：*Confucian Ethics as a Virtue Ethic*

闫月珍：《儒家的制作图式及其与道家的分判》

王云：《儒家义的观念与西方古典正义观念之异同》

钟锦：《孔子与苏格拉底揭示超越性道德的不同进路》

梁玉水：《当代中国社会审美文化特征及新时代更新与重建》

郑崇选：《网络文学的繁荣与当代中国的文化生产》

李继凯：《陈忠实：关中文化的书写者》

王杰：《略论中国现代悲剧观念的起源》

贺仲明：《传统文学继承中的"道"与"器"》

张福贵：《中国新时代人文传统的逻辑构成》